Springer-Lehrbuch

Barbara Grunewald · Karl-Nikolaus Peifer

Verbraucherschutz im Zivilrecht

 Springer

Prof. Dr. Barbara Grunewald
Universität zu Köln
Rechtswissenschaftliche Fakultät
Albertus-Magnus-Platz
50923 Köln
Deutschland
barbara.grunewald[at]uni-koeln.de

Prof. Dr. Karl-Nikolaus Peifer
Universität zu Köln
Institut für Medienrecht
und Kommunikationsrecht
Aachener Straße 197-199
50931 Köln
Deutschland
kpeifer[at]uni-koeln.de

ISSN 0937-7433
ISBN 978-3-642-14420-2   e-ISBN 978-3-642-14421-9
DOI 10.1007/978-3-642-14421-9
Springer Heidelberg Dordrecht London New York

Die Deutsche Nationalbibliothek verzeichnet diese Publikation in der Deutschen Nationalbibliografie; detaillierte bibliografische Daten sind im Internet über http://dnb.d-nb.de abrufbar.

Einbandentwurf: WMXDesign GmbH, Heidelberg

Gedruckt auf säurefreiem Papier

Springer ist Teil der Fachverlagsgruppe Springer Science+Business Media (www.springer.com)

Vorwort

Verbraucherschutz ist ein seit Jahren wachsendes Feld. Elektronischer Handel, eBay-Auktionen, Gewinnspiele und Mitteilungen über angeblich gewonnene Preise, unerwünschte Telefonanrufe oder Email-Spamming sind Themenfelder, die beinahe wöchentlich durch Pressemeldungen auf Problembereiche aufmerksam machen, die für Juristen wachsende Beschäftigungsfelder offenbaren. Der Kampf um das richtige Maß an verbraucherschützenden Vorschriften beschäftigt die Europäische Union, die nationalen Gesetzgeber, vor allem aber die Gerichte. Der Gesetzgeber hat seit der Schuldrechtsnovelle 2001 vor allem das Privatrecht gewählt, um durch nicht immer einfache und nicht immer leicht zugängliche Vorschriften ein Regelungsdickicht zu setzen, das in der juristischen Ausbildung und in der späteren Berufswelt der Juristen einen wichtigen Platz einnimmt.

Das vorliegende Buch versucht auf knappem Raum und mit vielen Beispielen einen Zugang zu den verbraucherprivatrechtlichen Problemen und ihren Lösungen zu verschaffen. Es richtet sich vornehmlich an Studierende, die einschlägige Schwerpunktbereichsfächer studieren, eignet sich aber auch für Pflichtfachstudierende, die sich einen Überblick über eine wichtige Sondermaterie des Privatrechts verschaffen möchten. Das Werk beschränkt sich dabei nicht auf die im BGB zu findenden verbraucherschutzrechtlichen Vorschriften (AGB, Haustürgeschäfte, Fernabsatz, unbestellte Warensendungen, Gewinnspielmitteilungen, Verbraucherkredit und Verbrauchsgüterkauf), sondern bezieht bewusst die Lösungen des Deliktsrechts (Produkthaftung und Produzentenhaftung) sowie die Grundzüge des Rechts gegen den unlauteren Wettbewerb (UWG) ein.

Das Buch ist an der Universität zu Köln entstanden und verarbeitet unsere gemeinsamen Erfahrungen aus einer seit mehreren Jahren angebotenen einschlägigen Lehrveranstaltung. Es möchte einerseits die Systematik des Rechtsgebiets lehren, andererseits aber auch die Technik der Fallbearbeitung vermitteln. Daher findet sich zu jedem Kapital mindestens ein Klausurfall mit einer ausformulierten Lösung. Wir freuen uns über jede Anregung und Kritik (bitte an medienrecht @uni-koeln.de).

An dem Lehrbuch mitgewirkt haben mit sehr hilfreichen Vorarbeiten Herr Rechtsreferendar *Robert Willner und wiss. Mit. Frau Theresa Ehlen*. Die Korrekturen sowie das Sach- und Abkürzungsverzeichnis betreut hat in bewährter Manier

Frau stud. iur. *Charlotte Helmke*. Wertvolle Korrekturarbeiten leistete Frau stud. iur. *Carola ten Brink*. Ihnen allen danken wir sehr herzlich für den vorbildlichen Einsatz.

Köln, im Mai 2010
Barbara Grunewald   Karl-Nikolaus Peifer

Inhalt

Abkürzungsverzeichnis

a. A.	anderer Ansicht
aaO.	am angegebenen Ort
ABl.	Amtsblatt
Abs.	Absatz
AbzG	Abzahlungsgesetz
AcP	Archiv für die civilistische Praxis (Zeitschrift)
a. E.	am Ende
a. F.	alte Fassung
AGB	Allgemeine Geschäftsbedingungen
Alt.	Alternative
Anm.	Anmerkung
Art.	Artikel
AT	Allgemeiner Teil
Aufl.	Auflage
Az.	Aktenzeichen
BB	Der Betriebsberater (Zeitschrift)
Bd.	Band
Begr.	Begründung
BeurkG	Beurkundungsgesetz vom 28.8.1969 (BGBl. I S. 1513), zuletzt geändert durch Art. 7 des Gesetzes vom 15.7.2009 (BGBl. I S. 1798)
BGB-InfoV	BGB-Informationspflichten-Verordnung in der Fassung der Bekanntmachung vom 5.8.2002 (BGBl. I S. 3002), zuletzt geändert durch Art. 4 des Gesetzes vom 29.7.2009 (BGBl. I S. 2413)
BGBl.	Bundesgesetzblatt
BGHZ	Entscheidungen des Bundesgerichtshofs in Zivilsachen
BKR	Zeitschrift für Bank- und Kapitalmarktrecht
BR	Bundesrat
BR-Drucks.	Drucksachen des Bundesrates
Bspr.	Besprechung
BT	Besonderer Teil; Deutscher Bundestag
BT-Drucks.	Drucksachen des Deutschen Bundestags
B2B	Business to Business

B2C	Business to Consumer
BVerfGE	Entscheidungen des Bundesverfassungsgerichts
bzw.	beziehungsweise
CR	Computer und Recht (Zeitschrift)
DB	Der Betrieb (Zeitschrift)
d. h.	das heißt
dto.	dito (gleichfalls, dasselbe, ebenso)
EG-Abl./EU-Abl.	Amtsblatt der Europäischen Gemeinschaften bis 2003; Amtsblatt der Europäischen Union ab 2004
EGBGB	Einführungsgesetz zum Bürgerlichen Gesetzbuch vom 18.8.1896 in der Fassung der Bekanntmachung vom 21.9.1994 (BGBl. I S. 2494; 1997 I S. 1061), zuletzt geändert durch Art. 2 des Gesetzes vom 24. 9.2009 (BGBl. I S. 3145)
endg.	endgültig
EuZW	Europäische Zeitschrift für Wirtschaftsrecht
EVO	Eisenbahn-Verkehrsordnung in der Fassung der Bekanntmachung vom 20.4.1999 (BGBl. I S. 782), zuletzt geändert durch Art. 3 des Gesetzes vom 26.5.2009 (BGBl. I S. 1146)
f.	folgend
FernUSG	Gesetz zum Schutz der Teilnehmer am Fernunterricht (Fernunterrichtsschutzgesetz in der Fassung der Bekanntmachung vom 4.12.2000 (BGBl. I S. 1670), zuletzt geändert durch Art. 8 Abs. 1 des Gesetzes vom 29.7.2009 (BGBl. I S. 2355)
ff.	fortfolgend
FS	Festschrift
Fußn.	Fußnote
ggf.	gegebenenfalls
h. M.	herrschende Meinung
Hs.	Halbsatz
idR	in der Regel
i. S./i. S. v.	im Sinne/im Sinne von
ITRB	Der IT-Rechtsberater (Zeitschrift)
i. V. m.	in Verbindung mit
JA	Juristische Arbeitsblätter (Zeitschrift)
Jh.	Jahrhundert
JURA	Juristische Ausbildung (Zeitschrift)
JuS	Juristische Schulung (Zeitschrift)
JZ	Juristenzeitung
KWG	Gesetz über das Kreditwesen in der Fassung der Bekanntmachung vom 9.9.1998 (BGBl. I S. 2776), zuletzt geändert durch Art. 4 Abs. 8 des Gesetzes vom 30.7.2009 (BGBl. I S. 2437)
krit.	kritisch
lit.	littera (Buchstabe)
lt.	laut
m.	mit

MDR	Monatsschrift für Deutsches Recht
MMR	Multimedia und Recht (Zeitschrift)
NJOZ	Neue Juristische Onlinezeitung
NJW	Neue Juristische Wochenschrift
NJW-RR	NJW-Rechtsprechungsreport
Nr.	Nummer
NZG	Neue Zeitschrift für Gesellschaftsrecht
NZW	Neue Zeitschrift für Verkehrsrecht
PAngV	Preisangabenverordnung in der Fassung der Bekanntmachung vom 18.10.2002 (BGBl. I S. 4197), zuletzt geändert durch Art. 6 des Gesetzes vom 29.7.2009 (BGBl. I S. 2355)
ProdHaftG	Gesetz über die Haftung für fehlerhafte Produkte (Produkthaftungsgesetz) vom 15.12.1989 (BGBl. I S. 2198), zuletzt geändert durch Art. 9 Abs. 3 des Gesetzes vom 19.7.2002 (BGBl. I S. 2674)
ProdSG	Gesetz über technische Arbeitsmittel und Verbraucherprodukte (Geräte- und Produktsicherheitsgesetz) vom 6.1.2004 (BGBl. I S. 2, 219), zuletzt geändert durch Art. 3 Abs. 33 des Gesetzes vom 7.7.2005 (BGBl. I S. 1970)
RL	Richtlinie(n)
RL UGP	Richtlinie 2005/29/EG des Europäischen Parlaments und des Rates vom 11.5.2005 über unlautere Geschäftspraktiken im binnenmarktinternen Geschäftsverkehr zwischen Unternehmen und Verbrauchern und zur Änderung der Richtlinie 84/450/EWG des Rates, der Richtlinien 97/7/EG, 98/27/EG und 2002/65/EG des Europäischen Parlaments und des Rates sowie der Verordnung (EG) Nr. 2006/2004 des Europäischen Parlaments und des Rates (Richtlinie über unlautere Geschäftspraktiken)
Rn.	Randnummer
RRa	Reiserecht Aktuell (Zeitschrift)
Rs.	Rechtssache
S.	Satz
Slg.	Sammlung (der Rechtsprechung des EuGH)
sog.	sogenannt
StVG	Straßenverkehrsgesetz in der Fassung der Bekanntmachung vom 5.3.2003 (BGBl. I S. 310, 919), zuletzt geändert durch Art. 3 des Gesetzes vom 31.7.2009 (BGBl. I S. 2507)
tlw.	teilweise
TK	Telekommunikation
TKG	Telekommunikationsgesetz vom 22.6.2004 (BGBl. I S. 1190), zuletzt geändert durch Art. 2 des Gesetzes vom 17.2.2010 (BGBl. I S. 78)
TKV	Telekommunikations-Kundenschutzverordnung vom 11.12.1997 (BGBl. 1, S. 2910), zuletzt geändert durch die Zweite Verordnung zur Änderung der Telekommunikations-Kundenschutzverordnung vom 20.8.2002 (BGBl. I, S. 3365)
Tz.	Textziffer

u. a.   unter anderem

UKlaG   Gesetz über Unterlassungsklagen bei Verbraucherrechts- und anderen
               Verstößen (Unterlassungsklagengesetz) in der Fassung der Bekanntma-
               chung vom 27.8.2002 (BGBl. I S. 3422, 4346), zuletzt geändert durch
               Art. 3 des Gesetzes vom 29.7.2009 (BGBl. I S. 2355)

UrhG   Gesetz über Urheberrecht und verwandte Schutzrechte (Urheberrechtsge-
               setz) vom 9.9.1965 (BGBl. I S. 1273), zuletzt geändert durch Art. 83 des
               Gesetzes vom 17.12.2008 (BGBl. I S. 2586)

Urt.   Urteil

u. U.   unter Umständen

UWG   Gesetz gegen den unlauteren Wettbewerb in der Fassung der Bekanntma-
               chung vom 3.3.2010 (BGBl. I S. 254)

v.   von/vom

VAEU   Vertrag über die Arbeitsweise der Europäischen Union v. 9.5.2008

VersR   Versicherungsrecht (Zeitschrift)

vgl.   vergleiche

VO   Verordnung

VuR   Verbraucher und Recht (Zeitschrift)

VVG   Gesetz über den Versicherungsvertrag (Versicherungsvertragsgesetz) vom
               23.11.2007 (BGBl. I S. 2631), zuletzt geändert durch Art. 6 des Gesetzes
               vom 14.4.2010 (BGBl. I S. 410)

WM   Wertpapier-Mitteilungen (Zeitschrift)

WuM   Wohnungswirtschaft und Mietrecht (Zeitschrift)

z. B.   zum Beispiel

ZEuP   Zeitschrift für Europäisches Privatrecht

ZGS   Zeitschrift für das gesamte Schuldrecht

ZIP   Zeitschrift für Wirtschaftsrecht

ZPO   Zivilprozessordnung in der Fassung der Bekanntmachung vom 5.12.2005
               (BGBl. I S. 3202; 2006 I S. 431; 2007 I S. 1781), zuletzt geändert durch
               Art. 3 des Gesetzes vom 24.9.2009 (BGBl. I S. 3145)

ZRP   Zeitschrift für Rechtspolitik

Verzeichnis abgekürzt zitierter Literatur

I. Lehrbücher

Bülow, Peter/Artz, Markus: Verbraucherprivatrecht, 2. Aufl. Heidelberg 2008.
    Zitiert als: *Bülow/Artz* Rn.
Grunewald, Barbara/Gernhuber, Joachim: Bürgerliches Recht, 8. Aufl. München
    2009.
    Zitiert als: *Grunewald*, Bürgerliches Recht § Rn.
Grunewald, Barbara: Kaufrecht, Tübingen 2006.
    Zitiert als: *Grunewald*, Kaufrecht § Rn.
Looschelders, Dirk: Schuldrecht – Besonderer Teil, 4. Aufl. Köln 2010.
    Zitiert als: *Looschelders*, Schuldrecht BT Rn.

II. Kommentare

Bamberger, Heinz-Georg/Roth, Herbert: Kommentar zum Bürgerlichen Gesetz-
    buch, Band 1 (§§ 1-610), 2. Aufl. München 2007.
    Zitiert als: Bamberger/Roth-*Bearbeiter* § Rn.
Erman, Walter: Handkommentar zum BGB, 2 Bände, 12. Aufl. Köln 2008.
    Zitiert als: Erman/*Bearbeiter* § Rn.
Jauernig, Othmar/Berger, Christian: Bürgerliches Gesetzbuch, 13. Aufl. München
    2009.
    Zitiert als: Jauernig/*Bearbeiter* § Rn.
Münchener Kommentar zum Bürgerlichen Gesetzbuch, 5. Aufl. München; Bd. 2
    (§§ 241-432), 2007; Bd. 3 (§§ 433-610) 2007; Bd. 4 (§§ 611-704), 2009;
    Bd. 5 (§§ 705-853, Partnerschaftsgesellschaftsgesetz, Produkthaftungsgesetz),
    2009.
    Zitiert als: MünchKommBGB/*Bearbeiter* § Rn.
Staudinger, Julius von: Kommentar zum Bürgerlichen Gesetzbuch, Neubearbeitung
    Berlin; §§ 293-327, 2005; §§ 826-829, Produkthaftungsgesetz, 2009.
    Zitiert als: Staudinger/*Bearbeiter* § Rn.

Ulmer, Peter/Brandner, Erich/Hensen, Horst-Dieter: AGB-Recht, 10. Aufl. Köln
    2006.
    Zitiert als: Ulmer/Brandner/Hensen-*Bearbeiter*, AGB-Recht § Rn.
Wolf, Manfred/Lindacher, Walter F./Pfeiffer, Thomas: AGB-Recht, 5. Aufl. Mün-
    chen 2009.
    Zitiert als: Wolf/Lindacher/Pfeiffer-*Bearbeiter*, AGB-Recht § Rn.

A Einführung

I. Die Stellung des Verbraucherschutzrechtes im Privatrecht

1. Sonderregeln zum Schutz des Verbrauchers

Verbraucherschutzvorschriften sind gesetzliche oder richterrechtliche Regeln, die **1** materiell dem Schutz des Endkonsumenten im Verhältnis zum Unternehmer dienen. Solche Vorschriften finden sich im Privat-, Straf- und Öffentlichen Recht, im materiellen wie im Prozessrecht. Verbraucherschutzrecht ist daher eine Querschnittsmaterie, die viele Rechtsbereiche durchzieht und Sonderprivatrecht darstellt.

Das Verbraucherprivatrecht soll sicherstellen, dass die **Wahl- und Entschei-** **2** **dungsfreiheit des Verbrauchers** im Zusammenhang mit dem Erwerbsvorgang gesichert wird, der Verbraucher also tatsächlich frei von Zwängen, Täuschungen und Irreführungen und unter situationsangemessen vollständiger Information eine überlegte und gewollte Konsumentscheidung trifft.[1] Gleichzeitig soll sichergestellt werden, dass die Schutzgüter des Verbrauchers (Gesundheit, Sicherheit, sonstiges Vermögen) durch das Rechtsgeschäft nicht nachteilig beeinflusst werden. Oft wird auch betont, dass es grundsätzlich erforderlich ist, den Verbraucher als die strukturell schwächere Vertragspartei mit besonderen Schutzrechten auszustatten.[2] Dieser „sozial motivierte" Schutz des wirtschaftlich Schwächeren war in den 1960er Jahren, aber auch schon im 19. Jahrhundert, ein maßgeblicher Ansporn für die Entwicklung des Rechtsgebiets.

Die Vorschriften zum Schutz der Verbraucher im Privatrecht beruhen auf **ein-** **3** **heitlichen Wertungen**. Fast stets geht es darum, den Verbraucher vor aggressiven

---

[1] Das betonen jüngere Werke zum Verbraucherschutz, vgl. *Reich*, Europäisches Verbraucherrecht, 4. Aufl. 2003, S. 12, *Drexl*, Die wirtschaftliche Selbstbestimmung des Verbrauchers, 1998, S. 26; vorher bereits *Dauner-Lieb*, Verbraucherschutz durch Ausbildung eines Sonderprivatrechts für Verbraucher, 1983, S. 62.

[2] Vgl. zum Problem der „gestörten Vertragsparität" *Fuchs* AcP 196 (1996), 313, 328.

B. Grunewald, K.-N. Peifer, *Verbraucherschutz im Zivilrecht*,
DOI 10.1007/978-3-642-14421-9_1, © Springer-Verlag Berlin Heidelberg 2010

Absatzstrategien zu schützen. Man kann daher alle Normen und Rechtsprechungsgrundsätze, die diesen Wertungen Rechnung tragen, als Verbraucherschutzrecht ansehen. Das entspricht einem materiellrechtlichen Verständnis davon, was Verbraucherprivatrecht ist.

4   Man kann aber auch weniger auf die Einheitlichkeit der Wertungen als mehr formal darauf abstellen, ob eine **Norm für ihre Anwendbarkeit voraussetzt, dass ein Verbraucher (§ 13 BGB) als Abnehmer gegenüber einem Unternehmer (§ 14 BGB) betroffen ist**, und diejenigen Regeln zum Verbraucherschutzrecht zählen, die nur für den Verbraucher gelten, insbesondere den Verbraucher im Verhältnis zum Unternehmer besonders privilegieren oder schützen.

5   Im Ergebnis unterscheiden sich die beiden Abgrenzungen nur wenig. Denn natürlich beruhen die Sonderregeln, die an die Definition des § 13 BGB anknüpfen, auf genau den Prämissen, die bei einer allein wertungsbezogenen Abgrenzung maßgeblich sind. Um eine klare Abgrenzung zu erreichen, werden im Folgenden unter Verbraucherschutzrecht nur **die Normen verstanden, die schon von ihrem Wortlaut her die Beteiligung eines Verbrauchers voraussetzen**.

2. Verbraucherschutz außerhalb des Anwendungsbereichs der Sonderregeln

6   Auch außerhalb des geschilderten Anwendungsbereichs der Sonderregeln wird Verbraucherschutz praktiziert. Dies soll ein Beispiel zeigen.

Fall 1

A. Sachverhalt
A ist mit dem Gastwirt G verheiratet, der eine Gastwirtschaft in Sülz betreibt. Den für die Einrichtung der Gaststätte erforderlichen Kredit in Höhe von 80.000 € erhielt G von der Bank B. Die Bank bestand vor Darlehensauszahlung darauf, dass A die (selbstschuldnerische) Bürgschaft für alle künftigen Forderungen gegen G aus der Gesellschaftsbeziehung mit B übernimmt. Zwar hatte A ursprünglich einmal im Geschäft des G mitgeholfen, zur Zeit der Darlehensaufnahme kümmerte sie sich allerdings um den 2-jährigen Sohn von A und G. Eine berufliche Ausbildung besitzt sie nicht.

4 Jahre nach Darlehensauszahlung konnte G den noch offenstehenden Kreditbetrag der B nicht mehr bedienen. B kündigt daraufhin den Kredit und verlangt von A Zahlung der noch offenstehenden Summe in Höhe von 70.000 €.

B. Lösung
Anspruch der B gegen A auf Zahlung von 80.000 € aus §§ 765 Abs. 1, 767 Abs. 1 S. 1, 488 Abs. 1 S. 2 BGB

1. Begründung eines wirksamen Bürgschaftsvertrages zwischen B und A, § 765 BGB

a) Wirksame Verpflichtung der A
aa) Die *Person des Gläubigers* ist ausreichend bestimmt.
bb) Ein *Verbürgungswille* ist ebenfalls vorhanden.
cc) Die *Schuld*, für die gebürgt wird, muss *ausreichend bestimmt* sein. Im vorliegenden Fall dient die Bürgschaft der Absicherung des Finanzierungsbedarfs des G und ist damit ausreichend bestimmt (§ 767 Abs. 1 BGB).
b) Die Einhaltung der in § 766 S. 1 BGB angeordneten Schriftform darf im Bankenverkehr nach der Lebenserfahrung als gewahrt unterstellt werden.
c) Die Annahme der Bürgschaft durch B ist erfolgt.

2. Die Bürgschaft könnte analog § 311b Abs. 2 BGB nichtig sein, weil hierin wirtschaftlich die Verpflichtung liegt, auch das künftige Vermögen bereits gegenwärtig zu übertragen. Eine direkte Anwendung der Norm scheidet aus, weil der Vertrag nach seinem Wortlaut nur auf die Rückzahlung einer Bürgschaftssumme, nicht jedoch auf die Übertragung des Vermögens gerichtet war. Die analoge Anwendung könnte jedoch dadurch gerechtfertigt sein, dass im wirtschaftlichen Ergebnis der Bürge seinen künftigen Erwerb mit einer umfassenden Zahlungsverpflichtung belastet. Die h. M. verneint aber zu Recht eine analoge Anwendung von § 311b Abs. 2 BGB in Bürgschaftsfällen,[3] da der Sinn der Norm (Schutz der Erwerbsfähigkeit und des Interesses an einem Erwerb) nicht allein dadurch berührt ist, dass eine künftige Zahlungspflicht übernommen wird.

3. In Betracht kommt die Nichtigkeit der Bürgschaft gemäß § 307 Abs. 1, Abs. 2 Nr. 1 BGB mit § 767 Abs. 1 S. 3 BGB.
Nach Ansicht der Rechtsprechung[4] weicht eine Globalbürgschaft, also eine Bürgschaft zur Sicherung aller bestehenden und künftigen Forderungen aus einer bestimmten Geschäftsbeziehung, von dem in § 767 Abs. 1 S. 3 BGB niedergelegten Verbot der Fremddisposition ab, das den Bürgen davor schützen soll, dass Gläubiger und Hauptschuldner das übernommene Risiko ohne seine Mitwirkung vergrößern. Demgemäß wäre die von A abgegebene Erklärung, nach der sie sich für alle Schulden aus der Geschäftsbeziehung verbürgt, unwirksam.
Allerdings ist nach Ansicht der Judikatur die Bürgschaft nicht komplett unwirksam. Vielmehr dient sie der Absicherung der Forderung, die Anlass für die Bestellung der Bürgschaft war.[5] Da A in Anspruch genommen werden soll, weil ihr Ehemann genau die Forderung nicht beglichen hat, die Anlass für die Bürgschaft war, hilft die Inhaltskontrolle nach § 307 Abs. 1 BGB der Bürgin im vorliegenden Fall also nicht.

4. Die Bürgschaftsverpflichtung könnte schließlich nach § 138 Abs. 1 BGB i. V. m. Art. 2 Abs. 1 GG nichtig sein. Das setzt voraus, dass das Geschäft sittenwidrig war. Sittenwidrig ist ein Rechtsgeschäft, wenn sein Inhalt oder Zweck gegen die

---

[3] BGHZ 107, 92, 100; *Stadler* in Jauernig § 311b Rn. 49; a.A. OLG Stuttgart NJW 1998, 833.

[4] BGH NJW 2003, 1521; *Looschelders,* Schuldrecht BT Rn. 961; *Grunewald,* Bürgerliches Recht, § 38 Rn. 8.

[5] BGH NJW-RR 2002, 343, 344.

guten Sitten verstoßen oder aber wenn ein solcher Verstoß nach einer Gesamtwürdigung von Inhalt, Motiv und Zweck vor dem Hintergrund der verfassungs-
rechtlich geschützten Privatautonomie sittenwidrig ist.

a) Der *Inhalt* des vorliegenden Rechtsgeschäfts ist der Bürgschaftsvertrag. Dieser ist als solcher nicht sittenwidrig.

b) Der *Zweck* des Rechtsgeschäfts ist die Sicherung des Darlehens. Auch dieser
   ist nicht sittenwidrig.

c) Es kommt daher auf eine *Gesamtwürdigung* von Inhalt, Motiv und Zweck
   des Rechtsgeschäfts bei verfassungskonformer Auslegung unter Beachtung
   der Privatautonomie an.

   (aa) *Krasse finanzielle Überforderung des Bürgen*: Die Rechtsprechung geht
        davon aus, dass ein Bürge bei nicht ganz geringen Schulden krass über-
        fordert ist, wenn er voraussichtlich nicht einmal die Zinslast aus seinem
        pfändbaren Einkommen und Vermögen im Sicherungsfall dauerhaft
        allein tragen kann.[6] Da A überhaupt kein Einkommen hat, ist sie bei
        einer Summe von 70.000 € krass überfordert.

   (bb) Bei einer krassen finanziellen Überforderung wird bei dem Schuldner
        persönlich besonders nahe stehenden Personen (hier Ehepartner) ver-
        mutet, dass sie aus emotionaler Verbundenheit gehandelt haben und der
        Gläubiger dies in sittenwidriger Weise ausgenutzt hat.[7]

   (cc) Keine Sittenwidrigkeit ist gegeben, wenn der Bürge ein Eigeninteresse
        an der Verpflichtung und der Bürgschaftsnehmer (Bank) ein berechtigtes
        Interesse an der Mitverpflichtung des (vermögenslosen) Bürgen hat. Das
        Eigeninteresse des Bürgen an dem Geschäft kann darin liegen, dass er
        von der Darlehensleistung profitiert, so etwa im Ausgangsfall, wenn das
        finanzierte Unternehmen die Eheleute ernähren soll. Allerdings genügt
        ein mittelbarer Vorteil nicht, der Bürge müsste auch selbst in den Genuss
        des Darlehensvorteils kommen, etwa weil er Miteigentümer einer gesi-
        cherten Immobilie oder eines gesicherten Erwerbsgeschäfts ist.[8] Daran
        fehlt es hier.

        Dem Bürgschaftsnehmer bleibt aber die Möglichkeit einzuwenden,
        dass er ein Interesse gerade an der Mithaftung des Bürgen hat. Bei einer
        Ehegattenbürgschaft besteht stets ein Interesse daran, Vermögensver-
        schiebungen unter den Ehegatten zu verhindern, da diese dazu führen
        können, dass Vermögen des Hauptschuldners dem Vollstreckungszugriff
        des Gläubigers entzogen wird.[9] Dabei ist auf den Zeitpunkt des Vertrags-
        schlusses abzustellen. Der BGH erkennt diese abstrakte Gefahr jedoch
        noch nicht als ausreichend an. Er verlangt vielmehr zu Recht, dass diese
        Beschränkung des Sicherungsinteresses vertraglich in der Bürgschaft als

---

[6] BGH NJW 2009, 2671 Tz. 18.

[7] BGH NJW 2009, 2671 Tz. 18.

[8] BGH NJW 1997, 52, 54 (Interesse der in Mithaftung genommener Kinder, später in den finanzierten Betrieb einzusteigen, genügt als mittelbarer Vorteil nicht).

[9] BGHZ 128, 130 = NJW 1995, 592, 593.

deren Zweck aufgeführt ist[10]. Daran fehlt es hier. Die Bürgschaft ent-
hielt keinerlei Einschränkung auf bestimmte Sicherungszwecke. Daher
entfällt die Vermutung der Sittenwidrigkeit nicht. Die Vereinbarung ist
nichtig nach § 138 BGB.

5. Ergebnis: Aufgrund der Nichtigkeit des Bürgschaftsvertrages wegen Sittenwidrigkeit nach § 138 Abs. 1 BGB besteht kein Anspruch.

II. Rechtfertigung für Sonderregeln

Der vorstehende Fall zeigt, dass das klassische BGB durchaus Normen bereithält, **7**
die ein Machtungleichgewicht zwischen Vertragsparteien ausgleichen können. Jedenfalls ist die Rechtsprechung aufgefordert, Hindernisse für die Ausübung privat-
autonomer Entscheidungen auch bei der Auslegung der klassischen Zivilrechtsnor-
men zu berücksichtigen. Allerdings ist der Aufwand nicht unbeträchtlich. Manche
der klassischen Normen werden eng interpretiert (z. B. § 311b Abs. 2 BGB), andere
sind so breit formuliert, dass erst eine lange Kette von gerichtlichen Entscheidungen
feste Regeln hervorbringt, die ein befriedigendes Schutzniveau für den Verbraucher
bewirken. Schließlich sind manche der klassischen Regelungen auch in ihren Auswirkungen übertrieben scharf: Wird angenommen, dass ein Geschäft sittenwidrig
ist, so ist es selbst dann unwirksam, wenn der Verbraucher gerne daran festhalten
möchte. Daher stellt sich die Frage nach einem Sonderprivatrecht der Verbraucher,
also einem Bestand an Sonderregeln für das Verhältnis zwischen Verbrauchern und
Unternehmern, die es ermöglichen, Ungleichgewichtslagen schonend und nachträglich in einer Weise zu korrigieren, die dem Verbraucher die Möglichkeit belässt,
an dem Geschäft festzuhalten. Das erreicht man oft, indem man das Geschäft eine
Weile in der Schwebe hält („Widerrufsfrist"), um die heiße Phase der Verlockung
durch eine Phase das Abkühlens („cooling off-period") zu kompensieren.

Solche Verbraucherschutzvorschriften sind angebracht, wo es ein Schutzbedürf- **8**
nis gibt. Im Verhältnis zwischen Unternehmer (als Anbieter) und Verbraucher (als
Abnehmer von Waren und Dienstleistungen) wird das besondere **Schutzbedürfnis in der typischen Unterlegenheit des Verbrauchers gegenüber dem Unternehmer** gesehen, die zu Folgen führen kann, „die für den unterlegenen Vertragsteil ungewöhnlich belastend sind"[11]. Seit den 1960er Jahren wird – zunächst in
Großbritannien[12] und den USA[13], dann auch in Deutschland – gefordert, besondere
Vorschriften zum Schutz vor Übervorteilung zu formulieren, die über die allgemeinen rechtsgeschäftlichen Normen zum Schutz vor Täuschung (§§ 119, 123 BGB)

---

[10] BGHZ 151, 34, 38 f.

[11] BVerfGE 89, 214 = NJW 1994, 36, 38 (Ehegattenbürgschaft, siehe Fall 1).

[12] Vgl. *von Hippel*, Verbraucherschutz, 3. Aufl. 1986, S. 5 mit Hinweis auf die 1959 einberufene
Molony-Kommission, die 1962 einen Report vorlegte, in dem unter anderem die Schaffung einer
zentralen Verbraucherschutzbehörde und örtlicher Verbraucherberatungen vorgeschlagen wurden.

[13] Berühmt wurde die „Verbraucherbotschaft" von *John F. Kennedy* vom 15.3.1962. Sie ist im
Internet abrufbar unter http://www.presidency.ucsb.edu/ws/?pid=9108.

hinausgehen, leichtere Lösungsmöglichkeiten vom Vertrag vorsehen (insbesondere ein Widerrufsrecht nach § 355 BGB) und verbraucherfreundliche Rechtsfolgen nach sich ziehen (z. B. § 494 Abs. 2 BGB für formnichtige Verbraucherdarlehensverträge).

9   Ein besonderes Schutzbedürfnis wird überdies damit gerechtfertigt, dass Verbraucher schlechter informiert und organisiert sind, ferner dass sie als Nutzer von Produkten den von diesen ausgehenden Gefahren für Gesundheit und Vermögen besonders stark ausgesetzt sind. Die **Gründe zur Rechtfertigung besonderer Verbraucherschutzvorschriften** sind zusammenfassend die folgenden:

–   **Überrumpelungsschutz**: Der Verbraucher sieht sich vielfach ausgeklügelten und aggressiven Vermarktungsstrategien gegenüber, die gerade auf seine Schwäche (etwa in besonderen Vertragsabschlusssituationen) abzielen. Dies erfordert Regeln zum Schutz vor Überrumpelung und Übervorteilung, wenn die Folgen nachteiliger Verträge für den Verbraucher besonders einschneidend sind und wenn die Situation des Vertragsschlusses typische Gefahren der Fehlentscheidung mit sich bringt. Das rechtfertigt es, die allgemeinen Vorschriften zum Schutz vor Täuschung, Drohung und Irreführung durch einen besonderen Schutz vor übereilten Vertragsschlüssen zu ergänzen. Hieraus erklären sich besondere Widerrufsrechte im Zusammenhang mit Haustürgeschäften oder Geschäften am Urlaubsort.

–   **Informationsgefälle**: Ein Unternehmer ist geschäftserfahrener und deshalb in der Vertragsausgestaltung dem Verbraucher typischerweise überlegen. Auch ist es für einen Verbraucher meist nicht lohnend, Zeit für den Erhalt möglichst vieler Informationen über den Vertragsgegenstand und den Vertragspartner aufzubringen, zumal diese für ihn oftmals nicht oder jedenfalls nicht problemlos verständlich sind.[14] Dieses Informationsgefälle kann ausgeglichen werden durch gesetzliche Informationspflichten. Besonders wichtig ist ein solcher Ausgleich, wenn der Verbraucher die Ware nicht vor dem Kauf besichtigen oder testen kann. Das betrifft den Distanzkauf (Fernabsatz, Elektronischer Handel, Kauf von Verbrauchsartikeln des täglichen Bedarfs ohne Fachberatung).

–   **Ausnutzung eines Rechtsgefälles**: Insbesondere den grenzüberschreitenden (elektronischen oder Fern-) Einkauf wagt der Verbraucher nur, wenn er entweder sicher sein kann, dass am Angebotsort seine Interessen ausreichend geschützt sind oder eventuelle Heimatvorschriften, die einen solchen Schutz gewährleisten, nicht ausgehebelt oder abbedungen werden können. Das betrifft auch, aber nicht nur den Schutz von Gütern, die typischerweise im Ausland an Reisende abgesetzt werden, etwa Anteile an Ferienwohnungen (sog. Teilzeitwohnrechte) oder Verbrauchsartikel auf „Kaffeefahrten".

–   **Risikokonzentration**: Verbraucher können die Folgen von Fehlkäufen (anders als Unternehmer) regelmäßig nicht mehr durch Verlustabzug bei der Einkommensbesteuerung oder durch Weiterverkauf abwälzen.

–   **Sicherheits- und Gesundheitsinteressen**: Letztverbraucher sind diejenigen Produkterwerber, bei denen sich Sicherheits- und Gesundheitsgefahren realisie-

---

[14] Ausführlich dazu *Kötz* JuS 2003, 209.

ren, denn sie nutzen die Produkte. Verbraucher haben daher eine rechtlich schützenswerte Erwartung, dass Produkte sicher sind und dass in Fällen, in denen diese Erwartung frustriert wird, nicht nur der Veräußerer, sondern auch der Hersteller des Produktes diejenigen Schäden zu ersetzen hat, die an den Rechts- und Vermögensgütern des Verbrauchers entstanden sind. Hinzu kommt, dass der Unternehmer, sofern es um die Sicherheit seines Produktes geht, besser als sein Abnehmer für eine bestimmte Qualität einstehen kann.

Die Regeln des Verbraucherprivatrechts stellen **den Verbraucher gegenüber anderen Rechtssubjekten besser.**

III. Die Reaktion der Rechtsordnung

Um die geschilderte Ungleichgewichtslage zwischen Verbraucher und Unternehmer auszugleichen, statuiert das Gesetz vielfache **Informationspflichten**[15] zu Lasten des Unternehmers. Dabei geht man davon aus, dass der Verbraucher nach Erhalt der Informationen den Vertragsinhalt einschätzen kann und dann wohl unterrichtet entscheidet. Diese Vorstellung ist zwar nicht ohne Kritik geblieben. Insbesondere wird darauf hingewiesen, dass viele Verbraucher die Informationen nicht oder nicht mit vertretbarem Aufwand verarbeiten können. Auch sei es u. U. wirtschaftlicher, wenn derjenige, der Informationen benötige, sie dem Inhaber der Information abkaufe, statt sie allen aufzudrängen und alle dafür zahlen zu lassen.[16] Doch spricht diese Kritik nicht schlechthin gegen Informationspflichten. Solche Pflichten sorgen jedenfalls dafür, dass Unternehmer dem Markt nachprüfbare Informationen zur Verfügung stellen müssen. Auch die Wettbewerber und Verbraucherschutzverbände werden hierdurch in die Lage versetzt, die Unternehmen „beim Wort zu nehmen". Zudem besteht künftig die Möglichkeit, Informationen zu verkürzen und auf einfache Zeichen (Gütezeichen, Auszeichnungen, Marken, einfache Produktkennzeichnungen, die etwa über den Fettgehalt in Lebensmitteln aufklären) zu verengen, so dass auch der Verbraucher auf einfache Weise in die Lage versetzt wird, eine Übersicht über Qualität und Produktausstattung zu erhalten.

    Bisweilen werden dem Verbraucher auch **Widerrufs- oder Rückgaberechte** eingeräumt. Diese beruhen auf der Vorstellung, dass der Vertragsschluss für den Verbraucher in manchen Situationen überraschend kam oder er sonst in einer irgendwie besonderen Lage zum Vertragsschluss gebracht wurde und er daher Zeit haben sollte, die Vertragsbindung noch einmal zu überdenken. Solche Mechanismen helfen insbesondere bei Haustürgeschäften, im Fernabsatz (§§ 312, 312d BGB) und bei komplizierten Verträgen, wie Verbraucherdarlehen (vgl. § 495 BGB). Hier gilt die Vertragsabschlusssituation als besonders störungsanfällig, so dass das Gesetz einen

10

11

---

[15] Vgl. insbesondere die BGB-Info-Verordnung, aber auch die Preisangabenverordnung und die im BGB kodifizierten Pflichten in § 492 BGB. Zu Bestrebungen auf europäischer Ebene, das Informationsmodell auf alle Verbraucherverträge auszudehnen: *Zypries* ZEuP 2009, 225, 226.

[16] *Schön*, FS Canaris, 2007, S. 1191, 1206.

Schutz gegen Überrumpelung durch besondere Vertragslösungsrechte bereitstellt. Auch in Situationen, in denen der Verbraucher die Ware nicht prüfen kann, also beim Fernabsatz, begegnet das Gesetz dem hier herrschenden Informationsgefälle („Werde ich das Versprochene auch so erhalten, wie ich mir das vorgestellt habe?") durch erleichterte Lösungsrechte (Widerruf). Widerrufsrechte wurden auch verwendet bei besonders komplizierten Geschäften, die Auswirkungen auf die künftige Leistungsfähigkeit haben, insbesondere Verbraucherdarlehen. Ob hier eine kurze Überlegungsfrist genügt, um die Tragweite des Geschäfts abzuschätzen und rechtzeitig zu widerrufen, ist allerdings zweifelhaft.

12 Manche Vertragsbestimmungen werden von der Rechtsordnung auch schlicht **für unwirksam erklärt**. Dies gilt insbesondere bei der Verwendung von Allgemeinen Geschäftsbedingungen, da dann – schon weil die Allgemeinen Geschäftsbedingungen vom Verwender vorformuliert sind – eine Übervorteilung des Verbrauchers in besonderem Ausmaß droht. Aber auch das Verbrauchsgüterkaufrecht erklärt eine Reihe von kaufrechtlichen Vorschriften, insbesondere die Gewährleistungsnormen für einseitig (d. h. zugunsten des Verbrauchers) zwingend (§ 475 BGB). Auch hierdurch wird ein Informationsgefälle korrigiert, allerdings nicht durch Informationspflichten, sondern dadurch, dass der Vertragsgegenstand nicht nach den Vorstellungen des Anbieters, sondern nach den berechtigten Erwartungen des Käufers bestimmt wird (vgl. § 434 Abs. 1 Satz 2 BGB zur Haftung für Werbeangaben), wenn der Verkäufer diese Erwartung nicht durch eindeutige Informationen korrigiert.

13 Hinzu tritt eine gesteigerte **Verantwortlichkeit des Herstellers** für die von ihm produzierten Güter auch gegenüber dem Endabnehmer, der die Waren von einem Händler erwirbt. Hierzu hat die Rechtsprechung besondere Verkehrssicherungspflichten für Produzenten im Rahmen des § 823 Abs. 1 BGB entwickelt. In Europa wurde eine Harmonisierungsrichtlinie erlassen, die in Deutschland im Rahmen des Produkthaftungsgesetzes umgesetzt wurde und heute die vorgenannten Rechtsprechungsregeln ergänzt. Diese Regeln gehen über die vertragliche Haftung hinaus. Sie bescheren dem geschädigten Konsumenten einen weiteren Schuldner, nämlich den Hersteller des Produkts, der für die Schäden haftet, für die der Händler typischerweise nicht einstehen muss, nämlich die Schäden an Rechtsgütern und Vermögenswerten des Käufers, die außerhalb der erworbenen Sache zu Schaden kommen, wenn diese Sache fehlerhaft ist.

14 Ein **besonderes Problem des Verbraucherschutzes** liegt **darin, dass der individuelle Verbraucher es oft als lästig empfinden wird, kleine Vermögenseinbußen** durch vertragliche Schadensersatzansprüche **einzuklagen**. Wer aufgrund unzureichender Informationen des Anbieters ein lästiges Klingeltonabonnement für sein Mobiltelefon erworben hat, mag bis zur Kündigung des Abonnements nur einen Schaden von 10 oder 20 € erlitten haben. Das wird er akzeptieren. Wenn das Abonnement aber von hunderten oder tausenden Verbrauchern erworben wurde, entsteht ein erheblicher Anreiz für den Anbieter, sein Verhalten zu wiederholen, denn die akkumulierten Schäden führen zu beträchtlichen Erlösen, die nicht abgeschöpft werden.[17] Verteilt sich der Schaden auf viele Schultern und

---

[17] Das Problem ist auch im Kartellrecht bekannt. Dort ist es in der US-amerikanischen Entscheidung *Hanover Shoe, Inc. v. United Shoe Machinery, Corp.*, 392 U.S. 481, 494 (1968) wie folgt

wird er individuell nicht als spürbar wahrgenommen, so bleibt das Verhalten un-
sanktioniert, es sei denn, es gelingt, die vielen Einzelinteressieren zu bündeln
und einem Kollektiv, z. B. einem Verbraucherverband, die gerichtliche Verfolgung zu überantworten. Das erreicht man derzeit noch allein dadurch, dass man
**Verbänden eine Klagebefugnis für die Verfolgung verbraucherschädigender
Praktiken einräumt**. Das deutsche Recht geht diesen Weg im Gesetz gegen den
unlauteren Wettbewerb (§ 8 Abs. 3 UWG, dazu § 11) und im sog. Gesetz über
Unterlassungsklagen bei Verbraucherrechts- und anderen Verstößen (UKlaG).
Dieses Gesetz folgt dem Vorbild der europäischen Unterlassungsklagenrichtli-
nie 98/27/EG. Auf europäischer Ebene möchte man gerne weitere Systeme des
kollektiven Rechtsschutzes installieren. Derzeit beschränken sich diese Versuche
auf die Durchsetzung von Schäden, welche die Opfer von Kartellvereinbarungen
erleiden.[18]

Gelegentlich bedarf es **keiner besonderen verbraucherprivatrechtlichen Lö-**   15
sungen, um Schutz zu gewähren. Das zeigt das Problem der **Kostenfallen im Internet**. Von solchen Kostenfallen spricht man, wenn der durchschnittliche Verbraucher
einem Internetangebot nicht ansieht, dass die Inanspruchnahme der Leistung (z. B.
Teilnahme an einem Quiz, Übersendung eines Horoskops) kostenpflichtig ist.[19] In
solchen Fällen kann man bereits daran zweifeln, dass der Verbraucher, der durch
einen Klick die Leistung in Anspruch nimmt, die Annahme eines Angebots erklärt.
Regelmäßig nämlich fehlt es an einer Einigung, wenn eine Leistung versteckt kostenpflichtig angeboten wird und der Annehmende diese Kostenpflicht nicht bemerkt
(§ 155 BGB).[20] Wer die Rechnung nicht begleicht, kann sich darauf berufen, dass
ein Vertrag nicht zustande gekommen ist. Hilfsweise sollte die Erklärung angefoch-
ten werden (§ 119 BGB Inhaltsirrtum und § 123 BGB: arglistige Täuschung über
die Kostenpflicht).[21] Wirksam bekämpfen kann man solche Kostenfallen oftmals
jedoch nur über Verbände. Das wiederum führt in das UWG und das Recht der

---

auf den Punkt gebracht worden: "These ultimate consumers, in today's case the buyers of single
pairs of shoes, would have only a tiny stake in a lawsuit … In consequence, those who violate the
antitrust laws … would retain the fruits of their illegality because no one was available who would
bring suit against them." (Die Endverbraucher (im Fall: die Erwerber von Schuhen, die aufgrund
kartellrechtswidrigen Verhaltens produziert und regelmäßig zu höheren als Marktpreisen veräußert
werden) würden nur ein geringfügiges Interesse an einer Klage haben. In der Konsequenz würden
denjenigen, die kartellrechtliche Vorschriften verletzen, die Früchte ihres unrechtmäßigen Tuns
verbleiben, weil niemand verfügbar ist, der gegen sie eine Klage führt.)

[18] Zum Stand der Diskussion vgl. *Clausnitzer* EuZW 2009, 169; *Krümmel/Sauer* BB 2008, 2586.
Die europäischen Diskussionsansätze finden sich im „Weißbuch Schadensersatzklagen bei Verstößen gegen EG-Wettbewerbsrecht", KOM (2008) 165 endg.

[19] Zum Problem *Buchmann/Mayer* NJW 2009, 3189.

[20] Vgl. OLG Frankfurt a.M. GRUR-RR 2009, 265 (Abonnemente für Grafiken bzw. Gedichte);
AG München, Urt. v. 16.1.2007 – 161 C 23695/06 (Der Kläger hatte ein Internetportal eingerichtet, auf dem er anbot, anhand persönlicher Angaben wie Name, Adresse, Geburtsdatum die
Lebenserwartung des Anfragenden zu berechnen. Auf den Nutzerpreis in Höhe von 30 bis 59 Euro
wurde jedoch nicht deutlich genug hingewiesen).

[21] Auch ein Widerruf sollte hilfsweise erklärt werden. Jedenfalls bei Abonnementangeboten bleibt
er oft möglich, vgl. hierzu LG Mannheim MMR 2009, 568 (Downloadangebot für angebliche
Freeware, die sich letztlich als kostenpflichtiger Abonnementvertrag entpuppte).

Preisangaben.[22] Im UWG ist es hier sogar möglich, dass ein Verband die Gewinne einer vorsätzlich auf Täuschung angelegten Praktik abschöpft (§ 10 UWG).[23]

IV. Das Verbraucherschutzrecht als Bestandteil des Rechts der Europäischen Union

16 Viele Bestimmungen des deutschen Verbraucherschutzrechts beruhen auf **Richtlinien der Europäischen Union**, die bisweilen ihrerseits wiederum Wertungen des deutschen Rechts aufgegriffen haben. Die Funktion der Richtlinie wird in Art. 289 Abs. 3 des VAEU[24] (=ex-Art. 249 Abs. 3 EG) umrissen: „Die Richtlinie ist für jeden Mitgliedstaat (…) hinsichtlich des zu erreichenden Ziels verbindlich, überlässt jedoch den innerstaatlichen Stellen die Wahl der Form und der Mittel".

17 Solche Richtlinien gibt es in folgenden Bereichen:

- **Haustürgeschäfte** (Richtlinie 85/577/EWG vom 20.12.1985, EG-Amtsblatt (Abl.) Nr. L 372 S. 31), in Deutschland umgesetzt in den §§ 312, 312a BGB;
- **AGB** (Richtlinie 93/13/EWG über missbräuchliche Klauseln in Verbraucherverträgen vom 5.4.1993, EG-Abl. L 95, S. 29), in Deutschland umgesetzt in den §§ 305 ff. BGB;
- **Teilzeitnutzungsrechte** (z. B. für die zeitweise Nutzung von Ferienwohnungen; Richtlinie 2008/122/EG über den Schutz der Verbraucher im Hinblick auf bestimmte Aspekte von Teilzeitnutzungsverträgen, Verträgen über langfristige Urlaubsprodukte sowie Wiederverkaufs- und Tauschverträgen v. 3.2.2009, Abl. L 33, S. 10), in Deutschland bisher §§ 481–487 BGB (die noch auf der Richtlinie 94/47/EG beruhen; die neue Richtlinie ist bis zum 23.2.2011 umzusetzen);
- **Fernabsatz** (Richtlinie 97/7/EG v. 4.6.1997, ABl. L 144 S. 19), umgesetzt durch §§ 312b–312d BGB;
- **Preisangaben** (Richtlinie 98/6/EG über den Schutz der Verbraucher bei der Angabe der Preise der ihnen angebotenen Erzeugnisse v. 18.3.1998, ABl. L 80 S. 27), umgesetzt durch die Preisangabenverordnung;

---

[22] Beispiel OLG Frankfurt/M. MMR 2009, 341 (auf Grundlage des § 5 UWG und des §1 Abs. 1 und Abs. 6 Satz 2 der Preisangabenverordnung, die eine deutliche Angabe des Leistungspreises gebietet; Revision beim BGH unter dem Az. I ZR 12/09 anhängig).

[23] Hierzu ebenfalls OLG Frankfurt/M. MMR 2009, 341.

[24] Der Vertrag über die Arbeitsweise der Europäischen Union (VAEU) v. 9.5.2008 ist durch den Vertrag von Lissabon umgesetzt worden und zum 1.12.2009 in Kraft getreten. Hierdurch sind eine Reihe von Vorschriften des EG-Vertrages nach der Fassung des Amsterdamer Vertrages aufgehoben und in den VAEU integriert worden. Das für das Verbraucherprivatrecht maßgebliche materielle europäische Primärrecht findet sich nunmehr dort. Daneben enthält der EU-Vertrag organisationsrechtliche Vorschriften. Den genauen Vertragsstand kann man auf der Seite der Europäischen Union abrufen (http://europa.eu/documentation/legislation/index_de.htm). Die Druckfassung findet sich im Amtsblatt C 306 v. 17.12.2007 Seite 1. Zu den Änderungen durch den Lissabonner Vertrag *Streinz*, Europarecht, 8. Aufl. 2008, Rn. 62 ff.

- **Unterlassungsklagen** (Richtlinie 98/27/EG über Unterlassungsklagen zum Schutz der Verbraucherinteressen v. 11.6.1998, ABl. L 166 S. 51), umgesetzt durch das Unterlassungsklagegesetz;
- **Verbrauchsgüterkauf** (Richtlinie 1999/44/EG zu bestimmten Aspekten des Verbrauchsgüterkaufs und der Garantien für Verbrauchsgüter v. 7.7.1999, ABl. L 171 S. 12), umgesetzt in §§ 474–479 BGB;
- **Finanzdienstleistungsfernabsatz** (Richtlinie 2002/65/EG über den Fernabsatz von Finanzdienstleistungen an Verbraucher v. 9.10.2002, ABl. L 271, S. 16), u. a. umgesetzt in §§ 312b–312d und wertpapierrechtlichen Spezialnormen;
- **Verbraucherkredit** (Richtlinie 2008/48/EG über Verbraucherkreditverträge und zur Aufhebung der Richtlinie 87/102/EWG v. 22.5.2008, ABl. L 133, S. 66), umgesetzt früher in §§ 491–498 sowie §§ 499–504 BGB, seit 11.6.2010: §§ 491–505 bzw. §§ 506–509 BGB;
- **Zahlungsverzug** (Richtlinie 2000/35/EG v. 8.8.2000, ABl. L 200, S. 35), umgesetzt in § 288 BGB;
- **Zahlungsdienste** (=Lastschriften, Überweisungen, Kartenzahlungen, Richtlinie 2007/46/EG über Zahlungsdienste im Binnenmarkt, zur Änderung der Richtlinien 97/7/EG, 2002/65/EG und 2006/48/EG sowie zur Aufhebung der Richtlinie 97/5/EG v. 5.12.2007, ABl. L 319 S. 1), umgesetzt durch §§ 675c bis 676c BGB und Art. 248 EGBGB.

Adressat der Richtlinie ist jeweils der Mitgliedstaat, der das von der Richtlinie **18** vorgegebene Ziel mithilfe seines nationalen Rechts verwirklicht. Bislang waren die Richtlinien meist so ausgestaltet, dass den Mitgliedstaaten nur ein Mindestmaß an Verbraucherschutz vorgegeben war („Mindestharmonisierung"). Sie konnten also im Interesse der Verbraucher weiter gehen als von der Richtlinie vorgeschrieben. Dies hatte große Vorteile (es war ein Wettbewerb der Rechtsordnungen möglich, die Verbraucherschutznormen konnten mit einer gewissen Flexibilität in die jeweilige Rechtsordnung „eingebaut" werden), hatte aber auch zur Folge, dass eine Rechtsvereinheitlichung nicht erreicht wurde. Daher hat die Kommission den Vorschlag einer Richtlinie vorgelegt, der einige der bisherigen Verbraucherschutzrichtlinien zusammenführt[25] und – das ist das eigentlich Neue – das geschilderte **Mindestharmonisierungskonzept** zu Gunsten einer **Vollharmonisierung** (also keine Zulässigkeit mehr eines die Richtlinie überbietenden Verbraucherschutzes) aufgeben will. Dieses – auch der neuen Verbraucherkreditrichtlinie[26] – zugrundeliegende Konzept ist rechtspolitisch umstritten[27]. Insbesondere wird darauf hingewiesen, dass dieses Konzept zwangsläufig zu einer Verringerung des Verbraucherschutzes führen wird und die nationalen Rechts-

---

[25] Es handelt sich um die Fernabsatz-, die Haustürwiderrufs-, die Verbrauchsgüterkaufrichtlinie und die Richtlinie über missbräuchliche Klauseln in Verbraucherverträgen (AGB), zum Kommissionsvorschlag vgl. *Micklitz/Reich* EuZW 2009, 279 (mit anschaulichen Beispielen); *Schwab/Verlage* EuZW 2009, 873; *Tacou* ZRP 2009, 279.

[26] Dazu *Gsell/Schellhase* JZ 2009, 20; *Föhlisch* MMR 209, 75.

[27] *Gsell/Schellhase* JZ 2009, 20; *Tacou* ZRP 2009, 140; *Tonner/Tamm* JZ 2009, 277; *Tettinger* ZGS 2009, 106.

ordnungen vollharmonisierte „Versatzstücke" nicht in ihren jeweiligen Rechts-
rahmen einpassen können.[28]

19   Die Tatsache, dass das deutsche Verbraucherschutzrecht einen europäischen
Hintergrund hat, ist insbesondere bei der **Interpretation der gesetzlichen Regeln**
zu berücksichtigen. Die Regel der richtlinienkonformen Auslegung besagt, dass bei
der Auslegung einer nationalen Norm, die eine Richtlinie umsetzt, Inhalt und Ziel
dieser Richtlinie zu berücksichtigen sind und zudem ein Auslegungsergebnis soweit
wie möglich zu vermeiden ist, das mit der Richtlinie nicht im Einklang steht[29].

V. Persönlicher Anwendungsbereich des Verbraucherschutzrechts

1. Der Verbraucher

20   Gemäß § 13 BGB ist jede natürliche Person, die ein **Rechtsgeschäft zu einem**
Zweck abschließt, der weder ihrer gewerblichen noch ihrer selbstständigen
beruflichen Tätigkeit zugerechnet werden kann, Verbraucher[30]. So klar diese
Regeln zu sein scheinen, so schwierig ist die Handhabung im Einzelfall. Es beginnt schon bei der Frage, wie festzustellen ist, zu welchem Zweck gehandelt wurde. Da auch der Vertragspartner wissen muss, ob die Verbraucherschutznormen
anwendbar sind, muss insoweit das Rechtsgeschäft ausgelegt werden[31] bzw. – falls
es (wie etwa bei § 241a BGB) um die Anbahnung eines Geschäfts geht – das Verhalten interpretiert werden. Dabei geht der BGH davon aus, dass rechtsgeschäft-
liches Handeln nur dann der unternehmerischen Tätigkeit zuzuordnen sei, wenn
dies von dem Vertragspartner zweifelsfrei zu erkennen ist (nicht, wenn wie im Fall
des BGH eine Anwältin Lampen für ihre Privatwohnung unter der Büroadresse
bestellt).[32]

---

[28] Die seit 2010 zuständige Kommissarin *Reding* hat u.a. am 15. und 16.3.2010 erläutert, nunmehr vom Konzept der Vollharmonisierung Abstand zu nehmen und dieses nur dort zu etablieren,
wo es auch Sinn mache: Soweit möglich, sei eine Harmonisierung anzustreben, im Übrigen auf
Minimalharmonisierungen und Ausnahmeregelungen zurückzugreifen. Der Vollharmonisierung
sollen noch die Definitionen unterliegen, im Bereich der Informationspflichten sollen flexible Regelungen bevorzugt werden.

[29] Einzelheiten und Grenzen der richtlinienkonformen Auslegung sind streitig: Dazu *Skamel* NJW
2008, 2820; *Schulte-Nölke/Busch*, FS Canaris, 2007, Bd. 2, S. 795; *Gsell* JZ 2009, 522.

[30] Die Definition beruht auf Art. 2b der AGB-Richtlinie (Rn. 17), zuvor gab es in Deutschland
schon eine ähnliche Definition, etwa § 24a AGBG, dazu *Kern* ZGS 2009, 456.

[31] Jauernig/*Jauernig* § 13 Rn. 3; es entscheidet also nicht allein der innere Wille, dieser ist für den
Geschäftspartner nicht erkennbar.

[32] BGH NJW 2009, 3780 = ZGS 2009, 483: „wenn die dem Vertragspartner erkennbaren Umstände eindeutig und zweifelsfrei darauf hinweisen, dass die natürliche Person in Verfolgung ihrer
gewerblichen und selbständigen beruflichen Tätigkeit handelt".

Bezieht sich das Rechtsgeschäft sowohl auf den privaten als auch auf den ge- **21** werblichen Bereich (Mischverwendung), so greifen die Verbraucherschutzregeln bei überwiegender privater Zwecksetzung ein.[33] Zwar hat bei Mischverwendungen die betroffene Person – eben weil sie ja teilweise auch gewerblich handelt – durchaus eine entsprechende Erfahrung, sodass sich an ihrer Schutzbedürftigkeit zweifeln ließe. Aber da die Norm auf die Zwecksetzung des Handelns abstellt, macht sie deutlich, dass auch Unternehmer – sofern sie nicht zu gewerblichen Zwecken handeln – (etwa Unternehmer kauft Geburtstagsgeschenk für seine Tochter) geschützt werden. Dann ist es aber auch folgerichtig, dass dieser Schutz auch bei überwiegender privater Zwecksetzung eingreift. Arbeitnehmer sind, auch wenn sie als solche handeln, Verbraucher[34]. Demgegenüber ist die Annahme des BGH, eine Gesellschaft bürgerlichen Rechts sei, wenn sie keine kommerzielle Zwecke verfolge, Verbraucher[35], zweifelhaft. Denn schließlich spricht § 13 BGB von einer natürlichen Person, wovon bei einer BGB-Gesellschaft eigentlich keine Rede sein kann.

Wird ein Vertreter eingeschaltet, kommt es auf die Verbrauchereigenschaft **22** des Vertretenen an, da dieser vor den Vor- und Nachteilen des Rechtsgeschäfts geschützt werden soll[36].

Täuscht jemand vor, gewerblich zu handeln, obwohl dies nicht der Fall ist, **23** kann er die Rechtsstellung eines Verbrauchers nicht für sich in Anspruch nehmen. Dies wäre rechtsmissbräuchlich (§ 242 BGB, näher unten Rn. 28 Fall 2)[37]. Eine solche Wertung lockert das formale Verbraucherschutzmodell etwas auf und sorgt dafür, dass die allgemeinen zivilrechtlichen Grundsätze auch für das Sonderprivatrecht gelten. Anders ist es im Minderjährigenrecht. Dort wird argumentiert, dass ein Minderjähriger auch dann noch geschützt ist, wenn er arglistig seine volle Geschäftsfähigkeit vortäuscht.[38] Die Parallele hält der BGH nicht für übertragbar.[39] Manches spricht dafür, dass die Frage nicht mehr allein vom BGH, sondern in Bereichen, in denen es um die Anwendung von europäischem Richtlinienrecht geht, vom EuGH entschieden werden muss. Dazu müssten die deutschen Gerichte einen Fall, in dem es auf diese Frage ankommt, dem Europäischen Gerichtshof (EuGH) vorlegen (vgl. Art. 267 VAEU=ex-Art. 234 EG). Letztinstanzlich entscheidende nationale Gerichte (also auch der BGH) sind hierzu verpflichtet (Art. 267 Abs. 3 VAEU).

---

[33] A. A. Jauernig/*Jauernig* § 13 Rn. 3.

[34] BAG NJW 2005, 3305; dazu *Karsten Schmidt* JuS 2006, 1, 5.

[35] BGH NJW 2002, 368; kritisch *Karsten Schmidt* JuS 2006, 1, 4.

[36] Erman/*Saenger* § 13 Rn. 11.

[37] BGH NJW 2005, 1045; *Karsten Schmidt* JuS 2006, 1, 7.

[38] Vgl. Larenz/*Wolf*, Allgemeiner Teil des Bürgerlichen Rechts, 9. Aufl. 2004, § 25 Rn. 10 f.

[39] BGH NJW 2005, 1045, 1046; a.A. *Schürnbrand* JZ 2009, 133, 137, der missbräuchliches Verhalten allein über § 826 BGB und § 823 Abs. 2 BGB mit § 263 StGB korrigieren möchte.

2. Der Unternehmer

24 **§ 14 BGB definiert den Unternehmer**. Prägend für den Unternehmerbegriff ist, dass **in Ausübung einer gewerblichen** (planmäßige, auf Dauer angelegte, selbstständige, wirtschaftliche) **oder selbstständigen beruflichen Tätigkeit gehandelt wird**. Das in Rede stehende Rechtsgeschäft muss nicht zu den üblichen unternehmerischen Geschäften dieses Betriebs zählen (Arzt veräußert seinen beruflich eingesetzten PKW)[40] und auch nicht auf Gewinnerzielung ausgerichtet sein.[41]

25   Eine **nebenberufliche Tätigkeit** reicht aus. Daher sind auch die sog. Powerseller bei eBay Unternehmer.[42] Aber auch wer den Titel nicht führt, kann bei Angeboten auf Internetversteigerungen jedenfalls als Unternehmer angesehen werden. Der BGH stellt hierfür in ständiger Rechtsprechung auf eine Gesamtbetrachtung der relevanten Umstände ab.[43] Hohe Anforderungen stellt er nicht. Relevant dafür, dass man als Unternehmer angesehen wird, sind wiederholte, gleichartige Warenangebote (insbesondere auch Neuwaren), das Angebot von Waren, die erst kurz zuvor erworben wurden („originalverpackt"), ferner zahlreiche Feedbacks von anderen Nutzern und die Durchführung von Verkäufen für Dritte. Diese Umstände hat darzulegen, wer sich auf die Unternehmereigenschaft beruft. Gelingt die Darlegung, so muss der Anbieter der Waren darlegen und beweisen, dass er gleichwohl zu privaten Zwecken handelt.[44] Wer etwa seinen Privatkeller aufräumt und zahlreiche Angebote im Netz platziert, der sollte dokumentieren, dass es sich um ein privates Archiv und nicht um angekaufte Waren handelt (Fotos, Zeugenaussagen, alte Rechnungen und ähnliches).[45]

26   Auch **Existenzgründer** handeln schon in Ausübung ihrer gewerblichen Tätigkeit und gelten daher als Unternehmer.[46] Bezieht sich das Geschäft aber auf die Frage, ob überhaupt gegründet werden soll (Business-Plan), zählt es noch nicht zu der unternehmerischen Tätigkeit[47].

27   Es fällt auf, dass sich die **Begriffsbestimmung von § 1 HGB unterscheidet**. Unternehmer sind auch die Freiberufler (Rechtsanwälte, Ärzte) und Kleingewerbebetreibende. Der Begriff ist vielfach Anknüpfungspunkt von Richtlinien und daher

---

[40] *Looschelders*, Schuldrecht BT Rn. 226.

[41] BGHZ 167, 40, 45.

[42] OLG Frankfurt NJW 2005, 1438; ebenso OLG Koblenz NJW 2006, 1438: Verwendung des Begriffs „Powerseller" führt zur Beweislastumkehr. Der Anbieter muss nun beweisen, dass er nicht unternehmerisch handelt.

[43] Vgl. BGH GRUR 2008, 702=MMR 2008, 531 – Internetversteigerung III; MMR 2009, 538 – Ohrclips.

[44] LG Mainz NJW 2006, 783 spricht von einem „Anscheinsbeweis" für die Unternehmerstellung, wenn der Kriterienkatalog erfüllt ist.

[45] Zusammenfassend zur Unternehmereigenschaft im Rahmen von Internet-Auktionen *Szczesny/Holthusen* NJW 2007, 2586.

[46] BGH NJW 2005, 1273 (kein Verbraucher); siehe auch die Sonderregel von § 507 BGB.

[47] BGH NJW 2008, 435, 436.

von den entsprechenden europäischen Vorgaben „vorgeprägt".[48] Eine Ausrichtung
an dem deutschen Kaufmannsbegriff war daher nicht möglich.

Fall 2 nach **BGH NJW 2005, 1045**   **28**

A. Sachverhalt

Der Kläger kaufte vom Beklagten, einem Kfz.-Händler, einen gebrauchten Pkw.
Der Kläger wollte den Pkw privat nutzen. Er unterschrieb folgende Sondervereinba-
rung: „Keine Gewährleistung, Händlergeschäft". Der Beklagte wollte nur an Händler veräußern. Er verweigert endgültig jede Nachbesserung. Der Kläger verlangt
Rückzahlung des Kaufpreises, da der Pkw behebbare technische Mängel aufweist.

B. Lösung

Anspruch des Klägers gegen den Beklagten aus §§ 433, 437 Nr. 2, 323, 346 Abs. 1
BGB

1. Zwischen den Parteien ist ein Kaufvertrag zustande gekommen.
2. Die verkaufte Sache war fehlerhaft.
3. Eine Fristsetzung ist gemäß § 323 Abs. 2 Nr. 1 BGB entbehrlich.
4. Allerdings könnte dem Rückzahlungsanspruch der vereinbarte Haftungsaus-
   schluss entgegenstehen.
   Dann müsste der vereinbarte Haftungsausschluss wirksam sein.
   Da der Beklagte den Fehler weder arglistig verschwiegen noch eine Garantie
   übernommen hat, steht § 444 BGB dem Haftungsausschluss nicht entgegen!
   Des Weiteren könnte der Haftungsausschluss an § 309 Nr. 8b BGB scheitern.
   Hier handelt es sich aber nicht um den Erwerb einer neu hergestellten Sache.
   Somit steht auch diese Norm dem Haftungsausschluss nicht entgegen.
   Allerdings könnte der Haftungsausschluss gemäß § 475 Abs. 1 S. 1 BGB unwirk-
   sam sein. Dann müsste ein Verbrauchsgüterkauf (§ 474 Abs. 1 BGB) vorliegen.
   Da der Beklagte Kfz-Händler ist und der Kläger den Pkw privat nutzen wollte,
   sind die Voraussetzungen von § 474 Abs. 1 BGB im Prinzip erfüllt. Allerdings
   kann sich hier der Kläger auf § 475 Abs. 1 BGB nicht berufen, da dem § 242
   BGB entgegen steht, weil der Kläger ein Unternehmergeschäft vorgetäuscht hat.
   Würde er sich gleichwohl darauf berufen, dass er Verbraucher ist, wäre dies treuwidrig (siehe hierzu auch oben Rn. 23).
5. Ergebnis: Der Kläger hat keinen Anspruch auf Rückzahlung des Kaufpreises.

---

[48] Siehe Art. 2c der Klauselrichtlinie (AGB-Richtlinie, siehe oben Rn. 17).

B Verbraucherschutz bei Verwendung von Allgemeinen Geschäftsbedingungen

I. Zweck und Gefahren von Allgemeinen Geschäftsbedingungen

1. Zweck von Allgemeinen Geschäftsbedingungen

Allgemeine Geschäftsbedingungen werden vom Verwender typischerweise als juristisch ausgefeiltes Regelwerk dem Adressaten präsentiert, welches der Kunde nur selten komplett liest und versteht. Hiermit wird zweierlei bezweckt:[1] Zum einen geht es dem Verwender um eine Standardisierung von Massengeschäften. Dies erleichtert ihm die Vertragsabwicklung und bringt **Rationalisierungsvorteile**, die auch dem Kunden zugutekommen. Dies gilt ganz besonders im Bereich von Vertragstypen, die im BGB nicht normiert sind, da dann die Rechtslage mangels klar ausformulierten dispositiven Rechts besonders schwer zu ermitteln ist. **29**

Neben diesem Rationalisierungseffekt bietet die Ausgestaltung eines Vertrages mittels AGB dem **Verwender** noch einen weiteren Vorteil. Er kann in die **AGB Regelungen einfügen, die für ihn günstig sind.** Dies wird ihm vielfach schon deshalb gelingen, weil es sich für den **Adressaten der Bedingungen oftmals nicht lohnt, diese genauer zu studieren.**[2] Denn regelmäßig steht für ihn dieser Zeitaufwand in keinem Verhältnis zu dem möglicherweise durch die Lektüre erzielbaren Verhandlungsvorteil. Denn zum einen ist ein Vertragsschluss ohne Allgemeine Geschäftsbedingungen vielfach (auch bei einem anderen Anbieter) kaum erreichbar (Reinigungs-/Pauschalreiseverträge), sodass sich schon mangels Alternative das Studium der AGB kaum lohnt. Zum anderen rentiert sich der Zeitaufwand auch deshalb vielfach nicht, weil der Adressat das in Rede stehende Geschäft eben nicht wiederholt abschließt (Mietvertrag, Fernlehrgang). Er müsste also für einen einzigen Vertragsschluss relativ viel Zeit aufwenden. **30**

---

[1] *Grünberger* JURA 2009, 249.

[2] *Grünberger* JURA 2009, 249, 250.

B. Grunewald, K.-N. Peifer, *Verbraucherschutz im Zivilrecht,*
DOI 10.1007/978-3-642-14421-9_2, © Springer-Verlag Berlin Heidelberg 2010

2. Die mit der Verwendung von AGB für den Adressaten verbundenen Gefahren

31 Damit besteht die Gefahr, dass die AGB als Vertragsinhalt in erster Linie **den Interessen des Verwenders** Rechnung tragen. Denn der Adressat ist dem Verwender typischerweise unterlegen, da der Verwender das Vertragswerk ausgearbeitet und auf sein Produkt zugeschnitten hat. Damit ist die klassische Gefahrenlage des Verbraucherschutzrechts gegeben (A Rn. 8). Es besteht die Gefahr der Überrumpelung und die einer Verschärfung des Informationsgefälles zwischen Unternehmer und Verbraucher (oben Rn. 9).

32 Gleichwohl knüpfen die Sonderregeln für AGB **im Ausgangspunkt nicht daran an, dass der Adressat Verbraucher ist**. Die §§ 305 ff. BGB gelten vielmehr auch in reinen Unternehmerverträgen. Dennoch sind Verbraucher über § 310 Abs. 3 Nr. 1 BGB in weiterem Umfang als unternehmerische Vertragspartner geschützt. So gelten zu Gunsten des Verbrauchers manche Vermutungen (z. B. § 310 Abs. 3 Nr. 1 BGB), die Inhaltskontrolle ist nicht auf eine Gesamtabwägung nach Maßgabe einer Generalklausel (§ 307 Abs. 1, 2 BGB) beschränkt, sondern durch sehr viele genauere und damit strengere Maßstabsnormen (insbesondere §§ 308, 309, 310 Abs. 1 BGB) begrenzt. Das AGB-Recht hat damit sehr häufig seinen Schwerpunkt im Bereich des Verbraucherschutzes.

33 Darüber hinausgehend orientiert sich die Rechtsprechung im Rahmen der Inhaltskontrolle nach § 307 BGB bei Verträgen zwischen Unternehmern stark anhand der eigentlich nur bei Verwendung von Allgemeinen Geschäftsbedingungen gegenüber Verbrauchern einschlägigen Wertungen der §§ 308, 309 BGB. Dies entspricht zwar im Ausgangspunkt dem in § 310 Abs. 1 BGB enthaltenen Gedanken. Es wird aber kritisiert, dass den Besonderheiten des Handelsverkehrs nicht hinreichend Rechnung getragen wird[3].

II. Die Klauselrichtlinie

34 Seit dem 1.4.1977 galt in der BRD das sog. AGBG, das in wesentlichen Teilen den §§ 305 ff. BGB entsprach.[4] Auf europäischer Ebene wurde am 5.4.1993 die Richtlinie 93/13/EWG über missbräuchliche Klauseln in Verbraucherverträgen erlassen (oben Rn. 17). Obwohl dies nur zu kleinen Änderungen des Textes des AGBG führte, hatte es doch grundsätzliche Auswirkungen auf das deutsche Recht. Denn nunmehr sind die §§ 305 ff. BGB auf dem Hintergrund dieser Richtlinie zu interpretieren, also **richtlinienkonform auszulegen** (Rn. 19). Allerdings gilt die Richtlinie nur für AGB, die gegenüber Verbrauchern verwendet werden. Das wiederum hängt

---

[3] *Berger* ZIP 2006, 2149, 2150; BB 2007, 2137; *Lenkaitis/Löwisch* ZIP 2009, 441; dagegen *Graf von Westphalen* ZIP 2007, 149, 154.

[4] Die AGB-Verbandsklage ist heute im UKlaG geregelt, sie war früher im AGBG geregelt.

damit zusammen, dass Art. 114, 169 VAEU (ex-Art. 95, 153 EG) nur im Bereich des Verbraucherschutzes eine eindeutige Regelungskompetenz verleihen. In den sonstigen Bereichen verbleibt es dagegen im Wesentlichen bei der Regelungskompetenz der Mitgliedstaaten.

III. Die Reaktion der Rechtsordnung auf die geschilderte Problematik

Da aus den geschilderten Gründen (oben Rn. 31) die Vertragsposition des Adres- **35** saten der AGB bei Vertragsschluss nicht gleich stark wie diejenige des Verwenders der AGB ist, versucht das Gesetz die **Vertragsgerechtigkeit auf anderem Wege abzusichern.** AGB sind aber nicht verboten. § 305 BGB lässt sie dem Grunde nach zu. Darin kommt zum Ausdruck, dass ein anerkennenswertes Interesse daran besteht, Vertragsbedingungen in Massengeschäften zu standardisieren (Rn. 29). Um das AGB-typische Verhandlungsungleichgewicht auszugleichen, regelt das Gesetz nicht nur in besonderer Weise die Frage der Einbeziehung (§ 305 BGB) und der Auslegung (§ 305c Abs. 2 BGB), sondern unterwirft zudem die Bestimmungen solcher Standardverträge einer Inhaltskontrolle, die in §§ 307–309 BGB genauer geregelt ist.

IV. Begriff und Einbeziehung von Allgemeinen Geschäftsbedingungen

1. Begriff

Gemäß § 305 Abs. 1 S. 1 BGB sind AGB für eine Vielzahl von Verträgen vorfor- **36** mulierte Vertragsbedingungen, die der Verwender der anderen Vertragspartei bei Vertragsschluss stellt. Die Klauseln müssen **vorformuliert**, also vor Vertragsschluss fertig zur Verwendung in der Zukunft formuliert sein. Wenn das der Fall ist, handelt es sich schon bei der ersten Verwendung um AGB. Wer die Bedingung formuliert hat, ist ebenso irrelevant, wie die Frage, ob die Klausel schriftlich oder „im Kopf"[5] vorformuliert ist. Denn schließlich ändern diese Aspekte nichts daran, dass der Verwender die Vertragsgestaltungsfreiheit einseitig für sich nutzt. Auch wenn der Adressat die Möglichkeit hat, zwischen mehreren vorformulierten Alternativen in den AGBs zu wählen, beseitigt dies nicht den Umstand, dass der Text vorformuliert ist.[6]

---

[5] BGHZ 141, 108, 109; BGH NJW 2005, 2543, 2544; BGH NJW 2008, 2250 (Handschriftliche Einfügung in den Vertrag).
[6] BGH NJW 1996, 1676, 1677; BGH NJW 1998, 1066, 1067.

37   Die Vorformulierung muss für eine **Vielzahl** von Verträgen erfolgt sein. Dies versteht die Judikatur dahingehend, dass die Klausel mindestens drei Mal verwendet werden soll, wobei es keine Rolle spielt, ob es sich stets um denselben Vertragspartner oder um verschiedene handeln soll.[7] Wird die Klausel von einem **Unternehmer gegenüber einem Verbraucher verwandt**, so bestimmt § 310 Abs. 3 Nr. 2 BGB, dass bestimmte Normen zum Schutz des Vertragspartners des Verwenders auch dann gelten, **wenn die Vertragsbedingungen nur einmal** verwendet werden sollen. Zwar soll das nach dem Wortlaut der Bestimmung nur gelten, wenn der Verbraucher auf den Inhalt der Klausel auf Grund der Vorformulierung keinen Einfluss nehmen konnte.[8] Dies schränkt den Anwendungsbereich aber nicht weiter ein, da dieses Kriterium nur erfüllt ist, wenn der Verwender die Klausel zur Disposition gestellt hat. Dann ist die Klausel aber auch ausgehandelt (unten Rn. 39) und die Sonderregeln für AGB gelten schon aus diesem Grund nicht.

38   Eine Vertragspartei muss die Klausel der anderen **stellen**, also verlangen, dass die Klausel in den Vertrag ohne weitere Verhandlungen aufgenommen wird[9]. Wurden die AGB von einem Unternehmer gegenüber einem Verbraucher verwandt, erledigt sich allerdings die Frage, wem die AGB zuzurechnen sind, weitgehend, da gemäß § 310 Abs. 3 Nr. 1 BGB die AGB als vom Unternehmer gestellt gelten, wenn der Unternehmer nicht beweisen kann, dass die Klauseln vom Verbraucher in den Vertrag eingeführt wurden. Damit werden insbesondere Klauseln Dritter (Notar) dem Unternehmer zugerechnet.

39   AGB liegen gemäß § 305 Abs. 1 Nr. 3 BGB nicht vor, wenn sie im Einzelnen **ausgehandelt sind**. Dies setzt voraus, dass der Verwender die Klausel in ihrem gesetzesfremden Kerngehalt ernsthaft zur Disposition stellt.[10] Eine bloße Erläuterung der Klausel reicht also nicht aus. Diese strengen Kriterien haben zu der Frage geführt, ob dies auch dann gelten soll, wenn es um einen Vertragsschluss zwischen Unternehmern geht.[11] Nach der Systematik des Gesetzes ist dies klar zu bejahen, da die Sonderregeln für Verträge zwischen Unternehmer und Verbraucher (§ 310 Abs. 3) auf § 305 Abs. 1 S. 3 BGB nicht Bezug nehmen.

2. Sachlicher Anwendungsbereich

40 Nicht für alle vorformulierten Vertragsbedingungen gelten die §§ 305 ff. BGB. Ihr sachlicher Anwendungsbereich ergibt sich vielmehr aus § 310 Abs. 2 und Abs. 4

---

[7] BGH NJW 2004, 1454, 1455.

[8] Zur Beweislastverteilung BGH NJW 2008, 2250.

[9] Siehe BGH ZGS 2010 219, 221: „An dem … durch einseitige Ausnutzung der Vertragsgestaltungsfreiheit einer Vertragspartei zum Ausdruck kommenden Stellen vorformulierter Vertragsbedingungen fehlt es jedoch, wenn deren Einbeziehung sich als das Ergebnis einer freien Entscheidung desjenigen darstellt, der von dem anderen Vertragsteil mit dem Verwendungsvorschlag konfrontiert wird".

[10] BGH NJW 2005, 2543.

[11] Dagegen *Berger* ZIP 2006, 2149; a.A. *Graf von Westphalen* ZIP 2009, 149, 150 ff.

BGB. Bei jeder Inhaltskontrolle ist daher zu prüfen, ob der Gegenstand überhaupt der sachlichen Kontrolle unterliegt. Daran fehlt es bei Verträgen aus dem Bereich des **Familien-, Erb- und Gesellschaftsrechts (§ 310 Abs. 4 BGB)**. Gleiches gilt für **Tarifverträge, Betriebs- und Dienstvereinbarungen** (§ 310 Abs. 4 S. 1 BGB). Bei diesen Verträgen wirken oftmals Notare bzw. die Tarifvertragsparteien mit. Es besteht daher die Vermutung, dass ein weitergehender Schutz nicht erforderlich ist. Auch bei bestimmten **Versorgerverträgen** sind §§ 305 ff. BGB nur eingeschränkt anwendbar (§ 310 Abs. 2 BGB). Hier spielt eine große Rolle, dass diese Verträge ursprünglich mit öffentlich-rechtlichen Unternehmen der Daseinsvorsorge geschlossen wurden. Auch nach der weitgehenden Privatisierung des entsprechenden Sektors gibt es im Bereich dieser Verträge noch eine starke behördliche Regulierung (z. B. durch die Bundesnetzagentur in Bonn). Der Gesetzgeber geht davon aus, dass diese behördliche Regulierung für eine sachgerechte Vertragsgestaltung sorgt.

3. Einbeziehung der Allgemeinen Geschäftsbedingungen in den Vertrag

a) Gegenüber den allgemeinen Regeln des Vertragsrechts ist die Aufnahme von All- **41** gemeinen Geschäftsbedingungen in den Vertrag erschwert. Der Verwender muss im Grundsatz **ausdrücklich auf seine AGB hinweisen** und der anderen Partei zudem die **Möglichkeit verschaffen, vom Inhalt der AGB Kenntnis zu nehmen** (§ 305 Abs. 2 BGB). Diese Bestimmung gilt allerdings nicht gegenüber Unternehmern, für diese bleibt es also bei den allgemeinen Regeln, § 310 Abs. 1 S. 1 BGB. Der genannte Hinweis auf die AGB ist entbehrlich, wenn die AGB im Vertrag selbst enthalten sind und der Vertragspartner unterschreibt, da er dadurch die Chance erhält, vor der Unterschrift die Bedingungen zur Kenntnis zu nehmen.[12] Ist ein ausdrücklicher **persönlicher Hinweis** durch den Unternehmer selbst nach Art des Vertragsschlusses nur unter unverhältnismäßigen Schwierigkeiten möglich (Schließfach, Waschanlage, Automaten- oder Parkhausnutzung), genügt ein Hinweis durch deutlich sichtbaren Aushang am Ort des Vertragsschlusses. Dieser muss dem Vertragspartner bereits vor Vertragsschluss – also nicht auf dem Lieferschein – ins Auge fallen und auch deutlich machen, dass er sich auf Allgemeine Geschäftsbedingungen bezieht.

b) Hinzutreten muss die Möglichkeit, in zumutbarer Weise von den **AGB Kennt-** **42** **nis zu nehmen**. Sie müssen dem Adressaten also grundsätzlich ausgehändigt oder vorgelegt werden, bevor der Vertrag zustande kommt. Jedenfalls muss eine dieser Handlungen auf Wunsch des Adressaten möglich sein. Problematisch ist der bloße Hinweis des Verwenders, dass die AGB auf Wunsch zugesandt werden können. In der Regel ist die Zumutbarkeit der Kenntnisnahme in solchen Fällen zu verneinen,

---

[12] *Pfeiffer* in Wolf/Lindacher/Pfeiffer, AGB-Recht § 305 Rn. 73.

da der Adressat in diesem Fall zunächst den Vertragspartner kontaktieren müsste, um den Wunsch auf Zusendung zu äußern. Dann müsste er einige Tage auf die Post warten und dann erneut zum Verwender gehen, um endlich den Vertrag zu schließen.[13] Das erscheint nicht zumutbar.

43   Beim **Vertragsschluss im Internet** ist die Voraussetzung einer zumutbaren Kenntnisnahme z. B. dann erfüllt, wenn der Kunde die Möglichkeit hat, die AGB am Bildschirm zu lesen und zu kopieren.[14] Bei kürzeren AGB genügt auch die Abrufbarkeit auf dem Bildschirm.[15] Beides setzt voraus, dass es einen gut sichtbaren Link gibt, der dem Interessierten dort, wo auch eine Bestellmöglichkeit besteht, anzeigt, wo er den Text der AGB findet. In vergleichbarem Zusammenhang hat der BGH einen Hinweis, der über zwei Klicks erreichbar war und an der für den Nutzer relevanten Stelle gut sichtbar platziert wurde, für zumutbar gehalten.[16] Bei einem telefonischen Vertragsschluss können allenfalls ganz kurze AGB durch Verlesen zum Vertragsinhalt werden. Allerdings kann der Vertragspartner auf die Möglichkeit der Kenntnisnahme verzichten.[17] Dieser Verzicht kann aber natürlich nicht selbst in den AGB erklärt werden![18]

44   Gemäß § 305 Abs. 2 Nr. 2 BGB sind erkennbare Körperbehinderungen[19] zu berücksichtigen. Desweiteren müssen die Geschäftsbedingungen in einer **verständlichen und lesbaren Form** abgefasst sein. Maßstab ist dabei das typische Verständnisvermögen eines der Sprache des Vertragsorts mächtigen Durchschnittsbürgers. Bei Ausländern müssen nach der Rechtsprechung keine Übersetzungen bereit gehalten werden.[20]

45   Überdies muss der **Vertragspartner mit der Geltung der AGB einverstanden** sein (§ 305 Abs. 2 BGB a. E.). Allerdings erleichtert § 305 Abs. 1 BGB die Feststellung eines solchen Einverständnisses. Bei deutlichem Hinweis und zumutbarer Kenntnisnahmemöglichkeit wird man nämlich von einer konkludenten Einverständniserklärung ausgehen können. An der Grundlage hierfür fehlt es, wenn der Kunde ausdrücklich widerspricht. Der Widerspruch kann sich auf einzelne oder die gesamten AGB erstrecken. Sofern ein Widerspruch erfolgt ist, werden die AGB insoweit nicht Vertragsinhalt.

---

[13] *Pfeiffer* in Wolf/Lindacher/Pfeiffer, AGB-Recht § 305 Rn. 85.

[14] BGH NJW 2006, 2976 Tz. 16; *Nehrings* BB 1998, 2373, 2379.

[15] Sehr großzügig OLG München NJW-RR 1998, 1277: 7 Seiten.

[16] BGH NJW 2008, 1384 Tz. 15 – Versandkosten bei Internetbestellung (zu § 1 Abs. 6 Satz 2 PAngVO, wonach eine Preisangabe „leicht erkennbar" sein muss). Die zwei Klicks reichten dem BGH auch, wenn es um die Erreichbarkeit des Impressums geht, das den Anbieter identifizierbar macht, BGH GRUR 2007, 159.

[17] *Ulmer* in Ulmer/Brandner/Hensen, AGB-Recht § 305 Rn. 146.

[18] BGH NJW 1988, 2106, 2108.

[19] Geistige Behinderungen werden im Bereich der Vorschriften über die Geschäftsfähigkeit/Betreuung berücksichtigt.

[20] BGH NJW 1983, 1489: Kauf eines Fertighauses durch Ausländer bei Geltung deutschen Rechtes; dazu *Schäfer* JZ 2003, 879.

4. Wirksamkeitshindernisse

Während die §§ 307 ff. BGB die Unwirksamkeit einzelner Klauseln betreffen, wer- **46**
den **überraschende Klauseln** im Sinne von § 305c Abs. 1 BGB auch ohne Widerspruch gar nicht erst Bestandteil des Vertrages. Eine Prüfung des § 305c BGB geht
daher der Inhaltskontrolle vor. Die Klauseln können auf zwei verschiedene Arten
im Sinne von § 305c BGB überraschend sein.
    Einmal dürfen die Klauseln nicht im Vertrag **versteckt und daher schwer
wahrzunehmen** sein, wie es z. B. durch besonders kleinen Druck oder Platzierung
an einem ungewöhnlichen Ort der Fall sein kann. Außerdem dürfen die Klauseln
nicht **inhaltlich überraschend** sein. Überraschend ist beispielsweise eine für den
Kunden unerwartete Pflicht zur Übernahme bestimmter Vertragskosten oder eine
sonstige für diesen Vertragstyp nicht übliche Verpflichtung, z. B. die Verpflichtung
bei schuldlosem Scheitern der Vertragsverhandlungen Aufwendungsersatz zu zahlen[21] oder auch die Erstreckung einer aus bestimmtem Anlass bestehenden Grundschuld auf alle Verbindlichkeiten des Schuldners.[22] Überraschend kann auch eine
Preisabrede sein, wenn dem Kunden das Angebot zum Abruf von Inhalten gemacht
wird, er sich hierzu vorher mit seinen Adressdaten registrieren muss, ohne dass ihm
mitgeteilt wird, dass das Angebot kostenpflichtig ist („Kostenfallen im Internet",
oben Rn. 15).

5. Vorrang der Individualabrede

Wenn die Parteien neben den AGB noch eine Individualabrede über (wenigstens **47**
teilweise) dasselbe sachliche Problem getroffen haben, **geht diese Vereinbarung
nach § 305b BGB den AGB vor**. Dies gilt auch für mündliche Absprachen und
selbst dann, wenn diese sich über eine Schriftformklausel hinwegsetzen.[23]

6. Auslegung von AGB

AGB sind, sofern die Parteien sie nicht übereinstimmend anders verstanden ha- **48**
ben, nach **objektiven Maßstäben** und demgemäß losgelöst vom Einzelfall auszulegen, da sie eine allgemeine Regelung der betroffenen Rechtsbereiche enthalten.[24]
Auszugehen ist also von den typischerweise beim Verwender und dem Adressaten

---

[21] OLG Celle VersR 1984, 69.
[22] BGH ZIP 1995, 1979; *Stadler* in Jauernig § 305c Rn. 3.
[23] BGHZ 164, 138.
[24] BGH NJW 2002, 2103.

gegebenen Verhältnissen. Wenn nach Ausschöpfung der in Betracht kommenden Auslegungsgrundsätze[25] Zweifel bei der Auslegung bleiben, so gehen diese zu Lasten des Verwenders, da dieser für das Klauselwerk die Verantwortung trägt (§ 305c Abs. 2 BGB). Für den im Unterlassungsklagegesetz (UKlaG) geregelten Verbandsprozess, in dem Verbraucherschutzverbände einen Anspruch auf Unterlassung der Verwendung von unwirksamen AGB durchsetzen können, heißt dies, dass die Klausel so kundenfeindlich wie sinnvollerweise möglich auszulegen ist.[26] Auf diese Weise wird die Wahrscheinlichkeit erhöht, dass die Klausel der Inhaltskontrolle nicht standhält, was wiederum im Interesse der Adressaten der AGB ist. Im Individualprozess wird in einem ersten Schritt nicht anders verfahren[27]. Nur wenn die so verstandene Klausel der Inhaltskontrolle standhält, wird dann in einem zweiten Schritt die Klausel so kundenfreundlich wie möglich verstanden.[28]

V. Inhaltskontrolle

1. Von der Inhaltskontrolle erfasste Abreden

49 Gemäß § 307 Abs. 3 S. 1 BGB sind von der Inhaltskontrolle nur Abreden erfasst, die von **Rechtsvorschriften abweichen oder diese ergänzen**, also nicht solche, die eine gesetzliche Regelung wiederholen oder Fragen regeln, für die es keine gesetzlichen Vorgaben gibt.[29] Dazu zählen neben der Bestimmung des Vertragszwecks und des Verhandlungspartners vor allem auch die Leistungsbeschreibung und Preisvereinbarung. Zwar leuchtet das im Grundsatz ein, da es keine gesetzlichen Regeln gibt, anhand derer diese Absprachen, die nahezu notwendigerweise von den Vertragspartnern getroffen werden müssen, kontrolliert werden könnten. Aber die Abgrenzung zu kontrollfähigen Modifikationen der Leistungsbeschreibung[30] und Preisnebenabreden[31] ist eigentlich gar nicht zu leisten. Der BGH sieht als kontrollfähig solche Abreden an, die zwar mittelbare Auswirkungen auf Preis und Leistung haben, an deren Stelle aber dispositives Gesetzesrecht, allgemeine Rechtsgrundsätze oder aus der Natur des Vertrages im Wege ergänzender Vertragsauslegung ableitbare Rechte und Pflichten treten können.[32]

---

[25] BGH ZIP 2009, 1367, 1368.

[26] BGH NJW 2003, 1237, 1238.

[27] Siehe BGH ZGS 2010, 234.

[28] *Stadler* in Jauernig § 305c Rn. 7.

[29] Das Transparenzgebot von § 307 Abs. 1 S. 2 gilt auch für diese Abreden, § 307 Abs. 3 S. 2.

[30] BGH NJW 2001, 751, 752 (Zugangsbeschränkungen).

[31] Klauseln, die kein Entgelt für Sonderleistungen zum Gegenstand haben, sondern Aufwendungen für die Erfüllung eigener Pflichten des Verwenders oder für Tätigkeiten, die in dessen eigenen Interessen liegen, sind ebenso kontrollfähig wie Preisanpassungs- und Zinsänderungsregeln: BGH WM 2009, 1076, 1077.

[32] BGH NJW-RR 2005, 642.

2. Klauselverbote mit und ohne Wertungsmöglichkeit

§ 309 BGB zählt Klauselverbote auf, die jedenfalls nach Ansicht des Gesetz- 50
gebers keine unbestimmten Rechtsbegriffe enthalten. Herzstück dieser Norm
ist einmal § 309 Nr. 7 BGB (kein Ausschluss der Haftung für Körperschäden
und für grobe Fahrlässigkeit) und § 309 Nr. 8b BGB (Freizeichnung von der Gewährleistung bei Verträgen über die Lieferung neu hergestellter Sachen und von
der Gewährleistung bei Werkleistungen). Nach § 309 Nr. 1 BGB sind kurzfristige
Preiserhöhungsklauseln unwirksam. Dies zeigt zugleich, dass diese Abreden der
Inhaltskontrolle unterliegen und nicht als Preishauptabreden gemäß § 307 Abs. 3
S. 1 BGB kontrollfrei sind.

  § 308 BGB befasst sich mit Klauselverboten, die unbestimmte Rechtsbegrif- 51
fe enthalten. Hierzu gehören Klauseln in Bezug auf Leistungsfristen (§ 308 Nr. 1
BGB), Änderungsvorbehalte (§ 308 Nr. 4 BGB) und Zugangsfiktionen (§ 308 Nr. 6
BGB).

3. Die Generalklausel

Ist keine der speziellen Regelungen über Klauselverbote einschlägig, so kann noch auf 52
§ 307 BGB zurückgegriffen werden. Diese Generalklausel kommt zur Anwendung,
wenn die Bestimmung den Vertragspartner **entgegen den Geboten von Treu und**
Glauben unangemessen benachteiligt. Damit wird anhand eines generalisierenden
Maßstabes festgestellt, ob eine Klausel unangemessen ist. Bei Verwendung von Allgemeinen Geschäftsbedingungen eines Unternehmers gegenüber Verbrauchern gilt
darüber hinaus, dass auch die den Vertragsschluss begleitenden Umstände (also etwa
die konkrete Abschlusssituation) zu berücksichtigen sind (§ 310 Abs. 3 Nr. 3 BGB).

a) Das Transparenzgebot

Eine unangemessene Benachteiligung im Sinne von § 307 Abs. 1 S. 1 BGB kann be- 53
reits vorliegen, wenn die Bestimmung nicht klar und verständlich ist (§ 307 Abs. 1
S. 2 BGB, sog. Transparenzgebot). Auf diese Weise soll verhindert werden, dass der
Verwender nachteilige Regelungen in seinen Allgemeinen Geschäftsbedingungen
mehr oder weniger „versteckt". Während § 305 BGB und § 305b, c BGB zum
Ziel haben, dass bei Vertragsschluss Klarheit darüber besteht, welche AGB gelten sollen, um so eine informierte Entscheidung des Adressaten der AGB über den
Vertragsschluss zu erreichen (**Einbeziehungstransparenz**), geht es in § 307 Abs. 1
S. 2 BGB darum, sicherzustellen, dass die Klauseln klar und verständlich sind, damit für den Verwender keine ungerechtfertigten Beurteilungsspielräume entstehen
und der Adressat seine Rechte gegebenenfalls kennt (**Abwicklungstransparenz**).[33]

---

[33] BGH NJW 2008, 1438: Klausel „Angelaufene Renovierungsintervalle sind zeitanteilig zu ent-
schädigen" im Mietvertrag intransparent.

Die Anwendungsbereiche der Normenkomplexe können sich überschneiden.[34] Ob eine Klausel transparent ist, bestimmt sich nach den Verständnismöglichkeiten des Durchschnittskunden,[35] bei Vertragsangeboten, die typischerweise an Verbraucher gerichtet sind, also nach dem durchschnittlichen Verständnis dieser Personen. Der BGH hat entschieden, dass sogar die Verwendung von Begriffen, die das Gericht selbst entwickelt hat, intransparent sein kann.[36]

b) Unangemessene Benachteiligung nach § 307 Abs. 2 BGB

54 § 307 Abs. 2 BGB nennt **Regelbeispiele für die Annahme einer unangemessenen Benachteiligung** im Sinne von Abs. 1. Dazu gehören Bestimmungen, die mit wesentlichen Grundgedanken einer gesetzlichen Regelung nicht zu vereinbaren sind (Nr. 1), oder wesentliche Rechte oder Pflichten, die sich aus der Natur des Vertrages ergeben, so einschränken, dass die Erreichung des Vertragszwecks gefährdet ist (Nr. 2).

Zu dieser Bestimmung gibt es eine weitgespannte Judikatur. Als Verstoß gegen das gesetzliche Leitbild (Nr. 1) wurde es z. B. angesehen, wenn Mietverträge Schönheitsreparaturen nach starren Fristen vorschreiben[37] oder wenn in einem Kaufvertrag verschuldensunabhängig für Rechtsmängel auf Schadensersatz gehaftet wird oder eine Selbstvornahme ohne vorherige Nachfrist gestattet wird[38]. § 307 Abs. 2 Nr. 2 BGB ist insbesondere für gesetzlich nicht geregelte Verträge (Leasing) wichtig, da es bei ihnen an dem von Nr. 1 vorausgesetzten Leitbild fehlt. Keine unangemessene Benachteiligung soll allerdings darin liegen, dass die Hersteller von Pkw die Inanspruchnahme einer Garantie davon abhängig machen, dass der Pkw-Halter das Fahrzeug regelmäßig und nach Herstellervorgaben in Vertragswerkstätten hat warten lassen.[39] Begründet wird dies damit, dass der Hersteller seine Interessen nicht missbräuchlich durchsetzt, wenn er mit einer zusätzlichen freiwilligen Leistung eine langfristige Bindung des Kunden an sein Händlernetz erreichen möchte. Interessant ist, dass der BGH eine solche Bindung in Fällen abgelehnt hat, in denen nicht der Hersteller, sondern ein Dritter die Garantie gewährt hat.[40] Streitentschei-

---

[34] *Wolf* in Wolf/Lindacher/Pfeiffer, AGB-Recht § 307 Rn. 239.

[35] BGHZ 115, 177, 185; *Stadler* in Jauernig § 307 Rn. 8.

[36] BGH NJW-RR 2005, 1505: Verwendet wurde der Begriff der „Kardinalpflichten". Wenn gegen solche Pflichten (Kernpflichten der versprochenen Leistung) verstoßen wird, kann nach Ansicht des BGH die Haftung für vorhersehbare vertragstypische Schäden nicht beschränkt werden, NJW 2001, 292, 302; dazu *Kappus* NJW 2006, 15.

[37] BGH NJW 2006, 1728.

[38] BGH NJW 2006, 47, 49.

[39] BGH NJW 2008, 843 m. krit. Besprechung *Steinle/Dornieden* NJW 2009, 1039. Der Fall betraf eine 30jährige Mercedes Benz-Herstellergarantie gegen Durchrostungen.

[40] Vgl. BGH NJW 2008, 214 (Die Gebrauchtwagengarantie eines Nichtherstellers wird daran geknüpft, dass der Kunde „an dem Fahrzeug die vom Hersteller vorgeschriebenen oder empfohlenen Wartungs-, Inspektions- und Pflegearbeiten beim ausliefernden Händler, einem Herstellerfachbetrieb oder in einer von einem Kfz-Meister/in geleiteten und von der Handwerkskammer an-

dend war mithin, dass die Garantie eine Zusatzleistung beim Verkauf von Pkw und kein von diesem Grundgeschäft gelöstes Versprechen war.

VI. Rechtsfolgen unwirksamer Bestimmungen

Nach § 306 Abs. 1 BGB **bleibt ein Vertrag abweichend von § 139 BGB im Re-** **55** **gelfall wirksam,** wenn die AGB ganz oder teilweise unwirksam oder nicht Vertragsbestandteil geworden sind. Nach § 306 Abs. 3 BGB gilt dies nur dann nicht, wenn das Festhalten am Vertrag eine unzumutbare Härte darstellen würde, etwa weil die Rechtslage – was bei atypischen Verträgen vorkommen kann – dann völlig unklar wäre.[41]

Klauseln, die auch einen zulässigen Inhalt haben (etwa ein allgemeines Aufrech- **56** nungsverbot, das unwirksam ist, aber unter Berücksichtigung der Beschränkung von § 309 Nr. 3 BGB teilweise wirksam sein könnte), werden nicht teilweise aufrecht erhalten, sondern als Ganzes verworfen (sog. **Verbot der geltungserhaltenden Reduktion**), damit der Verwender das Risiko der Unwirksamkeit der Klausel trägt und sich nicht darauf verlassen kann, dass das Gericht die Klausel auf den gerade noch zulässigen Umfang reduziert.[42] Sollte die Klausel allerdings aus sprachlich und inhaltlich teilbaren Bestandteilen zusammengesetzt sein, wird nur der unwirksame Teil gestrichen (sog. blue pencil- oder Rotstifttest). Hierin liegt dann eben doch wieder in gewisser Hinsicht eine geltungserhaltende Reduktion.[43]

Sofern im Vertrag auf diese Weise eine **Lücke entstanden ist, wird diese durch** **57** **dispositives Gesetzesrecht geschlossen** (§ 306 Abs. 2 BGB). Sollte dieses keine Regelung zur Verfügung stellen, so bleibt immer noch eine ergänzende Vertragsauslegung.[44] Diese ist allerdings naturgemäß nur im Individualprozess, nicht im Verbandsklageverfahren möglich. Auch akzeptiert der BGH eine ergänzende Vertragsauslegung nur, wenn der ansonsten eintretende Wegfall der Klausel zu einem Vertragsinhalt führen würde, der völlig einseitig die Interessen des Kunden berücksichtigen würde.[45]

Im Übrigen kann der Kunde bei Verwendung unwirksamer AGB einen Schadens- **58** ersatzanspruch haben, wenn er etwa wegen dieser AGB auf die Geltendmachung von vertraglichen Ansprüchen (im Fall ging es um die Minderung des Mietzinses) verzichtet hat und sich erst nachher herausstellt, dass der Vertragspartner auf einen solchen Verzicht keinen vertraglichen Anspruch hatte.[46]

---

erkannten Fachwerkstatt nach Herstellerrichtlinien lückenlos (hat durchführen) und diese in der Garantieurkunde (hat) bestätigen ... lassen".

[41] *Stadler* in Jauernig § 306 Rn. 6.
[42] *Stadler* in Jauernig § 306 Rn. 3.
[43] BGH NJW 2005, 2225; *Stadler* in Jauernig § 306 Rn. 3.
[44] *Stadler* in Jauernig § 306 Rn. 4, 5.
[45] BGH NJW 2008, 1438; BGH ZIP 2009, 1367, 1369.
[46] BGH NJW 2008, 2254.

Fall 3 (Konzertabsage)

59 A. Sachverhalt

K betreibt in der Kölner Altstadt eine Kneipe. Er möchte jeden Donnerstagabend eine örtliche Blues-Band präsentieren. Die Gäste sollen 5 € Eintritt zahlen, erhöhte Getränkepreise gibt es nicht. Auf Konzertplakaten wird der Zusatz aufgenommen: „Durchführung und Haftung werden durch unsere Konzertbedingungen geregelt". Diese und die Konzertplakate hängen neben dem Tresen aus, an dem jeden Abend die Karten im Vorverkauf oder für den jeweiligen Abend abgegeben werden. In den Konzertbedingungen findet sich folgende Formulierung: „Keine Haftung für Konzertausfälle".

S kauft sich eine Eintrittskarte im Vorverkauf. Die Konzertbedingungen liest S nicht durch. Am Abend des Konzerts begibt er sich in die Kneipe. Nachdem er ein Bier bestellt hat, wartet er auf die Musik. Wenig später tritt K auf die Bühne und erklärt, das Konzert müsse leider ausfallen, die Band sei in einen Verkehrsunfall verwickelt worden und könne daher nicht auftreten. S ist empört. Er bezahlt sein Bier und verlangt Rückzahlung des Eintrittsgeldes.

B. Lösung

Anspruch auf Rückzahlung des Eintrittsgelds, §§ 631, 346 Abs. 1, 275 Abs. 1, 326 Abs. 4, Abs. 5 BGB.

1. Schuldverhältnis entstanden

Ein Konzertveranstaltungsvertrag ist werkvertraglicher Natur (mit mietvertraglichen Elementen, soweit etwa auch Bestuhlung geboten wird). Davon zu trennen ist der Bewirtungsvertrag. Dieser ist ein Kaufvertrag, zu dem ggf. dienstvertragliche Elemente hinzutreten, wenn Speisen oder Getränke serviert werden. Die Leistungsstörung betrifft hier die werkvertragliche Komponente des Vertrages.

2. Rückzahlungsanspruch

   a) Da die Erbringung der Werkleistung mit Ablauf der geplanten Veranstaltungszeit **unmöglich geworden** ist, ist der Anspruch nach §§ 326 Abs. 4, Abs. 5, 346 BGB entstanden.

   b) Allerdings könnte der Anspruch des S durch die Konzertbedingungen **wirksam ausgeschlossen** sein.

   c) Dann müssten diese Klauseln **Vertragsinhalt** geworden sein. Dies richtet sich nach § 305 Abs. 2 BGB, sofern es sich um AGB handelt.

Ob das der Fall ist, bestimmt sich nach § 305 Abs. 1 BGB. Danach müssten die Bedingungen **vorformuliert** sein. Dies wird gemäß § 310 Abs. 3 Nr. 1 BGB vermutet. Außerdem müsste die Vorformulierung für eine Vielzahl von Verträgen erfolgt sein, wobei für die Anwendbarkeit von § 305c Abs. 2, § 306, §§ 307–309 gemäß § 310 Abs. 3 Nr. 2 BGB sogar die einmalige Verwendungsabsicht ausreicht. Demgemäß liegen AGB vor.

Die Anwendbarkeit von § 305 ff. BGB ist auch nicht durch § 310 Abs. 2, 4 BGB ausgeschlossen. Folglich richtet sich die Frage, ob die Klauseln Vertragsinhalt geworden sind, nach § 305 Abs. 2 BGB.

Demgemäß ist im Grundsatz ein **ausdrücklicher Hinweis** auf die AGB erforderlich, sofern dies nicht wegen der Art des Vertragsabschlusses nur unter unverhältnismäßigen Schwierigkeiten möglich ist (§ 305 Abs. 2 Nr. 2 BGB). Es muss also für den Verwender unverhältnismäßig schwieriger sein, ausdrücklich auf seine AGB hinzuweisen als für den Adressaten, sich zu erkundigen. Dies gilt etwa, wenn das Personal bei Veranstaltungen mit großem Publikum überfordert wäre.[47] Hier liegt ein Massengeschäft ohne besonderen wirtschaftlichen Wert vor, sodass ein ausdrücklicher Hinweis auf die AGB in der Tat schwierig wäre. Daher reicht ein deutlich sichtbarer Aushang mit dem Hinweis auf die AGB am Ort des Vertragsschlusses gemäß § 305 Abs. 2 Nr. 1 BGB aus. Da die AGB neben dem Verkaufstresen aushängen, besteht auch eine zumutbare Möglichkeit der Kenntnisnahme (§ 305 Abs. 2 Nr. 2 BGB).

S hat den AGB des Weiteren **nicht widersprochen** (§ 305 Abs. 2 BGB a. E.). Demgemäß sind die AGB Vertragsbestandteil geworden.

d) Der Rückzahlungsanspruch ist im Übrigen aber nur dann durch die Klausel ausgeschlossen, wenn diese der **Inhaltskontrolle** standhält. Anderenfalls ist sie unwirksam (§ 307 Abs. 1 S. 1 BGB). Die Inhaltskontrolle greift ein, wenn die Klausel von **Rechtsvorschriften** abweicht oder diese ergänzt (§ 307 Abs. 3 BGB). Wie geklärt weicht die Klausel von §§ 326 Abs. 4, 5, 346 BGB ab. Daher liegt eine kontrollfähige Klausel im Sinne von § 307 Abs. 3 BGB vor.

e) Die Wirksamkeit der Klausel könnte an **§ 309 Nr. 8a) BGB** (Ausschluss des Rechts, sich vom Vertrag zu lösen) scheitern.

Nach dem gesetzlichen Modell entfällt die Pflicht zur Gegenleistung und ein Rückzahlungsanspruch entsteht, wenn die Leistung nicht erbracht werden kann. Dieser Wegfall des Gegenleistungsanspruchs sowie der Rückzahlungsanspruch werden durch die Klausel ersatzlos gestrichen. Nach § 309 Nr. 8a) BGB darf das Recht, sich vom Vertrag zu lösen, jedenfalls nicht ausgeschlossen werden, wenn der Verwender (hier K) das Ausbleiben der Gegenleistung zu vertreten hat. Zwar hat K im vorliegenden Fall das Ausbleiben des Konzertes nicht zu vertreten, da er den Verkehrsunfall nicht verursacht hat. Da die Klausel aber umfassend formuliert ist, greift sie auch in Fällen ein, in denen K den Ausfall der Veranstaltung zu vertreten hat. Da eine geltungserhaltende Reduktion nicht möglich ist, ist die Klausel insgesamt unwirksam.

Zu dem gleichen Ergebnis führt **§ 309 Nr. 7b) BGB**, da die Haftungsausschlussklausel pauschal formuliert ist und daher auch die Haftung für Schäden erfasst, die auf einem Konzertausfall in Folge einer grob fahrlässigen Pflichtverletzung des K (etwa Terminverwechslung) beruhen. Dagegen ist § 309 Nr. 7a) BGB nicht einschlägig. Ein Konzertausfall führt bei lebensnaher Betrachtung wohl nie zu den dort genannten Schäden. Daher schließt die Klausel die Haftung für eine fahrlässige Verletzung von Leben, Körper oder Gesundheit bei lebensnaher Betrachtung auch nicht aus.

3. Ergebnis

S kann Rückzahlung des Eintrittsgeldes verlangen.

---

[47] *Pfeiffer* in Wolf/Lindacher/Pfeiffer, AGB-Recht § 305 Rn. 80.

C Unbestellte Leistungen (§ 241a BGB)

I. Zweck der Norm

§ 241a BGB legt fest, dass durch die Lieferung unbestellter Sachen bzw. sonstiger **60** Leistungen durch einen Unternehmer an einen Verbraucher ein Anspruch nicht begründet wird. Durch diese für den Unternehmer ersichtlich nachteilige Regelung soll erreicht werden, dass diese **Vertriebsform nicht mehr eingesetzt wird**, da sie den Verbraucher unter Umständen zu der Annahme verleitet, er müsse die unbestellte Leistung/Ware – jedenfalls nach Ablauf einer gewissen Frist – bezahlen oder zurücksenden. Die Norm zielt darauf ab, der geschilderten Vertriebsform ihre Rentabilität durch die Anordnung nachteiliger Rechtsfolgen zu nehmen.[1] Diese wettbewerbspolitische Zielsetzung rückt die Bestimmung in die Nähe des UWG. Auch dort finden sich mittlerweile eine Reihe von flankierenden Vorschriften, die es ermöglichen, gegen die unlautere Zusendung von Waren oder Leistungen auch mit den erweiterten Rechtsschutzmöglichkeiten des UWG (Konkurrentenklage und Verbandsklage, vgl. § 8 Abs. 3 UWG mit Nr. 29 des Anhangs nach § 22 UWG) vorzugehen.[2]

II. Umsetzung der Fernabsatzrichtlinie

§ 241a BGB dient der Umsetzung der Fernabsatzrichtlinie (97/7/EG). Art. 9 der **61** Richtlinie verpflichtet die Mitgliedstaaten allerdings nur, diejenigen Maßnahmen zu treffen, die „erforderlich" sind, „um den Verbraucher von jedweder Gegenleistung

---

[1] Dazu *Wagner* AcP 206, 352, 448.

[2] Nach § 3 Abs. 2 mit Nr. 29 des Anhangs nach § 22 UWG ist eine stets unzulässige geschäftliche Handlung gegenüber dem Verbraucher: „die Aufforderung zur Bezahlung nicht bestellter Waren oder Dienstleistungen oder eine Aufforderung zur Rücksendung oder Aufbewahrung nicht bestellter Sachen, sofern es sich nicht um eine nach den Vorschriften über Vertragsabschlüsse im Fernabsatz zulässige Ersatzlieferung handelt". Diese Vorschrift wurde wiederum in Umsetzung der sog. Richtlinie über unlautere Geschäftspraktiken 2005/29/EG (ABl. L 149, S. 22) mit Wirkung zum 30.12.2008 in das deutsche UWG eingeführt.

B. Grunewald, K.-N. Peifer, *Verbraucherschutz im Zivilrecht,*
DOI 10.1007/978-3-642-14421-9_3, © Springer-Verlag Berlin Heidelberg 2010

für den Fall zu befreien, dass unbestellte Waren geliefert oder unbestellte Dienstleistungen erbracht wurden". Der deutsche § 241a BGB geht darüber hinaus, indem
er nicht nur anordnet, dass keinerlei Anspruch gegen den Verbraucher begründet
wird, vorbehaltlich Abs. 2 auch sämtliche gesetzlichen Ansprüche ausschließt, die
aus einer solchen Lieferung resultieren können. Die Vorschrift hat in der deutschen
Ausprägung eine deutlich strafende Funktion. Sie ist von der Rechtsfolgenseite her
das schärfste Schwert, welches das Gesetz zur auch präventiven Durchsetzung von
Verbraucherinteressen gebrauchen kann. Sie verhindert das Entstehen jeglicher Verpflichtung auf Seiten des Verbrauchers.

III. Die Voraussetzungen

1. Persönlicher Anwendungsbereich

62 § 241a BGB setzt voraus, dass ein Unternehmer an einen Verbraucher etwas leistet.
Die Norm gehört demgemäß zu dem Verbraucherschutzrecht. Sie greift nur ein,
wenn der Unternehmer an den Verbraucher leistet und nicht umgekehrt. Probleme
kann die Feststellung der Verbrauchereigenschaft bereiten, da sich diese nach dem
Zweck des Rechtsgeschäfts bestimmt (Rn. 20) und bei der Erbringung unbestellter
Leistungen ein Rechtsgeschäft gerade nicht vorliegt. Man hilft sich mit der Bestimmung des Zwecks, dem das Rechtsgeschäft dienen würde, falls es abgeschlossen
werden würde.[3]

2. Unbestellte Leistungen/Waren

63 Die Leistung erfolgt **unbestellt, wenn sie nicht auf eine Aufforderung des Verbrauchers zurückgeht**.[4] Daher greift § 241a BGB z. B. nicht ein, wenn der Verbraucher um die Zusendung von Waren zur Ansicht gebeten hat.[5] Auch in den Fällen
der berechtigten Geschäftsführung ohne Auftrag greift die Regelung nicht ein,[6] da
dann der Normzweck (Schutz vor aufgedrängten Leistungen und einer bestimmten
Vertriebsform) gerade nicht greift.

64   Abs. 3 stellt des Weiteren klar, dass es an **einer unbestellten Leistung fehlt,
wenn dem Verbraucher statt der bestellten eine gleichartige Leistung angeboten wird** und er darauf hingewiesen wird, dass er diese nicht annehmen und
die Kosten der Rücksendung nicht tragen muss. Auch hier muss jedoch eine Be-

---

[3] Erman/*Saenger* § 241a Rn. 4; *Karsten Schmidt* JuS 2006, 1, 3.

[4] *Mansel* in Jauernig § 241a Rn. 3; *Tachau* JURA 2006, 889.

[5] *Berger* JuS 2001, 649, 651.

[6] *Tachau* JURA 2006, 889.

stellung vorausgegangen sein. Gedacht wird an Fälle, in denen eine bestellte Ware vergriffen ist und der Unternehmer stattdessen eine ähnliche Ware versendet. Preiserhöhungen, die nicht nur unerheblich sind, können hier allerdings nicht damit gerechtfertigt werden, dass die Ware/Leistung auch besser ist als die bestellte, da der Verbraucher dann Gefahr läuft, in Folge bloßer Trägheit mehr zu schulden als ursprünglich geplant.[7]

Umstritten ist, ob wenn **bei einem Kauf ein Aliud geliefert wird**, der Tatbestand **65** von § 241a Abs. 1 BGB erfüllt ist. Da es um den Schutz des Verbrauchers, also des Käufers geht, muss es auf seine Sicht ankommen. Wenn er nicht erkennen kann, dass eine Lieferung auf den Kaufvertrag erfolgen soll, ist die Sache aus seiner Sicht unbestellt und § 241a Abs. 1 BGB greift ein. Eine Ausnahme wird von Manchen für den Fall der unbewussten Aliud-Lieferung gemacht, da dann der Normzweck (Schutz des Verbrauchers vor unerwünschter Vertriebsform) nicht eingreift.[8] Dem Käufer würden dann die kaufrechtlichen Rechtsbehelfe der Gewährleistung bleiben. Allerdings hat das für ihn zur Folge, dass – sofern er nicht weiß, dass der Verkäufer unbewusst ein Aliud geliefert hat – er seine Rechtsbehelfe nicht kennt. Das erscheint kaum zumutbar. Zudem stellt der Wortlaut der Norm auf die „Vorwerfbarkeit" des Verhaltens des Unternehmers nicht ab.

§ 241a BGB gilt sowohl für die Lieferung von Waren wie auch die Erbringung **66** sonstiger Leistungen. Darunter fallen Dienstleistungen, etwa die Inanspruchnahme von Telefonmehrwertdiensten (unten Fall 4 Rn. 74).[9] Eine irgendwie zum Ausdruck gekommene Absicht, einen Vertrag zu schließen, verlangt die Norm nicht. Das leuchtet ein, da diese für den Verbraucher nur schwer erkennbar ist und auch kaum beweisbar wäre.

IV. Die Rechtsfolgen

1. Vertragliche Ansprüche

Da gemäß § 241a Abs. 1 BGB durch die Lieferung der Sache/der Erbringung der **67** Leistung Ansprüche nicht begründet werden, ist klar, dass **ein Vertrag auf diese Weise nicht zustande kommt**. Das folgt allerdings auch schon aus den allgemeinen Regeln. Denn in der Zusendung der Ware/der Erbringung der Leistung liegt nichts anderes als ein Angebot auf Abschluss eines entsprechenden Vertrages. Frühestens wenn der Verbraucher die Ware in Gebrauch bzw. die Dienstleistung in Anspruch nimmt, liegt eine Annahmeerklärung vor. Auf den Zugang dieser Erklärung hat der Unternehmer gemäß § 151 S. 1 BGB verzichtet. Der Intention des Gesetzes ist allerdings zu entnehmen, dass der Verbraucher mit der Ware nach Belieben verfahren

---

[7] Dazu Erman/*Saenger* § 241a Rn. 41 f.

[8] *Mansel* in Jauernig § 241a Rn. 3; dagegen *Deutsch* JuS 2005, 997, 999.

[9] Vgl. LG Gera, CR = Computer und Recht 2004, 543; *Lienhard* NJW 2003, 3592, 3593.

darf und daher ein Vertrag auch durch die Ingebrauchnahme nicht zustande kommt. Erst mit der Bezahlung oder ausdrücklicher Zusage der Bezahlung der Ware bzw. der Dienstleistung wird der Vertrag geschlossen.[10]

2. Herausgabeanspruch nach § 985 BGB

68 Unstreitig liegt in der Zusendung unbestellter Waren zwar ein Angebot auf Abschluss des Übereignungsvertrages nach § 929 S. 1 BGB. Allerdings steht das Angebot unter der Bedingung der Annahme des Angebots auf Abschluss eines Kaufvertrages oder sogar der Bezahlung des Kaufpreises. Da der Verbraucher keine entsprechende Annahmeerklärung abgibt (oben Rn. 67), kann er also auch das Übereignungsangebot nicht annehmen. Der Unternehmer bleibt folglich Eigentümer. Allerdings kann er seinen Herausgabeanspruch gemäß § 241a Abs. 1 BGB nicht geltend machen.[11] Eigentum und Besitz fallen also dauerhaft auseinander.[12]

3. Schadensersatzansprüche

69 Da ein Vertrag nicht zustande kommt, treffen den Verbraucher auch **keine vertraglichen Nebenpflichten**, deren Verletzung zu Schadensersatzansprüchen führen könnte. Auch Ansprüche nach **§§ 987, 989, 990 BGB oder § 823 BGB sind gemäß § 241a Abs. 1 BGB ausgeschlossen.** Zwar könnte man meinen, dass bei Zerstörung/Beschädigung der Sache nicht mehr Folgen der Lieferung zur Debatte stehen, da es um eine regelmäßig mit der Lieferung nicht direkt verbundene Handlung geht. Aber der Schutz des Verbrauchers erfordert, ihm auch die Möglichkeit offen zu halten, die unverlangt zugesandte Sache schlicht zu entsorgen.[13]

4. Bereicherungsrechtliche Ansprüche

70 Konsequenterweise müssen auch **bereicherungsrechtliche Ansprüche ausgeschlossen sein.** Gerade wenn Dienstleistungen unbestellt erbracht werden, wäre der Verbraucher sonst gemäß §§ 812 Abs. 1, 818 Abs. 2 BGB praktisch doch zur

---

[10] *Deutsch* JuS 2005, 997, 999; *Mansel* in Jauernig § 241a Rn. 5; a.A. *Christian Berger* JuS 2001, 649, 653; *Casper* ZIP 2000, 1602, 1607.

[11] *Deutsch* JuS 2005, 997, 999; Erman/*Saenger* § 241a Rn. 27; a.A. *Casper* ZIP 2000, 1602, 1607.

[12] *Christian Berger* JuS 2001, 649, 650.

[13] Erman/*Saenger* § 241a Rn. 30.

Bezahlung verpflichtet.[14] Dies gilt auch für Nutzungen.[15] Denn wenn Bereicherungsansprüche wegen der Nutzungen bestehen würden, wäre der Verbraucher doch wieder der Gefahr ausgesetzt, insbesondere nach langer Zeit wegen „Abnutzung" der Sache zur Kasse gebeten zu werden.

Auch der **Anspruch nach § 816 Abs. 1 S. 1 BGB** ist ausgeschlossen.[16] Der Wortlaut von § 241a Abs. 1 BGB ist insoweit eindeutig und eine unterschiedliche Behandlung von Veräußerung und Eigenverbrauch leuchtet ebenfalls nicht ein.

5. Erhaltung gesetzlicher Ansprüche

Gesetzliche Ansprüche (oben Rn. 68–70) bleiben erhalten, wenn die Leistung **nicht** **71** **für den Empfänger bestimmt** war, die Zusendung also an eine andere Person erfolgte als vorgesehen (Fehladressierung, Fehlleitung) oder der **Versender irrig von einer Bestellung ausging** z. B. bei einer Doppellieferung oder einer Aliudlieferung[17] (§ 241a Abs. 2 BGB). Sofern es nicht um die erste Alternative (Fehlleitung) geht,[18] muss hinzutreten, dass der Empfänger dies erkannt hat oder erkennen konnte (§ 241a Abs. 2 BGB, z. B. wenn eine Rechnung beiliegt, die sich auf eine Bestellung bezieht). In diesem Fall überwiegt die Schutzwürdigkeit des Unternehmers. Jedenfalls sofern die Zusendung im Rahmen eines Kaufvertrages erfolgte (Aliudlieferung), ist der Käufer nach § 242 BGB verpflichtet, die Kaufsache aufzubewahren, um den Anspruch des Verkäufers auf Herausgabe nicht zu vereiteln. Zurücksenden muss er die Ware aber nicht.

6. Ansprüche Dritter gegen den Verbraucher

Sofern die zugesandte **Sache einem Dritten gehört** (was insbesondere bei Liefe **72** rungen unter Eigentumsvorbehalt an den Unternehmer der Fall ist), greift § 241a BGB nicht ein.[19] Zwar ist der Wortlaut der Norm insoweit nicht eindeutig. Aber da

---

[14] Erman/*Saenger* § 241a Rn. 31.

[15] Erman/*Saenger* § 241a Rn. 31; *Mansel* in Jauernig § 241a Rn. 5; a.A. *Christian Berger* JuS 2001, 649, 653; diese können auch nicht nach § 987 ersetzt verlangt werden: Erman/*Saenger* § 241a Rn. 49.

[16] *Link* NJW 2003, 2811; a.A. *Mansel* in Jauernig § 241a Rn. 5.

[17] Nach hier vertretener Ansicht liegt bei einer Aliud-Lieferung allerdings regelmäßig gar keine unbestellte Leistung vor, oben Rn. 65.

[18] Umstritten: Wie hier *Mansel* in Jauernig § 241a Rn. 4 mit dem überzeugenden Hinweis darauf, dass sich bei Fehlleitung ein allgemeines Risiko realisiert und nicht eine inakzeptable Vertriebsform zur Debatte steht; die Frage spielt aber praktisch kaum eine Rolle, da eine Fehlleitung wohl stets erkennbar ist.

[19] *Christian Berger* JuS 2001, 649, 643.

der Sinn der Regelung darin liegt, eine nicht akzeptable Vertriebsform zu unterbinden, kann sich sinnvollerweise die Sanktion nur gegen den Versender richten.

7. Ansprüche des Unternehmers gegen Dritte

73 Sofern der **Verbraucher die Sache an einen Dritten übereignet**, verfügt er als Nichtberechtigter. Da die Sache dem Unternehmer nicht abhanden gekommen ist, kann der Dritte gutgläubig Eigentum erwerben. Tut er das, so haftet er nur im Fall von § 816 Abs. 1 S. 2 BGB. Anderenfalls kann der Unternehmer nach § 985 BGB Herausgabe verlangen, da § 241a Abs. 1 BGB nur die Ansprüche gegen den Verbraucher zu Fall bringt.

74 **Fall 4 (Probleme mit dem Internet)**

A. Sachverhalt

K ist Telekommunikationsdienstleister, der seine Kunden dadurch gewinnt, dass sich aufgrund eines von K beeinflussten Programms beim Besuch bestimmter Internetseiten ein sogenannter Dialer auf dem Computer installiert. Das führt dazu, dass bei jeder nächsten Einwahl in das Internet die Verbindung über diesen Dialer angewählt wird und diese zu Kosten einer 0900er-Verbindung abgerechnet wird.

Als B eines Tages im Internet surft, installiert sich der Dialer des K ohne Wissen des B, sodass B in der Folgezeit für ihn unbemerkt nur noch über die kostenpflichtige 0900er-Verbindung ins Internet kommt. Eine Woche später erhält B zu seiner Verwunderung eine Sendung von K. Sie enthält eine CD-Rom und ein Schreiben mit folgendem Wortlaut:

> Sehr geehrter Herr B!
> Sicher sind Sie überrascht, wenn Sie heute die neueste CD aus unserem Programm „Internet und Sicherheit" zugestellt bekommen. Sollten Sie an der CD kein Interesse haben, dann möchten wir Sie bitten, sie innerhalb der nächsten 14 Tage unfrei in dem beiliegenden Umschlag zurückzusenden. Sollten Sie die CD dagegen erwerben wollen, dann brauchen Sie gar nichts zu tun. Wir senden Ihnen dann einfach nach Ablauf von 14 Tagen eine Rechnung über 40 €.
> Mit freundlichen Grüßen
> Ihr K.

B empfindet das als Unverschämtheit und tut zunächst nichts. Später schaut er sich den Inhalt der CD an. Dazu reißt er die Schutzfolie, in welche die CD eingeschweißt war, auf. Die Passagen, die ihm besonders gut gefallen, streicht er mit einem Textmarker auf dem Inhaltsverzeichnis, das auf dem Deckblatt der CD-Hülle steht, an.

Nach Ablauf der 14 Tage bekommt er eine Rechnung von K über den Kaufpreis über die CD sowie über die Inanspruchnahme von Telekommunikationsdienstleistungen im Wert von 3.500 €.

Muss K beides bezahlen? Muss K die CD zurückgeben oder Schadensersatz leisten?

B. Lösung

I. Anspruch des K gegen B auf Bezahlung von 3.500 € gem. § 611 BGB

Das Angebot auf Abschluss eines Dienstvertrages liegt in dem Bereitstellen des Dialers. Es kann offen bleiben, ob dieses Angebot B überhaupt zugegangen ist[20] (B hat das Vorhandensein des Dialers überhaupt nicht bemerkt. Allerdings reicht es aus, dass die Willenserklärung in den Machtbereich des Empfängers gelangt ist und unter gewöhnlichen Umständen zur Kenntnis genommen werden kann).

Jedenfalls fehlt es an einer Annahmeerklärung. Zwar wird bei Massengütern die bloße Inanspruchnahme von Dienstleistungen als Vertragserklärung angesehen (z. B. Besteigen eines Taxis). Dies gilt aber nicht bei Waren und Leistungen, die unbestellt lediglich entgegengenommen werden. Oft fehlt hier bereits der Erklärungswille desjenigen, der die Leistung (unbewusst) in Anspruch nimmt.[21] Selbst wenn man argumentiert, dass allenfalls der subjektive Rechtsbindungswille fehlt, nachdem man die Leistung tatsächlich in Anspruch nimmt,[22] so stellt doch § 241a Abs. 1 BGB klar, dass Ansprüche nicht entstehen. Voraussetzung für die Anwendbarkeit von § 241a BGB ist, dass eine unbestellte Leistung vorliegt. Darunter fallen auch Dienstleistungen. Desweiteren müsste es sich um einen Vertrag zwischen einem Unternehmer und einem Verbraucher handeln. Auch das ist der Fall. Demgemäß ist § 241a Abs. 1 BGB anwendbar und ein Dienstvertrag ist nicht zustande gekommen.

II. Anspruch von K gegen B aus § 812 Abs. 1 BGB

Gemäß § 241a Abs. 1 BGB sind auch bereicherungsrechtliche Ansprüche ausgeschlossen.

III. Anspruch von K gegen B auf Kaufpreiszahlung gem. § 433 Abs. 2 BGB für die CD

Ein Angebot auf Abschluss eines Kaufvertrages über die CD liegt in der Zusendung durch K.

Allerdings fragt es sich, ob B dieses Angebot dadurch angenommen hat, dass er die CD nicht innerhalb von 14 Tagen zurückgeschickt hat. In dem Öffnen der Schutzfolie der CD und in der Ingebrauchnahme könnte eine Annahme des Angebots des K liegen. Denn schließlich maßt B sich durch diese Handlungen die Eigentümerstellung an. Dem steht allerdings die Wertung von § 241a Abs. 1 BGB entgegen. Da die Voraussetzungen dieser Norm – wie geklärt, I. – gegeben sind, ist ein Vertrag nicht zustande gekommen. Demgemäß hat K gegen B keinen Anspruch aus § 433 Abs. 2 BGB.

---

[20] Definition bei *Grunewald*, Bürgerliches Recht, § 1 Rn. 7.

[21] So AG Warendorf CR 2004, 603 (zur Inanspruchnahme von über Dialer in Empfang genommenen Telefon-Mehrwertdienstleistungen).

[22] So *Stephan Lorenz* JuS 2000, 833, 841. Der Nachteil dieser Auffassung aus Verbrauchersicht ist, dass er die objektiv aus Empfängersicht vorliegende Erklärung erst anfechten müsste. Das müsste er spätestens mit Erhalt der Rechnung tun.

IV Anspruch von K gegen B aus § 812 Abs. 1 S. 1 BGB

Auch insofern hat K keinen Anspruch gegen B. Auch dies folgt aus § 241a Abs. 1 BGB.

V. Anspruch des K gegen B auf Rückgabe der CD aus § 985 BGB

Ursprünglich war K Eigentümer der CD. In der Übersendung der CD an B liegt ein Angebot auf Abschluss eines Übereignungsvertrages (§ 929 S. 1 BGB). Dies ist allerdings aufschiebend bedingt durch den Abschluss eines entsprechenden Kaufvertrages. Diese Bedingung ist – wie geklärt, III. – nicht eingetreten.

Desweiteren müsste B Besitzer sein. Dies ist der Fall. B hat auch kein Recht zum Besitz (§ 986 Abs. 1 S. 1 BGB), da kein Kaufvertrag zustande gekommen ist.

Allerdings könnte auch dieser Anspruch gemäß § 241a Abs. 1 BGB ausgeschlossen sein. Die Voraussetzungen dieser Norm sind im vorliegenden Fall erfüllt. Demgemäß ist, da die in § 241a Abs. 2 BGB genannten Voraussetzungen für den Erhalt gesetzlicher Ansprüche nicht erfüllt sind, auch dieser Anspruch ausgeschlossen.

VI. Anspruch auf Schadensersatz nach §§ 989, 990 BGB bzw. § 823 Abs. 1 BGB

Auch diese Ansprüche sind gemäß § 241a Abs. 1 BGB ausgeschlossen.

VII. Ergebnis: K kann von B weder Bezahlung irgendeiner Summe noch Herausgabe der CD verlangen.

D Das Widerrufsrecht am Beispiel des Haustürgeschäfts

I. Zweck der Regelung

§ 312 BGB räumt einem Verbraucher, der mit einem Unternehmer am Arbeitsplatz, **75** in einer Privatwohnung, anlässlich einer Freizeitveranstaltung oder auf öffentlicher Verkehrsfläche einen Vertrag abgeschlossen hat, unter bestimmten Umständen ein Widerrufsrecht ein. Die Rechtfertigung für ein Widerrufsrecht bei Haustürgeschäften formuliert die Präambel zur Europäischen Richtlinie für Haustürgeschäfte (oben Rn. 17) wie folgt:

> Verträge, die außerhalb der Geschäftsräume eines Gewerbetreibenden abgeschlossen werden, sind dadurch gekennzeichnet, dass die Initiative zu den Vertragsverhandlungen in der Regel vom Gewerbetreibenden ausgeht und der Verbraucher auf die Vertragsverhandlungen nicht vorbereitet ist. Letzterer hat häufig keine Möglichkeit, Qualität und Preis des Angebots mit anderen Angeboten zu vergleichen. Dieses Überraschungsmoment gibt es nicht nur bei Haustürgeschäften, sondern auch bei anderen Verträgen, die auf Initiative des Gewerbetreibenden außerhalb seiner Geschäftsräume abgeschlossen werden.

Entscheidend sind also das **Überraschungsmoment** und die **mangelnde Vorberei- 76 tung des Verbrauchers**. Er ist, wenn er nicht selbst den Unternehmer aufsucht, in wenig wachsamer Stimmung und kann durch ein geschicktes Verkaufsgespräch zu einem Geschäftsabschluss bewegt werden, den er zu diesem Zeitpunkt, mit diesem Geschäftspartner und unter diesen Umständen vielleicht nicht schließen wollte. Die Reue über das Geschäft kommt erst später. Aus diesem Grund soll der Vertrag über die Dauer der Widerrufsfrist in der Schwebe gehalten werden, sodass der Verbraucher die Möglichkeit zur nochmaligen Überlegung hat. Falls er an dem Geschäft festhalten möchte, kann er die Frist verstreichen lassen. Möchte er nicht an dem Geschäft festhalten, so kann er ohne jede Begründung den Widerruf erklären. Geschützt werden soll also die Entscheidungsfreiheit des Verbrauchers, der bei einer Anbahnung eines Vertrages in der geschilderten Situation oftmals übereilt handelt und überrumpelt wird (oben Rn. 9).[1]

---

[1] *Bülow/Arzt* Rn. 145; *Stadler* in Jauernig § 312 Rn. 1.

B. Grunewald, K.-N. Peifer, *Verbraucherschutz im Zivilrecht,*
DOI 10.1007/978-3-642-14421-9_4, © Springer-Verlag Berlin Heidelberg 2010

II. Die Haustürrichtlinie

77 § 312 BGB setzt **die Richtlinie über Haustürgeschäfte**[2] **um**, beruht aber zugleich
auf dem mittlerweile aufgehobenen HaustürWG, das älter als die Richtlinie ist. Dies
ändert aber natürlich nichts an der Notwendigkeit einer richtlinienkonformen Auslegung, jedenfalls in dem Bereich, der nicht überschießend umgesetzt wurde. Wie weit
dieser Bereich reicht, ist nicht ganz klar. Die Richtlinie nennt als klassische Überrum-
pelungssituationen die Teilnahme an einem vom Unternehmer organisierten Ausflug,
der deutsche Gesetzgeber nennt hingegen die vom Unternehmer oder einem Dritten
durchgeführte Freizeitveranstaltung, aber auch das überraschende Ansprechen auf öffentlichen Verkehrsflächen. Sofern solche Abweichungen vorliegen, könnte man annehmen, dass die auf der Richtlinie beruhende Regelung europarechtskonform, die darüber hinausschießenden Situationen jedoch allein nach deutscher Lesart auszulegen
sind. Das wäre aber misslich und nicht im Sinne des Verbraucherschutzes.[3] Eine „ge-
spaltene Auslegung" sollte daher vermieden werden.[4] Dabei sollte das Ziel im Auge
behalten werden, Schutz in allen Situationen zu gewähren, in denen eine Überrumpelung jedenfalls mitursächlich ist für die vom Verbraucher getroffene Entscheidung.

III. Die Tatbestandselemente

1. Die besondere Vertragsanbahnungssituation

78 Der Verbraucher muss an seinem Arbeitsplatz (jeder Ort auf dem Betriebsgelände)[5], im
Bereich einer Privatwohnung (auch des Unternehmers[6], auch im Garten, in Garagen
und auf privaten Parkplätzen[7], in der Privatwohnung eines Dritten, etwa im Rahmen
einer „Tupperparty"[8]) oder bei einer Freizeitveranstaltung des Unternehmers (Kaffeefahrten, Verbraucherausstellungen mit Unterhaltungscharakter[9]) zu dem Vertragsabschluss **bestimmt worden sein**. Es muss nicht in den beschriebenen Situationen zum
Vertragsabschluss gekommen sein, vielmehr reicht es aus, dass das Überraschungs-

---

[2] 85/577/EWG.

[3] So im Ergebnis auch EuGH NJW 2002, 1881 – Heininger.

[4] *Bülow/Artz*, Rn. 147.

[5] Das BAG (ZIP 2004, 1561) hat § 312 nicht auf eine Vereinbarung über die Aufhebung eines
Arbeitsvertrages, die am Arbeitsplatz getroffen wurde, angewandt, da es an einer Überrumpelung fehle. Arbeitnehmer müssen damit rechnen, dass solche Geschäfte im Betrieb abgeschlossen
werden.

[6] BGH ZIP 2006, 1627 (Privatbesuch).

[7] BGH NJW 2006, 845 Tz. 17.

[8] BGH NJW-RR 2005, 635.

[9] BGH WM 2005, 1386 („Hessentag 2000"); BGH NJW 2004, 362 („SIVA"); OLG Dresden
NJW-RR 1997, 1346 („Mittelsachsenschau Riesa 1994"); einschränkend *Bülow/Artz* Rn. 157 für
typische Verbrauchermessen.

moment im Zeitpunkt des Vertragsschluss noch fortwirkt.[10] Ein enger zeitlicher Zusammenhang zwischen den mündlichen Verhandlungen und der Vertragserklärung ist zwar nicht notwendig, indiziert aber die Ursächlichkeit der Haustürsituation für den späteren Vertragsschluss.[11] Sofern der Vertrag in der vom Gesetz beschriebenen besonderen Vertragsanbahnungssituation geschlossen wird, besteht das Widerrufsrecht, und zwar auch dann, wenn der Verbraucher schon zuvor zum Vertragsschluss entschlossen war. Zwar könnte man meinen, dann sei er nicht in der geschilderten Situation zum Vertragsschluss „bestimmt" worden. Aber ein solches Verständnis würde der Richtlinie, die eine solche Einschränkung nicht kennt, widersprechen.[12] Sofern es an der Überrumplungssituation fehlt (Verbraucher vertraut auf einen Angehörigen, der ihn zu Hause aufsucht), besteht das Widerrufsrecht hingegen nicht[13].

Gemäß § 312 Abs. 3 Nr. 1 BGB besteht das Widerrufsrecht nach § 312 Abs. 1 **79** Nr. 1 BGB nicht, wenn der Vertragsabschluss auf **eine Bestellung des Verbrauchers** (nicht durch Telefonat des Unternehmers provoziert und gerichtet nicht nur auf Information sondern auf Vertragsschluss)[14] zurückzuführen ist. Dies leuchtet ein, da es in dieser Situation an einer Überrumpelung des Verbrauchers fehlt. Auch bei sofort abgeschlossenen Bagatellgeschäften bzw. bei einer notariellen Beurkundung entfällt mangels Schutzbedürfnis des Verbrauchers das Widerrufsrecht (§ 312 Abs. 3 Nr. 2, 3 BGB).

2. Die entgeltliche Leistung

Nach dem Wortlaut von § 312 Abs. 1 BGB muss der Vertrag auf eine entgeltliche **80** Leistung gerichtet sein. Der Begriff muss **richtlinienkonform** dahingehend verstanden werden[15], dass jeder Fall erfasst ist, in dem der **Verbraucher selbst eine Leistung erbringt**, die ihm ein (vermögenswertes) Opfer abverlangt, mag dies auch unentgeltlich geschehen (Bürgschaft[16], Grundschuldbestellung, einseitige Sicherungsgeschäfte sonstiger Art[17]). Diese Interpretation entspricht auch dem Schutzzweck der Norm, da der Verbraucher in diesen Fällen sogar besonders schutzwürdig ist, da er noch nicht einmal eine Gegenleistung erhält. Europarechtlich geboten ist dies nach Ansicht des EuGH für die Bürgschaft nur, wenn die Hauptschuld, für welche die Bürgschaft über-

---

[10] Zusammenfassend *Arne Maier* VuR 2008, 401.

[11] BGH ZIP 2009, 1054, 1055; BGH ZGS 2009, 328, 330.

[12] *Fischer/Miedl* EuZW 2009, 526; nach Ansicht des OLG München BeckRS 2009, 15658 ist eine richtlinienkonforme Auslegung nicht möglich.

[13] BGH NJW 2007, 1946.

[14] BGHZ 109, 127, 135.

[15] Die HaustürwiderrufsRL erfasst auch einseitige Verpflichtungserklärungen, denn ihr Art. 1 Abs. 4 erfasst „vertragliche Angebote". Aus der Präambel der Richtlinie folgt, dass dies den „Abschluss von Verträgen oder einseitigen Verpflichtungserklärungen" erfasst.

[16] BGH NJW 2006, 845.

[17] Vgl. *Kannowski* VuR 2009, 408.

nommen wurde, ebenfalls ein Haustürgeschäft ist.[18] Der BGH hat diese Einschränkung aber zu Recht für das deutsche Recht nicht gemacht und jedem Bürgen, der sich
in der Haustürsituation verbürgt hat, unabhängig davon, ob sich der Hauptschuldner
ebenfalls in dieser Situation befand, ein Widerrufsrecht zugebilligt.[19]

Im Übrigen können sämtliche Formen von Verträgen in einer Haustürsituation
geschlossen werden, sei es der Beitritt zu einer Gesellschaft[20], der Abschluss eines
Vergleichsvertrages[21], die Zustimmung zu einer Mieterhöhung an der Wohnungs-
tür[22] oder der Vertrag über den Bau einer Immobilie oder die Bebauung eines
Grundstücks[23].

3. Persönlicher Anwendungsbereich

81 Der Vertrag muss zwischen Verbraucher und Unternehmer zustande kommen. **Wer
die Verhandlungen für den Unternehmer führt**, ist gleichgültig. Es ist noch nicht
einmal erforderlich, dass der Unternehmer weiß, dass in einer Haustürsituation ver-
handelt wurde, da davon die Schutzbedürftigkeit des Verbrauchers nicht abhängt.
Allerdings muss der Unternehmer und nicht der Verbraucher den Dritten in den
Vertragsabschlussprozess eingebunden haben.[24]

82 Wird auf Seiten des **Verbrauchers ein Vertreter** eingeschaltet, kommt es in
Bezug auf die beschriebene besondere Situation bei Vertragsschluss auf die Person
des Vertreters an, da es um seine Überrumpelung geht, weil er die maßgebliche
Willenserklärung abgibt.[25] In Bezug auf die Frage, wer von beiden (Vertreter oder
Vertretener) Verbraucher sein muss, bleibt es aber bei der allgemeinen Regel[26]: Es
kommt auf den Vertretenen an.

83 Fall 5 (Blumenautomat)

A. Sachverhalt
In dem Fall BGH WM 1991, 860 nahm die Klägerin, die Automaten vermietet, die
Beklagte auf Bezahlung der Miete für einen Blumenautomaten in Anspruch. Die
Klägerin war in das Blumengeschäft des Ehemanns der Beklagten gekommen und
hatte dort die Beklagte angetroffen. Die Parteien einigten sich über die Anmietung

---

[18] EuGH, Urt. v. 17.3.1998 – Rs. C-45/96, Slg. 1998, I-1199 = NJW 1998, 1295, 1296 – Dietzinger.

[19] BGH NJW 2006, 845.

[20] BGH NJW 2008, 1022; NJW 2001, 2718 (Kauf des Anteils an einer GbR).

[21] BGH NJW-RR 2008, 643 Tz. 20.

[22] AG Berlin-Tempelhof, Urteil vom 8.10.1997 – 4 C 293/97; ebenso LG Wiesbaden WuM 1996,
698 (Gespräch zwischen Mieter und Vermieter in einer Gaststätte).

[23] BGH NJW 2007, 1947.

[24] BGH ZIP 2008, 2211, 2213; dazu *Fischer* DB 2009, 1859, 1862.

[25] BGH NJW 2006, 2118 f.; *Stadler* in Jauernig § 312 Rn. 4.

[26] § 1 Rn. 22.

des Blumenautomaten für DM 200 pro Monat. Wenig später erklärte der Ehemann gegenüber der Klägerin, der Laden gehöre ihm und nicht seiner Frau. Er wolle den Automaten nicht mieten. Seine Frau sei nicht berechtigt, für ihn zu handeln. Auch die Beklagte hatte der Klägerin mittlerweile mitgeteilt, dass sie an der Automaten-miete nicht mehr interessiert sei. Die Klägerin verlangt Bezahlung der Miete.

B. Lösung

I. Anspruch des Klägers gegen die Beklagte aus Mietvertrag, § 535 Abs. 2 BGB

Ein Mietvertrag ist nur dann zwischen dem Kläger und der Beklagten abgeschlossen worden, wenn die Beklagte erklärt hat, sie wolle den Blumenautomaten mieten. Gemäß den Regeln über unternehmensbezogene Geschäfte[27] ist die Erklärung der Beklagten dahingehend zu verstehen, dass sie in Vertretung des Unternehmers, hier ihres Mannes, die Erklärung auf Abschluss eines Blumenautomaten-Mietvertrages abgibt. Daher fehlt es an einer Willenserklärung, die auf Abschluss eines Blumen-automaten-Mietvertrages mit ihr gerichtet ist.

II. Anspruch des Klägers gegen die Beklagte aus § 179 Abs. 1 BGB

Die Beklagte hat als Vertreter ihres Mannes, aber ohne Vertretungsmacht gehandelt. Eine entsprechende Genehmigung ihres Mannes liegt nicht vor.

Allerdings fragt es sich, ob sie ihre als Vertreterin ihres Mannes abgegebene, auf Abschluss des Mietvertrages gerichtete Willenserklärung gemäß § 312 Abs. 1 S. 1 Nr. 1 BGB widerrufen kann. Dafür spricht, dass sie – obgleich Verbraucherin – anderenfalls nach § 179 Abs. 1 BGB auf Erfüllung des in einer für sie überraschenden Situation (Arbeitsplatz) abgeschlossenen Vertrages in Anspruch genommen werden könnte. Allerdings ist zu bedenken, dass ihr Mann nicht als Verbraucher von dem Vertrag betroffen wäre. Da der Kläger nicht erkennen konnte, dass er es mit einem Verbraucher zu tun hatte, kann von ihm nicht erwartet werden, dass er die entsprechenden Belehrungspflichten erfüllt. Für ihn käme ein Widerrufsrecht also völlig überraschend. Aus diesem Grund hat der BGH ein Widerrufsrecht verneint.

III. Ergebnis: Der Kläger kann von der Beklagten gemäß § 179 Abs. 1 BGB die   monatlichen Mieten verlangen.

IV. Die Rechtsfolgen

1. Das Widerrufsrecht

Sind die geschilderten Tatbestandselemente erfüllt, so steht dem Verbraucher ein **84** Widerrufsrecht nach § 355 BGB zu (§ 312 Abs. 1 S. 1 BGB). **Dies ermöglicht es**

---

[27] Dabei handelt es sich um eine Variante des aus § 164 Abs. 1 Satz 1 BGB folgenden Offen-kundigkeitsprinzips. Das Geschäft kommt mit demjenigen zustande, der objektiv gemeint ist. Bei unternehmensbezogenen Geschäften wird danach regelmäßig der Inhaber des Betriebes vertreten, BGH NJW 1996, 1053; NJW 1990, 2678; *Claus Ahrens* JA 1996, 895.

dem Verbraucher, eine bereits bindend gewordene Willenserklärung zu widerrufen (§ 355 Abs. 1 BGB). Der Widerruf führt dazu, dass der Verbraucher an seine Willenserklärung nicht mehr gebunden ist (§ 355 Abs. 1 S. 1 BGB) und der Vertrag nach den Regeln des Rücktrittsrechts rückabgewickelt wird (§ 357 BGB).[28] Das Widerrufsrecht besteht sogar bei nichtigen Verträgen (Rn. 120).

Die Existenz eines solchen Rechts schwächt den Grundsatz der Vertragstreue („pacta sunt servanda") ab, weil es dem Verbraucher als eigentlich bereits vertraglich Gebundenem die Möglichkeit gibt, die Bindung ohne Begründung, sei es nur aus Reue (daher gelegentlich auch die Bezeichnung „Reurecht"), wieder zu lösen. Zu Recht wird aber darauf hingewiesen, dass ein solches Recht die „Waffengleichheit" zwischen den strukturell unterschiedlichen Parteien nicht nur in rein formaler, sondern auch in inhaltlicher („materialer") Weise nachträglich wiederherstellt[29]: Der Unternehmer verfügt über die besseren Informationen bereits zum Vertragsschluss, der Verbraucher muss diesen Informationsvorsprung erst noch aufholen. Dazu genügt die kurze Phase der Vertragsverhandlung oder der Vertragsvorbereitung oft nicht. Bei Haustürgeschäften kommt noch erschwerend hinzu, dass hier die Gefahr des überrumpelnden Einflusses naturgemäß erst nachlässt, wenn der Vertrag geschlossen wurde und der Vertreter des Unternehmers die private Zone des Verbrauchers wieder verlassen hat. Erst jetzt kann der Verbraucher das Geschäft in Ruhe prüfen und seine Vor- und Nachteile abwägen.

85   **Das Widerrufsrecht muss grundsätzlich innerhalb von 2 Wochen** ausgeübt werden (§ 355 Abs. 1 S. 2 BGB). Die Frist **beginnt mit Erhalt einer ordnungsgemäßen (d. h. § 360 BGB entsprechenden) Widerrufsbelehrung**[30] (§ 355 Abs. 3 S. 1 BGB). Fehlt es an einer solchen Belehrung oder ist sie nicht ordnungsgemäß (z. B. undeutlich, unvollständig, etwa kein Hinweis auf die Rechtsfolgen des Widerrufs, § 312 Abs. 2 BGB),[31] so beginnt die Frist nicht zu laufen. Das bedeutet, dass das Geschäft in der Schwebe bleibt (sogenanntes ewiges Widerrufsrecht).[32] Erst wenn der Unternehmer die Belehrung in gehöriger Form nachholt, beginnt die Frist zu laufen (§ 355 Abs. 3 S. 1 BGB), beträgt dann aber nicht mehr nur 14 Tage, sondern einen Monat (§ 355 Abs. 2 S. 3 BGB, Sanktion!). Hierdurch wird ein Anreiz geschaffen, rechtzeitig zu belehren.

86   Hinzu treten bei einer unzureichenden Widerrufsbelehrung **Ansprüche aus §§ 280 Abs. 1, 311 Abs. 2 Nr. 1 BGB**, da es sich bei der Belehrungspflicht um eine echte Rechtspflicht handelt.[33] Dies wurde im Zuge der Umsetzung der neuen

---

[28] Siehe *Grunewald*, Bürgerliches Recht, § 1 Rn. 16.

[29] So etwa *Canaris*, AcP 200 (2000) 273, 344: „rechtsethisch legitim und … auch mit liberalem Rechtsdenken durchaus vereinbar".

[30] Häufig wird darüber gestritten, ob der Fristbeginn gemäß § 355 Abs. 2 S. 1 BGB eindeutig in der Belehrung bezeichnet ist: BGH WM 2009, 932, 933 (Verbraucherdarlehensvertrag); BGH BB 2009, 1549 (Verbraucherdarlehensvertrag); BGH ZGS 2009, 328 (Haustürsituation).

[31] Beispiel BGH NJW 2007, 1946, dazu *Witt* NJW 2007, 3759.

[32] Schilderung der Gesetzesgeschichte und der europarechtlichen Vorgaben bei *Schinkels* JZ 2009, 774, 776; *Knuth* ZGS 2010, 253.

[33] BGH NJW 2008, 1585, 1586; *Oechsler* NZG 2008, 368.

Verbraucherkreditrichtlinie in § 312 Abs. 2 BGB klar gestellt.[34] Oftmals nutzt der Anspruch dem Verbraucher aber wenig, da nur auf die fehlende Belehrung zurückzuführende Schäden liquidiert werden können. Wer also bereits gekauft hat und dann das danach zur Finanzierung aufgenommene Darlehen widerruft, kann nicht die Nachteile des Kaufs ersetzt verlangen. Denn diese beruhen nicht auf der fehlenden Belehrung[35].

Es gibt bereits seit längerer Zeit ein **amtliches Muster für die Belehrung**.[36] **87** Aber dieses wurde von manchen Gerichten in Bezug auf die Berechnung des Beginns der Widerrufsfrist für nicht ordnungsgemäß gehalten.[37] Auch wurde es von der Praxis heftig kritisiert und mehrfach überarbeitet.[38] Der Gesetzgeber hat nunmehr mit der Umsetzung der Verbraucherkreditrichtlinie dem Muster Gesetzesqualität verliehen und so die Gerichte an diese Vorgaben gebunden.[39] Hierzu wurde das Muster einer Belehrung als Anlage in das EGBGB selbst eingefügt.[40]

Das **Widerrufsrecht ist ein Gestaltungsrecht**[41]. Denn mit der Geltendmachung **88** ändert sich automatisch die Rechtslage. Der Widerruf ist eine empfangsbedürftige Willenserklärung. Der Verbraucher muss zur Ausübung eine Erklärung abgeben, welche klarstellt, dass er nicht mehr an seine Vertragserklärung gebunden sein will. Es gelten die allgemeinen Auslegungsregeln. Gerade bei Verbrauchergeschäften sind Widerrufserklärungen bereits deswegen auslegungsbedürftig, weil geschäftlich unerfahrene Personen sich häufig unklar und unbeholfen ausdrücken. Entscheidend ist, dass aus dem Wortlaut der Erklärung hervorgeht, dass der Verbraucher sich an seine Erklärung nicht mehr gebunden sieht. Das kann auch dadurch geschehen, dass er die Ware zurückgibt (§ 355 Abs. 1 S. 2 BGB), oder erklärt, er werde nicht zahlen.

2. Das Rückgaberecht

Das **Widerrufsrecht kann gemäß § 312 Abs. 1 S. 2 BGB durch ein Rückgabe- 89 recht nach § 356 BGB ersetzt werden.** Gemäß § 356 Abs. 1 BGB muss „beim Vertragsschluss auf Grund eines Verkaufsprospekts" dem Verbraucher eine solche Ersetzung klar signalisiert werden. § 312 Abs. 1 S. 2 BGB lässt es nur zu, ein Rück-

---

[34] Die Neuregelung wurde motiviert durch zwei EuGH-Entscheidungen, nämlich EuGH, NJW 2005, 3551 – Schulte; NJW 2005, 3555 – Crailsheimer Volksbank.

[35] BGH WM 2006, 1194, 1198.

[36] Das Muster war abgedruckt in Anlage 2 zu § 14 der BGB-InfoV, hatte aber nur den Charakter einer Empfehlung.

[37] Vgl. OLG Hamm CR 2007, 387; LG Koblenz ZIP 2007, 638.

[38] Hierzu *Masuch* NJW 2008, 1700; *Föhlisch* MMR 2007, 139.

[39] Vgl. zu den Entwurfsplänen die Schilderung bei *Flohr* ZGR 2009, 203; *Schirmbacher* BB 2009, 1088.

[40] Genauer: Anlage zu Art. 246 § 2 Abs. 3 Satz 1 EGBGB.

[41] *Coester-Waltjen* JURA 2009, 820; *Knuth* ZGS 2010, 253 f.

gaberecht statt eines Widerrufsrechts vorzusehen, wenn eine ständige Verbindung
zwischen Verbraucher und Unternehmer aufrecht erhalten oder begründet werden
soll, etwa im Versandhandel. Dass das der Fall ist, ist für den Verkäufer nur schwer
zu beweisen, da es nicht allein auf seine Vorstellungen, sondern auch auf die des
Verbrauchers ankommt[42]. Wenn die Voraussetzungen von § 356 Abs. 1 BGB vorliegen, kann der Verbraucher nur durch Rücksendung der Ware widerrufen. Fehlt es
an den Voraussetzungen, bleibt es beim Widerrufsrecht. Dieses ist dann eben nicht
durch das Rückgaberecht ersetzt worden. Für den Verkäufer kann das Rückgaberecht wesentlich günstiger sein, weil er dann sicher ist, dass er die veräußerte Ware
zurück erhält. Außerdem mag es dem Verbraucher durchaus schwer fallen, sich von
der Ware wieder zu trennen.

3. Rechtslage vor Ausübung des Widerrufs-/Rückgaberechts

90   Gemäß § 355 Abs. 1 S. 1 BGB ist der Vertrag bis zur Ausübung des Widerrufsrechts **schwebend wirksam**. Es bestehen also Erfüllungsansprüche. Der Unternehmer kann – auch durch AGB (§ 308 Nr. 1 2. Hs. BGB) – vertraglich festlegen, dass
er erst nach Ablauf der Widerrufsfrist leisten muss.

4. Rechtslage nach Ausübung des Widerrufsrechts

91   Gemäß § 357 Abs. 1 S. 1 BGB finden nach Ausübung des Widerrufsrechts im **Wesentlichen die Vorschriften des gesetzlichen Rücktrittsrechts** entsprechende Anwendung. Der Verbraucher ist unter den in § 357 Abs. 2 BGB genannten Voraussetzungen zur Rücksendung einer bezogenen Ware verpflichtet. Er steht sich gemäß
§ 357 Abs. 3 S. 1 BGB in Bezug auf die Wertersatzpflicht nach § 346 Abs. 2 S. 1
Nr. 3 BGB schlechter als nach den allgemeinen Regeln (Wertersatz für Ingebrauchnahme der Sache muss geleistet werden), falls ein entsprechender Hinweis erfolgt
ist. Auf diese Weise soll einer missbräuchlichen Ausübung des Widerrufsrechts vor-
gebeugt werden. Gleiches gilt in Bezug auf den Ausschluss der Pflicht zur Leistung
von Wertersatz von § 346 Abs. 3 Nr. 3 BGB (Verschlechterung trotz Anwendung
eigenüblicher Sorgfalt). Diese für einen Käufer günstige Bestimmung gilt nicht,
wenn der Verbraucher über sein Widerrufsrecht ordnungsgemäß belehrt wurde oder
er das Widerrufsrecht kannte (§ 357 Abs. 3 S. 3 BGB).

92   **Wird der Beitritt zu einer Gesellschaft widerrufen**, gelten nach Ansicht des
BGH eigentlich die Regeln der fehlerhaften Gesellschaft mit der Folge, dass der
Beigetretene nur mit Wirkung ex nunc aus der Gesellschaft ausscheiden kann. Hierin liegt ein wesentlicher Unterschied zu den Rechtsfolgen des Rücktrittsrechts, die
eher darauf abzielen, zwischenzeitliche Veränderungen zurück zu drehen. Der BGH

---

[42] *Masuch* in MünchKommBGB, § 312 Rn. 72.

hat dem EuGH die Frage vorgelegt, ob diese Judikatur mit der Richtlinie vereinbar ist.[43] Zweifel bestehen daran insoweit, als nach Art. 5 Abs. 2 der Richtlinie „die Anzeige des Rücktritts" bewirken soll, dass der Verbraucher aus allen aus dem widerrufenen Vertrag erwachsenen Verpflichtungen entlassen wird. Da die Regeln der fehlerhaften Gesellschaft das Engagement erst für die Zukunft beenden, trägt der ausscheidende Gesellschafter das Risiko der Mitgliedschaft für die Zeit bis zum Widerruf. Der EuGH[44] hat gleichwohl in der Anwendung der Regeln über die fehlerhafte Gesellschaft keinen Verstoß gegen europäisches Recht gesehen. Maßgeblich war dafür, dass andernfalls die Mitgesellschafter und Gesellschaftsgläubiger das geschilderte Risiko zu tragen hätten, ohne dass ihnen der Beitritt des widerrufenden Gesellschafters anzulasten wäre.

5. Formerfordernisse für Kündigung und Vollmacht zur Kündigung

§ 312f BGB enthält eine Sonderregel für Dauerschuldverhältnisse, durch die in der **93** beschriebenen Situation ein bestehendes Dauerschuldverhältnis ersetzt wird. Sofern der Verbraucher auf Grund der Neubegründung das alte Dauerschuldverhältnis kündigt und den Unternehmer mit der Übermittlung der Kündigung beauftragt oder dem Unternehmer eine Vollmacht zur Kündigung erteilt, wird hierfür Textform vorgeschrieben. Auf diese Weise soll der Verbraucher vor einer unüberlegten Vertragsauflösung geschützt werden. Denn der Widerruf des neuen Vertrages führt ja nicht automatisch dazu, dass der alte Vertrag wieder auflebt, und ein „vertragsloser Zustand" belastet den Verbraucher unter Umständen erheblich[45]. Die Vorschrift zielt insbesondere auf den Abschluss von Telekommunikationsverträgen in Fällen des Tarif- oder Anbieterwechsels. Hier hat es sich als Vertriebsmodell eingebürgert, dass derjenige, der neue Verträge absetzen möchte, dem Kunden telefonisch anbietet, die Kündigung und Abwicklung des Altvertrages gleich mit zu übernehmen. Oft wird auf diese Weise auch ein neues Tarifmodell abgesetzt, welches den Altvertrag ersetzt. Um den Kunden in solchen Fällen vor einer aufgedrängten und übereilten Abwicklung zu schützen, ist eine bloß mündliche oder telefonische Kündigungserklärung ausgeschlossen.

Fall 6 (Kauf einer Kettensäge) **94**

A. Sachverhalt

K kauft an der Haustür eine Kettensäge von V. Danach packt K die Säge aus und probiert sie am Ast seines Pflaumenbaumes aus. Anschließend erklärt er den Wider-

---

[43] BGH ZIP 2008, 1018 mit Anmerkung *Schäfer*.

[44] ZIP 2010, 772 mit Anmerkung von *Habersack*.

[45] Siehe *Alexander* JuS 2009, 1070, 1073.

ruf. V verlangt Rückgabe der Säge und 20 % des Kaufpreises, da die Säge nicht mehr unbenutzt ist.

B. Lösung

I. Anspruch des V auf Rückgabe der Säge und Wertersatz

Der Anspruch auf Rückgabe der Säge folgt problemlos aus §§ 312 Abs. 1 Nr. 1, 357 Abs. 1 S. 1, 346 Abs. 1 BGB.

II. Anspruch des V auf Wertersatz aus §§ 312 Abs. 1 Nr. 1, 357 Abs. 1 S. 1, 346 Abs. 2 S. 1 Nr. 3 BGB

Der Anspruch auf Wertersatz könnte sich aus §§ 312 Abs. 1 Nr. 1, 357 Abs. 1 S. 1, 346 Abs. 2 S. 1 Nr. 3 BGB ergeben. Allerdings ist in § 346 Abs. 2 S. 1 Nr. 3 BGB gerade die Wertminderung, die auf einer bestimmungsgemäßen Ingebrauchnahme der Sache beruht, von der Wertersatzpflicht ausgenommen.

Eine Sonderregelung für den Fall des Widerrufs findet sich in § 357 Abs. 3 S. 1 BGB. Während bei entsprechendem Hinweis also normalerweise eine Wertersatzpflicht für die Ingebrauchnahme besteht, gilt dies gerade nicht, wenn die Verschlechterung ausschließlich auf die Prüfung der Sache zurückzuführen ist (§ 357 Abs. 3 S. 3 BGB). Da K die Säge nur ausprobiert hat, sind die Voraussetzungen von S. 3 gegeben. Es wäre sicherlich anders, wenn K seinen ganzen Garten mit Hilfe der Säge bearbeitet hätte.

III. Ergebnis: V kann Rückgabe der Säge, nicht aber 20 % des Kaufpreises verlangen.

95 Abwandlung

Wie wäre es, wenn K die Säge abrutscht, weil sich völlig überraschend ein Metallteil im Ast befindet und die Säge dabei kaputt geht. Könnte V dann Ersatz für die Säge verlangen?

Ein solcher Anspruch könnte sich aus §§ 312 Abs. 1 Nr. 1, 357 Abs. 1 S. 1, 346 Abs. 2 S. 1 Nr. 2, Abs. 2 S. 2 BGB ergeben. Allerdings könnte sich K auf § 346 Abs. 3 Nr. 3 BGB berufen, da der Widerruf gemäß § 357 Abs. 1 S. 1 BGB einem gesetzlichen Rücktrittsrecht gleich steht. Dem steht allerdings § 357 Abs. 3 S. 4 BGB entgegen, falls K ordnungsgemäß belehrt wurde oder sein Widerrufsrecht aus anderen Gründen kennt. In diesem Fall muss K tatsächlich Wertersatz leisten.

V. Verbundene Verträge

1. Normzweck und Anwendungsbereich

96 Nach § 358 Abs. 1 BGB ist der Verbraucher nach Widerruf einer auf den Abschluss eines Vertrages über die Lieferung einer Ware oder einer anderen Leistung gerichteten Willenserklärung auch an seine auf den Abschluss eines verbundenen Verbraucherdarlehensvertrages gerichtete Willenserklärung nicht mehr gebunden. Mit dieser Regelung soll erreicht werden, dass **der Verbraucher auch die nach Widerruf des finanzierten Vertrages nicht mehr benötigte Finanzierung nicht abnehmen muss.**

Da der Finanzierer infolgedessen mit einem Risiko belastet wird, das für einen **97** Finanzierungsvertrag nicht typisch ist, ist diese Rechtsfolge nur akzeptabel, wenn die **beiden Verträge miteinander verbunden** sind, der Darlehensvertrag also der Finanzierung des anderen Geschäfts dient und beide Verträge eine „wirtschaftliche Einheit" bilden (§ 358 Abs. 1, Abs. 2 S. 1 BGB). § 358 Abs. 3 S. 2 BGB nennt Beispiele für die Annahme einer solchen wirtschaftlichen Einheit (Unternehmer finanziert selbst die Gegenleistung des Verbrauchers, oder der Darlehensgeber bedient sich bei Abschluss des Darlehensvertrages des Unternehmers). Der BGH[46] hat weitere Indizien entwickelt. Hierzu gehört die Zweckbindung des Darlehens zur Finanzierung eines bestimmten Geschäfts, was etwa dadurch zum Ausdruck kommt, dass der Finanzierer dem Darlehensnehmer die freie Verfügbarkeit über die Darlehenssumme erst gar nicht einräumt, sondern darauf besteht, direkt an den Vertragspartner des Darlehensnehmers zu zahlen. Weitere Indizien sind der gleichzeitige Abschluss beider Verträge sowie das Verwenden von Formularen mit Hinweisen auf den jeweils anderen Vertrag.

Die **Umsetzung der Neufassung der Richtlinie** über Verbraucherkreditverträ- **98** ge[47] in deutsches Recht hat mit § 359a BGB eine Erweiterung gebracht. Danach ist ein Verbraucher, auch wenn kein verbundenes Geschäft vorliegt, an seine auf Abschluss des Verbraucherdarlehensvertrages gerichtete Willenserklärung nicht mehr gebunden,[48] wenn die finanzierte Ware oder Leistung in dem Verbraucherdarlehensvertrag genau bezeichnet (Identifizierbarkeit des Vertragsgegenstands, nicht bloße Typenbeschreibung) wird.[49] Diese durch die Richtlinie vorgegebene Regelung ist nicht recht einsichtig. Sie belastet den Darlehensgeber mit der Erstreckung des Widerrufsrechts, ohne dass er mit dem Unternehmer irgendwie geschäftlich verbunden sein müsste. Man kann daher jedem Darlehensgeber nur dringend raten, das finanzierte Objekt in dem Darlehensvertrag nicht genauer zu bezeichnen.

Außerdem soll der Verbraucher auch an **Zusatzverträge** nicht mehr gebunden **99** sein, die er im Zusammenhang mit einem Darlehensvertrag schließt, wenn der Darlehensvertrag widerrufen wird (§ 359a Abs. 2 BGB). Gemeint sind Versicherungs-, Kontoführungsverträge sowie Verträge über Zahlungskarten (z. B. Kreditkarte). Der Gesetzeswortlaut stellt klar, dass solche Verträge bereits verbundene Geschäfte sind, wenn sie „in unmittelbarem Zusammenhang mit dem Verbraucherdarlehensvertrag abgeschlossen" wurden.

---

[46] ZIP 2008, 962, 964.

[47] 2008/48/EG.

[48] Eine Erstreckung von Einwendungen nach § 359 BGB erfolgt nicht.

[49] Begründung zum Gesetzesentwurf der Bundesregierung BT-Drucksache 16/11643, S. 108 f., aber was heißt das konkret? Reicht „VW Polo" oder muss das Baujahr, die Farbe oder gar die Fahrgestellnummer aufgeführt werden?

2. Rechtsfolgen

a) Folgen des Widerrufs

100 Liegt ein verbundenes Geschäft im Sinne von § 358 Abs. 3 BGB vor, ist der Verbraucher auch an seine auf den **Abschluss des Darlehensvertrag gerichtete Willenserklärung im Falle eines Widerrufs nicht gebunden** (§ 358 Abs. 1 BGB). Er muss also keine weiteren Erklärungen abgeben. Auf diese Folge des Widerrufs-/Rückgaberechts ist der Verbraucher hinzuweisen (§ 358 Abs. 5 BGB). Auch auf diesen Finanzierungsvertrag kommt nun über § 357 BGB **Rücktrittsrecht zur Anwendung** (§ 358 Abs. 4 S. 1 BGB). Allerdings sind weder Zinsen noch Rückabwicklungskosten von dem Verbraucher geschuldet (§ 358 Abs. 4 S. 2 BGB).

101   Praktisch wichtig ist § 358 Abs. 4 S. 3 BGB. Danach tritt der **Darlehensgeber im Verhältnis zum Verbraucher hinsichtlich der Rechtsfolgen des Widerrufs in die Rechtsstellung des Unternehmers** aus dem verbundenen Vertrag ein, wenn die Darlehensvaluta bei Wirksamwerden des Widerrufs dem Unternehmer bereits zugeflossen ist. Dies soll den Verbraucher vor den Gefahren schützen, die die Aufspaltung des Erwerbs in zwei Geschäfte (z. B. Kauf und Darlehen) mit sich bringt. Ist das Darlehen noch nicht ausgezahlt, entsteht dieses Problem ersichtlich nicht, da dann in dem Darlehensverhältnis eine Rückabwicklung nicht erforderlich ist.

102   Nach Auszahlung muss der Verbraucher die Rückabwicklung mit dem Darlehensgeber, also nur mit einem seiner Vertragspartner durchführen. Für den Darlehensgeber ist dies wenig angenehm. Zudem erhält er die Valuta nicht zurück, da er in der ihm aufgedrängten Rolle als Unternehmer diesen Kreditbetrag an den Verbraucher zurückgeben müsste und die beiden Ansprüche saldiert werden können.[50] Der Darlehensgeber bekommt die finanzierte Ware oder Leistung (oder Wertersatz §§ 357 Abs. 1 S. 1, 346 Abs. 2, 3, 357 Abs. 3 BGB), an der er aber regelmäßig kein Interesse hat. Damit **steht der Verbraucher so wie vor dem Geschäft**, zumal er alle Zahlungen, die er an den Unternehmer oder an den Darlehensgeber erbracht hat (Zinsen, Tilgung, Anzahlung aus eigenen Mitteln), von dem Darlehensgeber zurück erhält.

103   Damit stellt sich die Frage, **wie zwischen Darlehensgeber und Unternehmer** eine Güterzuordnung erreicht werden kann, wie sie vor dem Geschäft bestand – wie also der Unternehmer die Ware oder Leistung (oder Wertersatz) erhält und der Darlehensgeber die Valuta. Sofern zwischen beiden ein Vertragsverhältnis besteht, kann dem unter Umständen (im Wege der ergänzenden Auslegung) ein entsprechender Anspruch entnommen werden. In den anderen Fällen hilft man sich mit einer analogen Anwendung von § 358 Abs. 4 S. 3 BGB und sagt, dass der Darlehensgeber nunmehr im Verhältnis zum Unternehmer die Position des Verbrauchers einnehme.[51] Es wird auch vorgeschlagen, dem Darlehensgeber gegen den Unternehmer

---

[50] *Grunewald* JuS 2010, 93, 95; *Habersack* in MünchKommBGB § 358 Rn. 84.

[51] *Grunewald* JuS 2010, 93, 95; *Habersack* in MünchKommBGB § 358 Rn. 89; *Dauner-Lieb* WM 1991, Beilage 6, S. 21.

einen Anspruch nach § 812 Abs. 1 S. 1 BGB (Leistungskondiktion) zu geben, da
ihm die Leistung auf das finanzierte Geschäft zurechenbar sei.[52] Dieses Verständnis liegt aber konträr zu der dem Bereicherungsrecht zu Grunde liegenden Sicht,
dass jeder auf sein Vertragsverhältnis leistet (also der Darlehensgeber auf den Darlehensvertrag mit dem Verbraucher, der Verbraucher auf seinen Vertrag mit dem
Unternehmer) und auch bei der Rückabwicklung jeder an die Person gebunden sein
soll, die er sich als Vertragspartner ausgesucht hat.[53] Auch unterstellt diese Lösung
zudem eine Rechtsgrundlosigkeit der Leistung, obgleich das Gesetz doch nach dem
Widerruf auf das Rücktrittsrecht verweist und gerade nicht das Bereicherungsrecht
für anwendbar erklärt.

b) Einwendungen

Darüber hinaus kann der Verbraucher der Bank **sogar Einwendungen aus dem** **104**
verbundenen Vertrag, also bei einem an der Haustür gekauften Staubsauger etwa
eine Mängeleinrede, aber auch die Einrede der Verjährung[54] oder der Nichtlieferung
(§ 320 BGB), entgegenhalten (§ 359 BGB). Allerdings ist dies, sofern der Verbraucher Nacherfüllung verlangen kann, nur möglich, wenn die Nacherfüllung fehlgeschlagen ist (§ 359 S. 3 BGB). Auch beinhaltet § 359 S. 2 BGB eine Bagatellgrenze:
Wenn weniger als 200 € finanziert wurden, bleibt es bei den allgemeinen Regeln.

Dieser sogenannte **Einwendungsdurchgriff** hilft allerdings nur, wenn der Ver- **105**
braucher die Darlehensschuld noch nicht getilgt hat. Umstritten ist, ob dem Verbraucher nach Tilgung auch ein Rückforderungsrecht gegen den Darlehensgeber
zusteht, falls er einen entsprechenden Anspruch gegen den Verkäufer hat (sogenannter **Rückforderungsdurchgriff**). Die h. M. bejaht dies und wendet § 359 BGB
analog an[55]. Die Rechtsprechung stützt den Durchgriff auf § 813 BGB.[56] Wenn
dem Verbraucher schon bei Begleichung der Rate eine dauernde Einrede gegen den
Darlehensrückzahlungsanspruch zustand (etwa weil der finanzierte Vertrag nichtig
war), kann er das Geleistete in der Tat zurück verlangen. Denn dann passt § 813
BGB direkt. Bei Einreden, die erst später entstanden sind (Rücktritt, Minderung),
liegt die Sache anders. Diese Rechtsbehelfe gestalten das Schuldverhältnis um und
wirken nicht zurück.[57] In diesen Fällen kommt ein Rückforderungsdurchgriff nicht
in Frage. Dieses Ergebnis ist auch sachgerecht, da sich kein Risiko verwirklicht hat,
das gerade auf der Aufspaltung der Verträge beruht.[58] Denn auch wenn er nur den

---

[52] Bamberger/Roth-*Möller* § 358 Rn. 29; *Teufel* JA 2007, 337, 340 f.

[53] Ausführlich *Grunewald*, Bürgerliches Recht, § 31 Rn. 6.

[54] BGH NJW-RR 2005, 415.

[55] Erman/*Saenger* § 359 Rn. 11.

[56] BGHZ 174, 334, 342.

[57] *Habersack* in MünchKommBGB § 359 Rn. 75.

[58] *Grunewald*, Bürgerliches Recht, § 10 Rn. 3; *Looschelders*, Schuldrecht AT, 6. Aufl., Rn. 157;
ablehnend auch BGHZ 174, 334, 342.

finanzierten Vertrag geschlossen und dieser Vertragspartner den Geldbetrag finanziert (etwa den Kaufpreis gestundet) hätte, hätte der Verbraucher das Insolvenzrisiko dieses Vertragspartners getragen.

106   Fall 7

A. Sachverhalt

K kauft bei V auf einer Freizeitveranstaltung einen Pkw und unterschreibt einen Darlehensvertrag mit der B-Bank, den V – wie dies mit B vereinbart ist – aus der Schublade zieht. V soll Darlehensverträge im Namen der B abschließen. So verfährt V auch bei Vertragsschluss mit K. B zahlt das Geld direkt an V. Der Pkw ist fehlerhaft. V verweigert beharrlich jegliche Abhilfe. K zahlt keine Raten mehr an B. B verlangt Bezahlung der fälligen Raten. Was soll K machen?

B. Lösung

Anspruch der B gegen K aus § 488 Abs. 1 S. 2 BGB

a) B könnte gegen V einen Anspruch aus § 488 Abs. 1 S. 2 BGB haben.

Dann müsste zwischen B und K ein entsprechender Darlehensvertrag zustande gekommen sein. Dies ist der Fall, da die Bank B bei Abschluss des Darlehensvertrages durch V vertreten war (§ 164 Abs. 1 BGB).

b) Widerruf nach § 358 Abs. 1, § 358 Abs. 3 S. 2 BGB

Sofern der Kaufvertrag widerrufen wird – was im Grundsatz innerhalb der Frist von § 355 Abs. 1, 2 nach § 312 Abs. 1 S. 1 Nr. 2 BGB möglich ist –, ist K auch an den Darlehensvertrag nicht mehr gebunden, falls diese mit dem Kaufvertrag verbunden ist (§ 358 Abs. 1 BGB). Voraussetzung dafür ist gemäß § 358 Abs. 3 S. 1 BGB, dass das Darlehen der Finanzierung des anderen Vertrages (hier des Autokaufs) dient und beide eine wirtschaftliche Einheit bilden. Da sich B bei Abschluss des Darlehensvertrages des V als ihres Vertreters bedient hat, sind die Voraussetzungen von § 358 Abs. 3 S. 2 BGB erfüllt und folglich eine wirtschaftliche Einheit im Sinne von § 358 Abs. 3 S. 1 BGB gegeben. Sollte K den Kaufvertrag widerrufen, ist er also auch an den Darlehensvertrag nicht mehr gebunden.

c) Einwendungen nach § 359 BGB

K kann B gegenüber die Rückzahlung des Darlehens verweigern, wenn die Voraussetzungen von § 359 BGB erfüllt sind. Wie geklärt sind Kauf und Darlehen ein verbundenes Geschäft im Sinne von § 358 Abs. 3 S. 2 BGB.

Fraglich ist, ob K gegenüber V eine Einwendung hat. K kann gegenüber V eine Mängeleinrede erheben (§§ 434, 320 BGB[59]), da der Pkw fehlerhaft ist.

---

[59] Es ist umstritten, ob die Mängeleinrede auf § 320 BGB beruht oder ob dem entgegen steht, dass nach Gefahrübergang die Regeln von §§ 434 ff. BGB abschließend sind. Unstreitig muss K im Ergebnis nicht zahlen, solange der PKW nicht (im Wesentlichen) mangelfrei ist, Erman/*Grunewald*, Vor § 437 Rn. 7.

Allerdings besagt § 359 S. 2 BGB, dass K zuerst Nacherfüllung von V verlangen muss, ehe er die Einrede der B entgegen halten kann. Nur wenn die Nacherfüllung fehlgeschlagen ist oder verweigert wird (§ 440 BGB), kann er die Einrede gegen B richten. Da V jedes Tätigwerden verweigert, ist dieser Zustand eingetreten und K kann die Mängeleinrede gegenüber B erheben.

E Fernabsatz und elektronischer Geschäftsverkehr

I. Fernabsatz

1. Normzweck der Sonderregeln

Die Sonderregeln für den Fernabsatz tragen der Tatsache Rechnung, dass solche **107** Verträge für den Verbraucher besonders risikoreich sind, da regelmäßig **weder der Vertragspartner noch das Produkt bei Vertragsschluss präsent sind**.[1] Der Verbraucher bestellt oft die „Katze im Sack". Seine einzigen Informationen sind Abbildungen in Katalogen oder auf Internetseiten, deren Authentizität nur schwer überprüfbar ist. Auch eine Beratung durch den Verkäufer findet nicht statt. Selbst wenn sie telefonisch angeboten wird, kann diese den fehlenden unmittelbaren Eindruck durch Anschauen und Anprobieren nicht ersetzen. Damit treffen zwei typische Risikosituationen zusammen: Überrumpelungsgefahren (durch besonders attraktive Kataloginformationen: „Models in Traumgarderobe") und Informationsdefizite auf Seiten des Verbrauchers.

2. Die Fernabsatzrichtlinie

Die deutschen Regeln betreffend den Fernabsatz (§ 312b–d, f BGB) dienen **der 108 Umsetzung der Fernabsatzrichtlinie**[2] und der Richtlinie über den Fernabsatz von Finanzdienstleistungen (oben Rn. 17). Diese wurden zunächst durch das Fernabsatzgesetz von 2000 umgesetzt. Im Rahmen der Schuldrechtsmodernisierung wurden die dortigen Vorschriften ins BGB überführt und mit dem Fernabsatzänderungsgesetz vom 8.12.2004 auf den Fernabsatz von Finanzdienstleistungen ausgedehnt und seither mehrfach angepasst.

---

[1] BGH NJW 2004, 3699, 3700.

[2] 97/7/EG.

B. Grunewald, K.-N. Peifer, *Verbraucherschutz im Zivilrecht*, DOI 10.1007/978-3-642-14421-9_5, © Springer-Verlag Berlin Heidelberg 2010

109   Die letzte Anpassung erfolgt im Zuge der Umsetzung der Verbraucherkreditrichtlinie und durch das Gesetz zur Bekämpfung unerlaubter Telefonwerbung vom
29.7.2009[3]. Im Zusammenhang mit dem zuletzt genannten Gesetz wurden u. a.
die Widerrufsmöglichkeiten der Verbraucher bei Zeitungsabonnement- und Lotte-
riewettverträgen erweitert, wenn diese am Telefon geschlossen worden sind (vgl.
§ 312d Abs. 4 Nr. 3 und 4). Außerdem wurden solche Anrufe im Gesetz gegen den
unlauteren Wettbewerb verboten, sofern der angerufene Verbraucher dieser Form
der Kontaktaufnahme nicht vorher und ausdrücklich zugestimmt hat (§ 7 Abs. 2
Nr. 2 UWG). Unerwünschte Telefonwerbung gilt als unlautere aggressive Verkaufs-
methode. Sie ist verboten. Wer sie dennoch durchführt, dem kann ein Bußgeld von
bis zu 50.000 € auferlegt werden (§ 20 Abs. 1 UWG). Damit der Verbraucher den
Anrufenden dingfest machen kann, ist die Unterdrückung der Rufnummer verboten und sie kann als Ordnungswidrigkeit mit einem Bußgeld belegt werden (§ 102
Abs. 2 mit § 149 Abs. 1 Nr. 17c Telekommunikationsgesetz). Zuständig ist in beiden Fällen die Bundesnetzagentur in Bonn (vgl. einerseits § 20 Abs. 3 UWG und
andererseits § 149 Abs. 3 TKG).

3. Die Schutzinstrumentarien

110   Das Fernabsatzrecht schützt den Verbraucher zunächst wie das Haustürgeschäfte-
recht durch ein **Widerrufsrecht** (§ 312d BGB). Sodann sieht es **Informationspflichten** des Unternehmers vor, um das Informationsgefälle zwischen Unternehmer und
Verbraucher abzubauen (§ 312c BGB). Widerruf und Informationspflichten sind in
§ 312d Abs. 2 BGB miteinander verbunden: Die Widerrufsfrist beginnt nicht vor
Erfüllung der Informationspflichten. Einige weitere Pflichten sind im UWG und im
TKG geregelt und dort eigenständig sanktioniert (siehe Rn. 109).

4. Die Voraussetzungen für die Annahme eines
Fernabsatzgeschäftes

111   Voraussetzung für die Anwendung der §§ 312b ff. BGB ist, dass der Vertrag ohne
gleichzeitige körperliche Anwesenheit der Vertragsparteien zustande gekommen ist,
also die gesamten Vertragsverhandlungen und Erklärungen **ausschließlich unter
Einsatz von Fernkommunikationsmitteln** stattgefunden haben (§ 312b Abs. 1
S. 1 BGB; sogenannte Distanzgeschäfte). Was ein Fernkommunikationsmittel ist,
legt § 312b Abs. 2 BGB fest. Entscheidend ist, dass diese zur Vertragsanbahnung
oder zum Vertragsschluss ohne gleichzeitige körperliche Anwesenheit der Vertragspartner genutzt werden können. Hierzu zählen Briefe, Faxe, Telefon, Email, elekt-

---

[3] BGBl I 2413, Begründung dazu in BR-Drucks. 553/08.

ronische Warenplattformen, Teleshopping und Hörfunk sowie sogenannte Teleme-
diendienste (Internetkommunikationsdienste). Der Einsatz von Boten steht der Annahme eines Fernabsatzgeschäftes nur dann entgegen, wenn dieser Bote Auskünfte
über Vertragspartner und Vertragsgegenstand geben kann, da dann der Schutzzweck
der Norm nicht einschlägig ist.[4]

Fernabsatz liegt nur vor, wenn alle vertragsrelevanten Handlungen und der Ver- **112**
tragsabschluss selbst unter Einsatz von Fernkommunikationsmitteln erfolgen.

Weiter ist erforderlich, dass der Unternehmer seinen **Vertrieb generell auf diesem Wege organisiert** hat (§ 312b Abs. 1 S. 1 BGB).[5] Damit soll verhindert werden, dass die ausnahmsweise telefonische Bestellung (der kranke Kunde ruft beim
Supermarkt an), bereits zum Fernabsatzgeschäft wird. Dies ändert sich, wenn der
Unternehmer in der Werbung oder anderenorts auf die Möglichkeit einer telefonischen oder elektronischen Bestellung hinweist.[6] Dann sind die Bestimmungen
über den Fernabsatz anwendbar, da der Vertragsabschluss im Rahmen eines entsprechend organisierten Vertriebsnetzes erfolgt.

Traditionelle **stationäre Handelsformen** (Ladengeschäft) sind nicht schon **113**
deshalb Fernabsatzvertriebsorganisationen, weil sie über Fernkommunikationsmittel abgewickelt werden. Die telefonische Terminvereinbarung beim Arzt oder
beim Friseur betrifft also selbst dann noch keine Fernabsatzorganisation, wenn
die betreffenden Unternehmer ihre Leistung stets telefonisch vereinbaren. Hier
kann man nicht mit dem Wortlaut von § 312b BGB, wohl aber mit dem Zweck der
Vorschriften argumentieren. Zwar wird man in der Regel mit Terminvereinbarung
schon einen Arzt- oder Friseurdienstleistungsvertrag abgeschlossen haben. Doch
fehlt bei diesen Verträgen die typische Fernabsatzsituation, weil die Leistung
selbst in jedem Fall unter persönlichem Kontakt der Vertragsparteien abgewickelt
wird.[7]

In § 312b Abs. 3 BGB sind einige **Ausnahmen genannt**, in denen die Regeln **114**
über Fernabsatzverträge keine Anwendung finden, weil entweder Sonderregeln auf
diesem Feld bestehen (Fernunterricht nach dem sogenannten Fernunterrichtsgesetz,
Wohnungsteilzeitnutzungsrechte nach § 481 ff. BGB, Versicherungsverträge nach
dem Versicherungsvertragsgesetz, §§ 8, 152 VVG) oder die Vorschriften über den
Fernabsatz als nicht angemessen angesehen werden. Der letztgenannte Fall betrifft
etwa die Lieferung verderblicher Lebensmittel oder das Catering für eine private
Party. Hier wäre es in der Tat kaum angebracht, dem Unternehmer zuzumuten, das
gelieferte Buffet wieder mitzunehmen, weil der Kunde zu wenig Gäste auf seiner
Party vorfindet und daher den Widerruf erklärt.

§ 312b BGB erfasst nur Verträge zwischen **Unternehmer und Verbraucher**, **115**
also nicht reine Unternehmerverträge und reine Verbrauchergeschäfte.

---

[4] BGH NJW 2004, 3699, 3700.

[5] Der Entwurf einer Europäischen Verbraucherrechtsrichtlinie möchte dieses Erfordernis aufgeben, vgl. Art. 2 As. 6 Entwurf RL (oben Rn. 18).

[6] *Kamanabrou* WM 2000, 1417, 1421; *Lorenz* JuS 2000, 833, 838.

[7] A.A. *Bülow/Arzt* Rn. 186.

5. Rechtsfolgen

a) Informationspflichten (§ 312c BGB)

116   § 312c BGB bestimmt, dass der Unternehmer dem Verbraucher bestimmte Informationen zukommen lassen muss. Für die **Pflichten vor Vertragsschluss** verwies § 312c Abs. 1 BGB a. F. bisher auf die sog. BGB-Informationsverordnung. Seit dem 11.6.2010 ist der dortige Katalog in ein formelles Gesetz überführt worden. Er findet sich nun in Art. 246 §§ 1 und 2 des EGBGB (siehe oben Rn. 87). Die hier genannten Informationen müssen dem Verbraucher „rechtzeitig vor Abgabe von dessen Vertragserklärung ... klar und verständlich ... zur Verfügung" gestellt werden (Art. 246 § 1 EGBGB). Der Katalog enthält umfangreiche Angaben, deren Zweck darin besteht, die Nachteile des Ferngeschäfts zu kompensieren (z. B. Identität des Unternehmers, wesentliche Merkmale der Ware, Preis, Mindestlaufzeit des Vertrages, Kündigungsmöglichkeiten etc.). Genannt wird auch das Widerrufs-/Rückgaberecht (Art. 246 § 1 Nr. 10 EGBGB). Auch müssen die Rechtsfolgen des Widerrufs/ Rückgabe genannt werden. Werden diese vorvertraglichen Pflichten nicht erfüllt, gilt in Bezug auf das Widerrufsrecht die allgemeine Regel des § 355 BGB. In Bezug auf die anderen Informationspflichten bestehen jedenfalls Schadensersatzansprüche nach §§ 280 Abs. 1, 241 Abs. 2, 311 Abs. 2 BGB.[8]

117   Da eine **Belehrung über das Widerrufsrecht in Textform (§ 126b BGB) vor Vertragsschluss** insbesondere bei Internetauktionen schwierig ist (das Angebot auf der Internetauktionsplattform ist bereits rechtsverbindlich und muss nur noch durch den Bietenden angenommen werden[9]) und die Voraussetzungen der Textform[10] nicht erfüllt sind, wenn die Belehrung nur in allgemeiner Form auf der Homepage eingestellt wird[11], betrug die Widerrufsfrist wegen der verspäteten Belehrung in der Vergangenheit (d. h. vor dem 11.6.2010) meist einen Monat (§ 355 Abs. 2 S. 2 BGB). Dem soll nun durch eine Neufassung in § 355 Abs. 2 S. 2 BGB abgeholfen werden: Bei Fernabsatzverträgen steht nun u. U. eine unverzüglich nach Vertragsschluss in Textform (§ 126 BGB) mitgeteilte Widerrufsbelehrung einer solchen bei Vertragsschluss gleich[12]. Unverzüglich heißt, dass die Belehrung in der Regel spätestens am Tag nach der Bestellung versendet werden muss[13].

118   Für die **Pflichten nach Vertragsschluss** greift § 312c Abs. 1 BGB mit Art. 246 § 2 EGBGB ein. Diese sind in Textform (Art. 246 § 2 Abs. 1 EGBGB) zu erfüllen, damit der Verbraucher ein Beweismittel zur Hand hat. Das Gesetz unterscheidet hier Verträge über Finanzdienstleistungen oder auf Verlangen des Verbrauchers

---

[8] Dazu *Oechsler* NZG 2008, 386.

[9] BGHZ 149, 129 = NJW 2002, 363.

[10] *Jauernig* § 126 b Rn. 2.

[11] Siehe KG NJW 2006, 3215, 3217; OLG Hamm ZIP 2007, 824, 825.

[12] Dazu *Brauch*, FS v. Westphalen, 2010 S. 31 ff.

[13] So die Gesetzesbegründung im Anschluss an die Positionen von *Wendehorst* in Münch-KommBGB, 5. Auflage, § 312c, Rn. 128; Staudinger/*Thüsing*, § 312c, Rn. 50.

telefonisch geschlossene Verträge von sonstigen Geschäften. Im Regelfall des Warenkaufs sind die Vertragsbestimmungen und die AGB „alsbald, spätestens bis zur vollständigen Erfüllung des Vertrags, bei Waren spätestens bis zur Lieferung an den Verbraucher" zu übermitteln. Damit den Informationspflichten auch nachgekommen wird, muss ihre Nichterfüllung sanktioniert werden. Die Lösung der §§ 312b ff.BGB geht dahin, dass der Vertrag länger als in § 355 Abs. 2 BGB vorgesehen (14 Tage) in der Schwebe gehalten wird. Dafür sorgt § 312d Abs. 2 BGB: Erfüllt der Unternehmer seine Informationspflichten nach Vertragsschluss nicht, so beginnt die Widerrufsfrist auch nicht zu laufen. Allerdings folgt hieraus keine ewige Widerrufsmöglichkeit, denn hier gilt – anders als bei fehlender oder nicht ordnungsgemäßer Widerrufsbelehrung – § 355 Abs. 4 S. 1, 2 BGB, wonach 6 Monate nach Vertragsschluss bzw. Lieferung der Sache das Widerrufsrecht erlischt (Ausnahme: § 355 Abs. 4 S. 3 2. Hs. BGB für Finanzdienstleistungen, weitere Erlöschensgründe für das Widerrufsrecht bei Dienstleistungen in § 312d Abs. 3 BGB).

Überdies ist die Nichterfüllung von Informationspflichten eine Leistungsstörung **119** im Sinne von §§ 280 Abs. 1, 311 Abs. 2, 241 Abs. 2 BGB (oben Rn. 86).[14]

b) Das Widerrufsrecht

Da der Verbraucher beim Fernabsatz die Ware erst spät zu Gesicht bekommt und **120** erst dann beurteilen kann, ob sie auch seinen Erwartungen entspricht, räumt das Gesetz ihm ein Widerrufsrecht nach §§ 312d Abs. 1 S. 1, 355 BGB ein. Dieses kann durch ein Rückgaberecht (§ 356 BGB)[15] ersetzt werden (§ 312d Abs. 1 S. 2 BGB, oben Rn. 89). Das Widerrufsrecht besteht selbst in Fällen, in denen der zugrundeliegende Fernabsatzvertrag sittenwidrig und damit nichtig ist und sogar, wenn der Verbraucher auf die Sittenwidrigkeit des Vertrages hingewiesen wurde (so beim Fernkauf eines Radarwarngerätes, das in Deutschland nicht benutzt werden darf).[16] Dem kann man entnehmen, dass auch im Übrigen der Fernabsatzvertrag nicht wirksam sein muss. Das Verbraucherschutzrecht geht hier vielmehr streng formalistisch und objektiv vor.

§ 312d Abs. 4 BGB nennt **Ausnahmen von dem Widerrufsrecht**. Nach § 312d **121** Abs. 4 Nr. 1 BGB besteht bei auf **Kundenspezifikationen angefertigter Ware** kein Widerrufsrecht. Auf diese Weise wird der Unternehmer davor geschützt, Waren zurücknehmen zu müssen, welche er zunächst eigens für den Kunden angefertigt hat und nicht mehr selbst benutzen oder weiterveräußern kann. Daher ist bei der Feststellung, ob diese Ausnahme vorliegt, entscheidend, ob der Unternehmer die Ware nach Rücksendung durch den Kunden noch weiter verwerten kann. Dies ist beispielsweise nicht völlig ausgeschlossen, wenn eine Ware zwar auf Wunsch des Kunden zusammengebaut wurde, der Auseinanderbau und die Weiterverwertung aber möglich sind.

---

[14] Siehe oben § 4 Rn. 89; BGH NJW 2006, 1971.

[15] Siehe § 4 Rn. 89.

[16] BGH NJW 2010, 610.

122   § 312d Abs. 4 Nr. 1 BGB ordnet des Weiteren an, dass auch dann kein Widerrufsrecht besteht, wenn die Ware auf Grund ihrer **Beschaffenheit nicht für eine
Rücksendung geeignet** ist. Die Norm löst viele Probleme aus. Leitgedanke ist,
dass hierunter Waren fallen sollen, deren Rücknahme aus Unternehmersicht unzumutbar ist. Verderbliche Waren sind bereits im Gesetz genannt, aber auch sonstige
Lebensmittel können darunter fallen, ferner Arzneimittel, Unterwäsche, Bademo-
den oder geöffnete Parfumflaschen oder Deoroller.[17] Allzu viele Hinweise aus der
Rechtsprechung hierzu gibt es nicht.[18] Die Praxis ist derzeit eher großzügig und
versucht, durch besondere Hinweise zum Erstgebrauch das Problem zu begrenzen.

Der BGH hat dem EuGH die Frage vorgelegt, ob unter diese Ausnahme auch
Strom- und Gaslieferungsverträge fallen[19]. Vom Wortlaut her betrachtet wird
man das eher verneinen, da diese Güter leitungsgebunden und zum sofortigen Verbrauch bestimmt sind. Auf der anderen Seite liegt der Sinn der Norm eher darin,
den Unternehmer vor einem unzumutbaren Widerruf zu bewahren. Im deutschen
Recht wäre der Widerruf einem Strom- oder Gaslieferanten durchaus zumutbar, da
das über § 357 Abs. 1 S. 1 BGB anwendbare Rücktrittsrecht zu einem gegen den
Verbraucher gerichteten Anspruch auf Wertersatz (§ 346 Abs. 2 S. 1 Nr. 2 BGB)
führt. Doch ist wiederum unklar, ob diese Regelung nicht ihrerseits den Verbraucher
stärker belastet als es die Fernabsatzrichtlinie gestattet.[20] Jedenfalls ist zu klären, ob
die Unzumutbarkeit durch die Wertersatzpflicht beseitigt wird.

123   Aufgrund der vielen unbemerkbaren Möglichkeiten, eine Raubkopie von **Daten-
trägern** anzufertigen, werden diese zum größten Teil versiegelt geliefert. Um den
Unternehmer davor zu schützen, dass jeder die Ware bestellt, vervielfältigt und danach den Vertrag widerruft und rückabwickelt, ist das Widerrufsrecht nach § 312d
Abs. 4 Nr. 2 BGB ausgeschlossen, wenn der gelieferte Datenträger entsiegelt wurde. Nicht ganz unproblematisch ist allerdings, wann eine Versiegelung vorliegt.
Bisher ging die Praxis davon aus, dass auch das Einschweißen einer CD in eine
Klarsichtfolie dazu genügt. Das OLG Hamm hat allerdings den Standpunkt einge-
nommen, dass eine Cellophan-Verpackung aus Sicht des Verbrauchers kein Siegel
darstelle, weil sie auch dem Schutz vor Staub und Kratzern dienen könne.[21] Daher
hilft künftig für den Fernabsatzhändler nur ein deutlicher Hinweis auf der Folie,
dass das Öffnen der Folie den Widerruf ausschließt.

124   § 312d Abs. 4 Nr. 3 BGB soll verhindern, dass **Zeitungen, Zeitschriften oder
Illustrierte** gelesen und dann zurückgesandt werden. Daher gibt es auch hier kein

---

[17] Vgl. die anschaulichen Beispiele bei *Becker/Föhlisch* Von Dessous, Deorollern und Diabetes-
streifen, NJW 2008, 3751.

[18] Zum Widerruf von Medikamentenkäufen im Versandhandel („Doc Morris") AG Köln NJW
2008, 236 (Widerruf möglich, da jedenfalls Fertigarzneimittel wiederverkäuflich seien) mit zutref-
fend ablehnender Bspr. *Mand* NJW 2008, 190, 191 (dort auch zur Abgrenzung zwischen privater
und gesetzlicher Krankenversicherung, die Einfluss auf das Ergebnis haben kann).

[19] BGH NJW 2009, 2240. Zu diesem Prozess *Scholl* ZGS 2009, 299. Er wird beim EuGH geführt
unter dem Aktenzeichen C-146/09.

[20] Siehe die Schlussanträge der Generalanwältin ZGS 2009, 169 ff.

[21] OLG Hamm, Urt. v. 30.3.2010 – 4 U 212/09; a.A. *Micklitz/Tonner*, Vertriebsrecht. Handkommentar, 2002, § 312d Rn. 32.

Widerrufsrecht im Fernabsatz, sofern nicht der Verbraucher seine Vertragserklärung telefonisch abgegeben hat[22]. § 312d Abs. 4 Nr. 4 BGB schließt ein Widerrufsrecht bei **Wett- und Lotteriedienstleistungen** aus, damit nicht bei einem Misserfolg des Loses der Lotterievertrag widerrufen werden kann (Ausnahme wieder, wenn der Verbraucher seine Vertragserklärung telefonisch abgegeben hat[23]). Die beiden Ausnahmen für telefonisch geschlossene Verträgen wurden nachträglich in das Gesetz eingefügt, um aufgetretene besonders aggressive Praktiken des Direkttelefonmarketings gerade bei Zeitschriften- und Zeitungsabonnements sowie Lotteriespielverträgen zu begrenzen.[24] Erklärungen zu solchen Verträgen müssen künftig von Verbrauchern schriftlich abgegeben werden und können noch widerrufen werden. Das Telefonmarketing wird damit jedenfalls erheblich erschwert. Verbraucherschützer sind mit dem Ergebnis nicht ganz zufrieden. Sie hätten es vorgezogen, dass durch vom Verbraucher unerwünschtes Telefonmarketing angebahnte Verträge erst durch schriftliche Bestätigung wirksam werden. Die nun umgesetzte Widerrufslösung erfordert hingegen eine Initiative des Verbrauchers, um die Bindung wieder zu lösen.

Um den Sinn von **Auktionen** nach § 156 BGB nicht zu unterlaufen, können die- **125** se nach § 312d Abs. 4 Nr. 5 BGB ebenfalls nicht widerrufen werden. Erfasst sind nur die klassischen Auktionen. Internetauktionen wie eBay fallen nicht unter den Begriff der Auktion im Sinne von § 156 BGB.[25] Es fehlt an einem Zuschlag, der den Vertragsschluss herbeiführen würde.[26] Ausgeschlossen ist der Widerruf auch bei **Finanzdienstleistungen**, die kurzfristigen Kursschwankungen unterliegen (§ 312d Abs. 4 Nr. 6 BGB). Das betrifft etwa Online-Börsengeschäfte, bei denen das Risiko besteht, dass das Kursrisiko auf den Unternehmer abgewälzt wird. § 312d Abs. 3 BGB privilegiert telekommunikationsgestützte Dienste im Sinne des TKG etwa Mehrwertdienste, also 0900-Nummern[27], die noch während des Telefonats/der Telefaxverbindung vollständig erbracht wurden[28].

Die **Widerrufsfrist** beginnt selbst bei ordnungsgemäßer Belehrung nicht vor **126** Erfüllung der geschilderten Informationspflichten (oben Rn. 116) und, wenn es um die Lieferung von Waren geht, nicht vor dem Eintreffen der Ware (§ 312d Abs. 2 Satz 1 BGB mit Art. 246 § 2 Abs. 1 Nr. 2 EGBGB).[29] Auf diese Weise wird sichergestellt, dass der Kunde die Leistung ungebunden überprüfen kann. Für Dienstleis-

---

[22] So die Neufassung der Norm.

[23] So die Neufassung der Norm.

[24] Dem Justizministerium lag eine Untersuchung des Forsa-Instituts aus dem Jahr 2007 vor, wonach 53% der unbestellten Werbeanrufe von Unternehmen der Lotteriebranche und 25% aus dem Bereich Zeitungen und Zeitschriftenabonnementwerbung stammten.

[25] Diese könnte sich ändern, wenn der Entwurf einer Europäischen Verbraucherrichtlinie in der jetzigen Fassung umgesetzt wird, dort ist der Begriff der Auktion in Art. 2 Abs. 15 sehr viel weitergehend definiert, so dass auch Online-Auktionen darunter fallen, vgl. zum Entwurf oben Rn. 18.

[26] BGHZ 154, 239; NJW 2005, 53, 54; kritisch *Braun* JZ 2008, 330.

[27] *Alexander* JuS 2009, 1070, 1072, oft würde dann das Widerrufsrecht – so es bestehen würde – nach Abs. 3 erlöschen.

[28] *Köhler* NJW 2009, 2570.

[29] Dazu Übungsfall bei *Blasek* JA 2007, 585.

tungen bestimmt § 312d Abs. 3[30] BGB, dass das Widerrufsrecht auch erlischt, wenn der Vertrag von beiden Seiten auf ausdrücklichen Wunsch des Verbrauchers vollständig erfüllt ist. Für Dauerschuldverhältnisse kommt dieser Absatz wohl kaum in Frage (etwa am Telefon vereinbarter Tarifwechsel für Telefondienstleistungen), da dort bereits die Leistungserbringung (allein mit der Freischaltung des neuen Tarifs) noch nicht vollständig erfolgt ist[31]. Hier besteht also ein Widerrufsrecht, allerdings auch eine Wertersatzpflicht, wenn das Recht ausgeübt wird (§ 312d Abs. 6 BGB), sofern der Unternehmer auf diese Pflicht vorher hingewiesen hat.

Aber auch bei **Einmaldienstleistungen**, bei denen der Verbraucher etwa im Internet ein individuelles Horoskop abfragt und erhält, hat sich die Rechtslage verbraucherfreundlich geändert. Bisher kam dann ein Widerruf nicht mehr in Betracht, wenn die Dienstleistung mit der Ausführung mit ausdrücklicher Zustimmung des Verbrauchers begonnen hatte. Helfen konnte man dem Verbraucher dann nur, wenn der Anbieter nicht klargestellt hatte, dass die Leistung entgeltpflichtig war. Dann nämlich konnte und kann es bereits an einer wirksamen Vertragserklärung des Verbrauchers fehlen („Kostenfallen im Internet", oben Rn. 15). Nur sehr selten wird der Verbraucher einwenden können, dass der Mehrwertdienst so überteuert war, dass § 138 BGB die Vereinbarung nichtig macht. Bei den sonstigen Fällen hilft der zitierte § 312d Abs. 3 BGB, denn das Widerrufsrecht erlischt nun erst, wenn der Vertrag auf ausdrücklichen Wunsch des Verbrauchers **von beiden Seiten erfüllt** ist (§ 312d Abs. 3 BGB)[32]. Daher muss der Verbraucher, wenn er schon die „Katze im Sack bestellt", die Leistung selbst zunächst bezahlen, um das Widerrufsrecht zum Erlöschen zu bringen. Anders ist es nur, wenn die Leistung über einen Telefonmehrwertdienst angeboten wird (0900-Nummer), z. B. wenn der Verbraucher ein einmaliges R-Gespräch bei einem Telefondienstleister bestellt.[33] Hier schließt § 312d Abs. 4 Nr. 7 BGB das Widerrufsrecht aus. Im Übrigen ist der Widerruf auch bei einseitig erbrachten Dienstleistungen noch möglich. Der Unternehmer wird allerdings dadurch geschützt, dass der Verbraucher ihm Wertersatz für eine schon (teilweise oder vollständig) erhaltende Dienstleistung entrichten muss, sofern der Unternehmer auf diese Rechtsfolge vorher in Textform (§ 126b BGB) hingewiesen hat (§ 312d Abs. 6 mit § 355 Abs. 1 Satz 2) und der Verbraucher seinerseits ausdrücklich zugestimmt hat, dass der Unternehmer mit der Ausführung der Dienstleistung beginnt.

127   Die Rechtsfolgen des Widerrufs bestimmen sich nach **Rücktrittsrecht** (§§ 312d Abs. 1 S. 2, 356 Abs. 1, 357 Abs. 1 S. 1, 346 BGB). Für die Kosten der Rücksendung enthält § 357 Abs. 2 S. 3 BGB eine Sonderregel, nach der der Verbraucher unter den dort genannten Umständen mit diesen Kosten belastet werden kann („40-Euro-Klausel"). Wichtig ist, dass diese Kosten „vertraglich auferlegt" wer-

---

[30] In der Neufassung des Gesetzes zur Bekämpfung unerlaubter Telefonwerbung und zur Verbesserung des Verbraucherschutzes bei besonderen Vertriebsformen, dazu *Buchmann/Majer/Hertfelder/Vögelein* NJW 2009, 3189, 3191; *Mankowski/Siemonsen* MMR 2009, 515.

[31] *Alexander* JuS 2009, 1070, 1071.

[32] Diese Regelung galt vorher nur für Finanzdienstleistungen.

[33] Zum R-Gespräch BGH NJW 2006, 1971.

den dürfen. Eine bloß einseitige Bestimmung genügt daher nicht. Wer diesen Umstand in der Widerrufsbelehrung unrichtig darstellt, der klärt fehlerhaft auf, was wiederum Auswirkungen auf den Beginn der Widerrufsfrist hat (oben Rn. 126). In den AGB der Versender findet sich überdies oftmals eine Klausel, nach der der Verbraucher auch die Kosten der Zusendung zu tragen hat (**„Hinsendekosten"**).[34] Eine solche Regelung verstößt aber gegen Art. 6 Abs. 2 S. 2 der Fernabsatzrichtlinie.[35] Danach dürfen dem Verbraucher als einzige Kosten die der Rücksendung auferlegt werden.[36]

Unklarheit herrscht auch noch darüber, unter welchen Voraussetzungen der Verbraucher **Wertersatz für gezogene Nutzungen** zahlen muss. Nach §§ 357 Abs. 1 S. 1, 346 Abs. 1, Abs. 2 Nr. 1 ist dies eigentlich klar der Fall. Auch bei Dienstleistungen sieht § 312d Abs. 6 BGB generell eine solche Wertersatzpflicht vor, wenn der Verbraucher auf sie hingewiesen wurde[37]. Allerdings hat der EuGH[38] entschieden, dass die Fernabsatzrichtlinie einer nationalen Regelung entgegen steht, nach der der Unternehmer vom Verbraucher generell Wertersatz für die Nutzungsmöglichkeit verlangen kann. Dies wird damit begründet, dass nach Art. 6 Abs. 1 S. 2, Abs. 2 S. 2 der Richtlinie dem Verbraucher nur die Kosten der Rücksendung der Ware auferlegt werden können. Im Übrigen soll der Nutzer die Leistung gefahrlos ausprobieren können. Allerdings sagt das Urteil auch, dass ein angemessener Wertersatz in Fällen gefordert werden könne, in denen der Verbraucher die Ware auf eine mit den Grundsätzen des bürgerlichen Rechts unvereinbare Weise genutzt habe. Was das heißen soll, ist unklar. Ist bereits das Fordern von Wertersatz für die bloße Möglichkeit der Nutzung richtlinienwidrig?[39] Oder kann auch dann Nutzungsersatz nicht verlangt werden, wenn die Sache tatsächlich genutzt wurde?[40] Auch fragt sich, ob die Regelung von § 357 Abs. 3 S. 1 BGB (Wertersatz für die Ingebrauchnahme) richtlinienkonform ist[41]. Keinesfalls darf es dem Unternehmer möglich sein, auch einen Gewinnanteil für die Nutzung der Sache durch den Verbraucher zu beanspruchen (wichtig bei der Inanspruchnahme von Telefonmehrwertdiensten). Der Wertersatz darf also nicht höher sein als der objektive Gebrauchswert der Nutzung einer Sache oder Leistung.[42]

128

---

[34] Der Entwurf einer Europäischen Verbraucherrichtlinie sieht vor, dass diese Kosten auch dem Verbraucher auferlegt werden dürfen, vgl. Erwägungsgrund Nr. 30, zum Entwurf oben Rn. 18.

[35] *Eichelberger* VuR 2008, 167, 169; *Hilbig* MMR 2009, 300 (mit instruktiver Darstellung der schuldrechtlichen Grundlagen des Anspruchs auf Erstattung von Vertragskosten).

[36] So EuGH, Urt. v. 15.4.2010 – C-511/08 Anm. *Bauerschmidt/Harnos* EuZW 2010, 434 und *Faust* JuS 2010, 640; auf Vorlage von BGH NJW 2009, 66; vgl. auch OLG Karlsruhe MMR 2008, 46 m. Anm. *Würdinger/Ringshandel.*

[37] Das soll aber nur gelten „soweit" die Dienstleistung in Anspruch genommen wurde, AG Berlin-Mitte CR 2009, 265.

[38] NJW 2009, 3015, dazu Bauerschmidt/Harnos ZGS 2010, 202; *Schinkels* ZGS 2009, 539.

[39] So *Faust* JuS 2009, 1049, 1052.

[40] So *Schirmbacher* BB 2009, 2165

[41] Verneint von *Faustmann* ZGS 2009, 502.

[42] Zum Wertersatz bei Widerruf eines im Fernabsatz geschlossenen Autokaufs *Bernhard* MDR 2009, 241. Zum Wertersatz nach Widerruf eines Partnervermittlungsvertrages BGH ZIP 2010, 1084.

6. Fernabsatzrecht und Minderjährigenschutz

129 Wenn Minderjährige Bestellungen im Fernabsatz aufgeben, stellen sich zunächst keine besonderen Probleme, denn Verträge im Fernabsatz sind selbstverständlich auch nur wirksam, wenn die gesetzlichen Vertreter in den Vertragsschluss einwilligen oder ihn nachträglich genehmigen (§ 108 BGB). Der „Taschengeldparagraph" wird zu einem wirksamen Vertrag auch nur führen, wenn der Minderjährige seine Leistung bewirkt, also bezahlt hat. Dazu kommt es vielfach bereits deswegen nicht, weil der Minderjährige über keine unbaren Zahlungsmittel wie Kredit- oder Scheckkarten verfügt, die er zur direkten Bezahlung einsetzen kann. Gibt der Minderjährige die Kreditkartendaten seines gesetzlichen Vertreters ein, so führt das nicht dazu, dass der Minderjährige die Leistung aus Mitteln bewirkt, die ihm überlassen wurden. Ein Vertragsschluss mit Wirkung für den gesetzlichen Vertreter scheidet ersichtlich aus, nicht einmal eine Anscheinsvollmacht kommt in Betracht.

130 Zwei Lücken verbleiben: Zunächst kann der Minderjährige eine Leistung etwa dadurch bewirken, dass er sie mit einem Prepaid-Handy, das ihm seine Eltern in aufgeladener Form zur Verfügung gestellt haben, abruft (z. B. einen Handy-Klingelton).[43] Zum anderen kann eine Leistung telefonisch in Anspruch genommen und über die Telefonrechnung des Anschlussinhabers bezahlt werden. Einen solchen Falle hatte der BGH zu entscheiden[44]: Die 16-jährige Tochter der Anschlussinhaberin hatte R-Gespräche entgegengenommen, die der Freund der Tochter durch Anwahl einer 0800-Nummer ausgelöst hatte. Die Tochter hatte durch Tastendruck auf dem Telefongerät in die Entgegennahme der Gespräche eingewilligt und hierdurch die Dienstleistung veranlasst. Es entstanden insgesamt Kosten in Höhe von 593 €. Die Anschlussinhaberin verweigerte die Bezahlung. In der Tat kommt eine Verpflichtung nur in Betracht, wenn eine wirksame Genehmigung oder eine Stellvertretung vorliegt. Daran aber fehlt es, die Stellvertretung könnte nur als Anscheinsvollmacht konstruiert werden. Doch liegt allein darin, dass ein Telefonanschluss eingerichtet wird, noch kein Rechtsschein dafür, dass auch Minderjährige diesen Anschluss zur Entgegennahme von entgeltpflichtigen Leistungen nutzen können. Im Ergebnis hilft diese rechtsgeschäftliche Argumentation jedoch nicht. Eine telekommunikationsrechtliche Spezialnorm (§ 45i Abs. 4 Telekommunikationsgesetz) sorgt nämlich dafür, dass der Kunde eines Telefondienstvertrages auch für Gespräche haftet, die Dritte von seinem Anschluss führen.[45] Kommt es auf diese Weise zu einer Verpflichtung des Anschlussinhabers, so hilft auch der Widerruf nicht, denn nach § 312d Abs. 4 Nr. 7 BGB gibt es ein Recht hierzu bei sofort in Anspruch genommenen TK-Mehrwertdienstleistungen nicht (oben Rn. 126).

---

[43] So AG Düsseldorf vom 02.08.2006 – 52 C 17756/05 m. Anm. *Rössel* ITRB 2007, 37.

[44] BGH NJW 2006, 1971 m. Bspr. *Zagouras* NJW 2006, 2368; ferner *Schütz/Gostomzyk* MMR 2006, 7.

[45] Der BGH hatte es noch mit der inhaltsgleichen Vorgängernorm in § 16 Abs. 3 der Telekommunikationskundendienstverordnung (TKV) zu tun.

II. Elektronischer Geschäftsverkehr

Zum Fernabsatz gehört oft (aber nicht stets) auch der sog. „elektronische Geschäfts- **131** verkehr". **Im Unterschied zum gewöhnlichen Fernabsatz (Versandhandel) ist hier der Bestellvorgang und Vertragsschluss selbst automatisiert** (z. B. One-Click-Bestellung bei Buchkäufen im Netz). Der Verbraucher kommuniziert nicht mit mehr direkt mit Menschen (durch Brief, Fax oder Email), sondern er wickelt den Kaufvorgang über Online-Handwerkzeuge ab. Der Gebrauch solcher Handwerkzeuge erzeugt naturgemäß Unsicherheiten und Probleme: Ist die Bestellung nach dem Klick angekommen? Ist sie so angekommen, wie der Verbraucher sie abgesendet hat? Gibt es nach Eingabe einer Bestellung noch die Möglichkeit, die Eingabemaske zu korrigieren, z. B. wenn man sich bei der Angabe der Bestellmenge vertippt hat (10 Blusen statt 1 Bluse)?

§ 312e BGB legt daher für den **automatisierten Geschäftsverkehr ergänzen-** **132** **de Pflichten** fest, die ein Unternehmer im elektronischen Geschäftsverkehr einzuhalten hat. § 312e Abs. 1 Nr. 2 BGB i V m Art. 246 § 3 EGBGB nennt solche Informationspflichten, deren Einhaltung das Vertrauen in den E-Commerce stärken soll. Der Käufer muss allerdings hierbei nicht unbedingt Verbraucher sein (vgl. den Wortlaut von § 312e BGB). Die Norm greift aber nur ein, wenn ein Unternehmer verkauft und dieser beim Vertragsschluss (zusätzlich oder ausschließlich) einen Tele- oder Mediendienst (Email, nicht Telefon oder Brief[46]) einsetzt. Sofern allerdings die Verhandlungen per Email geführt werden, ohne dass auf ein elektronisch präsentiertes Angebot des Unternehmers zurückgegriffen wird, greift § 312e BGB nicht, da dann die der Norm zugrundeliegende Interessenlage (Vorteil des Unternehmers durch Vorbereitung einer elektronischen Kommunikation) nicht gegeben ist (§ 312e Abs. 2 S. 1 BGB).[47] Wer den Verkauf über das Netz nur anbahnt, ihn aber dann in der realen Welt erfüllt (z. B. Autokauf über ein Gebrauchtwagenportal), bewegt sich ebensowenig im E-Commerce, übrigens auch nicht im Fernabsatz, denn der Vertrag wird in der realen Welt und nicht über Distanz geschlossen.

Die Durchsetzung der besonderen Informationspflichten erfolgt auf verschiede- **133** nen Wegen. Zum einen ist die **Erfüllung der Informationslasten eine Pflicht im Sinne von § 280 Abs. 1 BGB.** Wer sie als Unternehmer verletzt, schuldet ggf. Schadensersatz nach §§ 280 Abs. 1, 241 Abs. 2, 311 Abs. 2 BGB. Der Schaden kann auch darin liegen, dass der Vertrag bei Erfüllung der Informationspflichten nicht geschlossen worden wäre, und somit zu einem Aufhebungsanspruch über § 249 Abs. 1 BGB führen. Die Kausalität der Information für die Bereitschaft zum Vertragsschluss wird in anderen Bereichen des Verbraucherschutzes zunehmend vermutet.[48] Die Rechtsliteratur sieht das allerdings im Bereich des elektronischen Geschäfts-

---

[46] Erman/*Saenger* § 312e Rn. 11.

[47] *Bülow/Artz* Rn. 204.

[48] So in Fällen der Anlageberatung und Anlagevermittlung BGH NJW-RR 2006, 685 Tz. 24 und 28.

verkehrs nicht zu Unrecht noch zurückhaltend,[49] weil man hier nicht ohne Weiteres vermuten kann, dass elektronische Vertragsschlusshilfen auch Auswirkungen auf die inhaltliche Bereitschaft zum Abschluss eines konkreten Geschäfts haben.

Hinzu kommt, dass die Erfüllung der Informationspflichten den Beginn einer (etwa wenn ein Widerruf nach § 312d BGB möglich ist) Widerrufsfrist beeinflusst (§ 312e Abs. 3 S. 2 BGB). Schließlich kann die Nichterfüllung solcher Pflichten durch Verbraucherverbände gerügt werden (insbesondere aufgrund einer Unterlassungsklage nach §§ 4 Nr. 11, 8 Abs. 3 Nr. 3 UWG).

Fall 8

134 **A. Sachverhalt**[50]
Kuno bestellt online am 20.10. gegen 8 Uhr bei dem Elektronikversandhändler B ein Notebook im Baukastensystem nach einzelnen Vorgaben, die K selbst anhand des Onlinekatalogs zusammenstellt. Für die Gesamtbestellung addiert B einen Kaufpreis in Höhe von 5.000 €. Vereinbart wird – ebenfalls online –, dass K 50 % durch Nachnahme zahlt und den Restbetrag in Raten abstottert.

Daraufhin übersendet B das Notebook mit den Zusatzkomponenten. K erhält das Notebook am 25.10 und zahlt den Nachnahmebetrag bei Lieferung, stellt aber bei Überprüfung der Gerätekomponenten fest, dass er das Gerät doch nicht gebrauchen kann.

Mit Schreiben vom 30.10. widerruft K den Kaufvertrag. K verlangt Rückzahlung des Nachnahmebetrages sowie 10 € für die Rücksendung des Paketes.

B. Lösung
Anspruch auf Kaufpreisrückzahlung nach §§ 346 Abs. 1, 357 Abs. 1 S. 1, 355, 312d Abs. 1 S. 1 BGB

a) Wirksamer Kaufvertrag

Nach h. M. liegt in der Einstellung von Bestellmöglichkeiten ins Internet, jedenfalls sofern der Vertrag auf die Lieferung von Ware gerichtet ist[51], eine Aufforderung zur Abgabe von Angeboten[52]. Das Angebot erfolgt daher durch die Bestellung des K nach den genauen Vorgaben des B. Die Annahme erfolgt durch Zusendung der Ware. Bisweilen erfolgt die Annahme durch eine ausdrückliche Bestätigung per Email. Der Sachverhalt sagt aber darüber nichts.

b) Wirksamer Widerruf

aa) Widerrufsrecht nach § 312d Abs. 1 S. 1 BGB

Voraussetzung dafür wäre, dass ein Fernabsatzgeschäft im Sinne von § 312b ff. BGB vorliegt. K ist Verbraucher (§ 13 BGB) und B ist Unternehmer (§ 14 BGB).

---

[49] Vgl. *Bülow/Artz* Rn. 209: „Kausalitätsprüfung an hohen Maßstäben zu messen".

[50] Vgl. BGHZ 154, 239 = NJW 2003, 1665.

[51] Für den Fall, dass es nicht zur Übersendung von Ware kommen soll, streitig, siehe *Buchmann/Majer/Hertfelder/Vögelein* NJW 2009, 3189.

[52] *Grunewald*, Bürgerliches Recht, § 2 Rn. 1.

Desweiteren müsste der Vertrag unter ausschließlicher Verwendung von Fernkommunikationsmitteln geschlossen worden sein (§ 312b Abs. 1 S. 1, Abs. 2 BGB). Dies ist der Fall. Es liegt auch keine Ausnahme nach § 312d Abs. 3 BGB vor.

Ergebnis: Ein Fernabsatzgeschäft liegt vor, §§ 312b ff. BGB und die Widerrufsvorschriften nach §§ 355 ff. BGB sind damit anwendbar.

bb) Das Widerrufsrecht darf nicht ausgeschlossen sein nach § 312d Abs. 4 BGB

Grundsätzlich besteht wie geklärt das Widerrufsrecht. Eine Ausnahme ist gemäß § 312d Abs. 4 Nr. 1 BGB gegeben, wenn die Ware nach Kundenspezifikationen angefertigt worden ist. Bei dem hier bestellten Notebook können die Standardteile ohne Probleme wieder voneinander getrennt und danach verwertet werden. Daher ist das Widerrufsrecht nicht ausgeschlossen.

cc) Widerrufserklärung, § 355 Abs. 1 S. 2 BGB

Ein brieflicher Widerruf ist erfolgt.

dd) Widerrufsfrist

§ 355 Abs. 2 S. 1, Abs. 3 S. 2 BGB bestimmt, dass die Widerrufsfrist nicht vor Erhalt der Ware anläuft, hier also nicht vor dem 25.10. Gemäß § 355 Abs. 1 S. 2 BGB beträgt sie mindestens zwei Wochen. Daher ist der Widerruf jedenfalls rechtzeitig erfolgt. Somit kann offen bleiben, ob die Frist nach § 355 Abs. 2 S. 2 BGB, § 312d Abs. 2 BGB oder § 312e Abs. 3 S. 2 BGB verlängert ist, was der Fall wäre, wenn es an einer ordnungsgemäßen Information fehlte. Der Widerruf ist also ordnungsgemäß erklärt.

c) Die Rechtsfolgen des Widerrufsrechts ergeben sich aus §§ 357 Abs. 1 S. 1, 346 Abs. 1 BGB. Demgemäß schuldet B Rückgabe der 2500 €. Außerdem schuldet er gemäß § 357 Abs. 2 S. 1, 2 BGB die Kosten der Rücksendung.[53]

Fall 9

A. Sachverhalt[54]

135

Privatmann Bertold, der für seine Aktivitäten als sog. „Powerseller" bei dem Auktionshaus Get-it-now.com firmiert, stellt auf der Internetseite in einem sog. Online-Shop, der für ihn eingerichtet ist, ein „originalverpacktes Notebook" zur Versteigerung ein. Das Mindestgebot beträgt 1 €. Auf der Seite befindet sich eine ordnungsgemäße Belehrung über das Widerrufsrecht von Verbrauchern und die gesetzlichen Informationen nach dem Fernabsatzrecht. Die Vertragsbestimmungen konnten allerdings nicht als pdf-Datei oder in sonstiger Form abgerufen werden. Kuno, der das Gerät mit einem Höchstgebot von 250 € erwirbt und für das Gebot bereits vorher seine Kreditkarte belasten lassen musste, erhält den Zuschlag, stellt aber nach

---

[53] Unklar ist noch, ob dem Verbraucher die Kosten der Zusendung der Ware im Falle eines Widerrufs durch eine entsprechende Vereinbarung auferlegt werden kann oder ob dem die Fernabsatzrichtlinie entgegensteht. Der BGH hat diese Frage dem EuGH vorgelegt: BGH ZIP 2008, 2367.

[54] Vgl. BGHZ 154, 239 = NJW 2003, 1665.

Übersendung des Gerätes fest, dass es nicht seinen Vorstellungen entspricht. Er erklärt nach zwei Monaten den Widerruf. Bertold hält das für zu spät. Muss Bertold den Kaufpreis zurückzahlen?

B. Lösung

Anspruch auf Kaufpreisrückzahlung nach §§ 346 Abs. 1, 357 Abs. 1 S. 1, 355, 312e Abs. 3 BGB

a) Wirksamer Kaufvertrag

Nach h. M. liegt in der Einstellung einer Ware in eine Internetauktion nicht nur eine Aufforderung zur Abgabe von Angeboten, sondern bereits ein verbindliches, aber durch das Ende der Auktion noch aufschiebend bedingtes Angebot, das durch das innerhalb der Auktionsdauer abgegebene Höchstgebot angenommen wird.[55] Ein Kaufvertrag ist somit zustande gekommen.

b) Wirksamer Widerruf
   aa) Widerrufsrecht nach § 312d Abs. 1 S. 1 BGB

Ein Fernabsatzgeschäft im Sinne von § 312b ff. BGB liegt vor. Fernabsatz liegt insbesondere auch vor, wenn der Vertragsschluss auf elektronischem Wege zustande kommt. K ist Verbraucher (§ 13 BGB). Fraglich ist allerdings, ob der „Privatmann" B auch Unternehmer ist. Daran könnte es fehlen, wenn er nicht gewerblich tätig ist. Doch wird seine Unternehmereigenschaft vermutet, wenn eine Gesamtbetrachtung ergibt, dass er wie ein Unternehmer auftritt. Dafür sprechen die Firmierung als „Powerseller" und der Verkauf von originalverpackten Neuwaren.[56] Daher gilt B als Unternehmer (§ 14 BGB). Zudem wurde der Vertrag unter ausschließlicher Verwendung von Fernkommunikationsmitteln geschlossen (§ 312b Abs. 1 S. 1, Abs. 2 BGB). Eine Ausnahme nach § 312d Abs. 3 BGB liegt nicht vor. Die §§ 312b ff. BGB sind anwendbar, ein Ausschlussgrund für das Widerrufsrecht nach § 312d Abs. 4 BGB ist nicht ersichtlich. Ein Widerruf ist daher möglich.

   bb) Eine Widerrufserklärung nach § 355 Abs. 1 S. 2 BGB wurde abgegeben.
   cc) Widerrufsfrist

Doch müsste der Widerruf auch rechtzeitig erfolgt sein. Grundsätzlich gilt hierfür die Zweiwochenfrist, die nicht vor Erhalt der Ware und nicht vor Übermittlung der nach dem Fernabsatz erforderlichen Informationen zu laufen beginnt (§ 355 Abs. 2, 3 BGB). Allerdings gilt ein zusätzliches Erfordernis, wenn der Vertragsschluss wie hier im Rahmen einer Internetversteigerung und damit im elektronischen Geschäftsverkehr zustande kam (§ 312e Abs. 1 BGB). In einem solchen Fall beginnt die Widerrufsfrist erst zu laufen, wenn auch die besonderen Pflichten im elektronischen Geschäftsverkehr erfüllt wurden (§ 312e Abs. 3 S. 2 BGB). Daran fehlt es jedoch, weil B dem K nicht die Möglichkeit verschafft hat, die Vertragsbestimmungen bei Vertragsschluss abzurufen und abzuspeichern. Diese Pflicht wurde auch nicht nachgeholt. Daher war der Widerruf auch nach drei Monaten noch rechtzeitig.

---

[55] BGHZ 149, 129.
[56] Vgl. hierzu oben Rn. 25.

§ 355 Abs. 2 S. 1, Abs. 3 S. 2 BGB bestimmt, dass die Widerrufsfrist nicht vor Erhalt der Ware anläuft, hier also nicht vor dem 25.10. Gemäß § 355 Abs. 1 S. 2 BGB beträgt sie mindestens 2 Wochen. Daher ist der Widerruf jedenfalls rechtzeitig erfolgt. Daher kann offen bleiben, ob die Frist nach § 355 Abs. 2 S. 2 BGB, § 312d Abs. 2 BGB oder § 312e Abs. 3 S. 2 BGB verlängert ist, was der Fall wäre, wenn es an einer ordnungsgemäßen Information fehlt. Der Widerruf ist also ordnungsgemäß erklärt.

Die Rechtsfolgen des Widerrufsrechts ergeben sich aus §§ 357 Abs. 1 S. 1, 346 Abs. 1 BGB. Demgemäß schuldet B Rückzahlung der 250 €.

F Verbraucherdarlehens- und ähnliche Verträge

I. Normzweck

Kredit ist die entgeltliche Überlassung von Kaufkraft für eine bestimmte Zeit. **136** Grundnorm und Anspruchsgrundlage für die wechselseitigen Pflichten ist § 488 BGB (Überlassung von Kaufkraft gegen Rückzahlung und Zinsen). Das BGB kennt mehrere Regeln, die einen Verbraucher, der einen Kredit – sei es ein Darlehen oder eine ähnliche Finanzierungshilfe – aufnimmt, gegenüber einem anderen Darlehensnehmer besser stellt. Der Grund dafür liegt einmal darin, dass die **Vertragsbedingungen nicht immer leicht verständlich** sind. Hinzu kommt, dass die Inanspruchnahme eines Darlehens eine **langfristige Bindung** zur Folge hat, die überlegt sein will. Gleichzeitig verschafft das Darlehen die Möglichkeit zu sofortigem Erwerb einer Ware, die durch Ersparnis erst nach langer Zeit genutzt werden könnte (Musterbeispiel: Autokauf, Möbelkauf). Diese Ware ist regelmäßig Konsumgut (Gegenbeispiel: Immobilienerwerb), nutzt sich also schnell ab, während die Zahlungspflicht durch Verzinsung sogar noch steigen kann. Schneller Genuss ist verführerisch, die über Monate oder gar Jahre bestehende Zahllast wird verdrängt. Darlehen sind daher für den Unternehmer eine wertvolle Absatzhilfe, für den Konsumenten ein oft stark belastendes Geschäft.

Finanzierungsgeschäfte für Verbraucherkäufe haben eine **lange Geschichte** im **137** Bürgerlichen Recht. Bereits im Jahr 1894 erließ der deutsche Gesetzgeber als einer der ersten ein Spezialgesetz, das sich mit Ratenzahlungskäufen, sog. Abzahlungsgeschäften, befasste. Solche Abzahlungsgeschäfte waren ein beliebtes Mittel, um auch dem „kleinen Mann" den Kauf von Konsumgütern zu ermöglichen (Absatzhilfe). Das erfolgte zunächst dadurch, dass der Unternehmer, der das Konsumgut absetzen wollte, Ratenzahlungen des Kunden akzeptierte, später dadurch, dass ein Teil der Kaufsumme auf Vermittlung des Kaufmanns durch eine Bank finanziert wurde. Die „verbundenen Geschäfte" hatten hier ihren Ursprung. Dem Abzahlungsgesetz von 1894 ging ein Bericht des Petitionsausschlusses des Deutschen Reichstages voraus, in dem die wesentlichen Probleme des Abzahlungskaufs aus Sicht des Konsumenten wie folgt geschildert wurden:[1] „Die Abzahlungsgeschäf-

---

[1] Abgedruckt bei *von Hippel*, Verbraucherschutz, 3. Aufl. 1986, S. 193.

B. Grunewald, K.-N. Peifer, *Verbraucherschutz im Zivilrecht,* 71
DOI 10.1007/978-3-642-14421-9_6, © Springer-Verlag Berlin Heidelberg 2010

te sind … darauf berechnet, durch eine scheinbar bequeme Bezahlungsform zu leichtsinnigen Käufen zu verführen. Der bestehende Zahlungsmodus lässt den Käufer meist ganz übersehen, dass er doch eigentlich sehr hohe Preise für Waren von zweifelhafter Güte zahlt. Die dabei üblichen Kauf- und Mietverträge bringen den Käufer oft in Gefahr, sein Geld loszuwerden, ohne schließlich etwas dafür zu besitzen."

138   Das damalige Abzahlungsgesetz überdauerte Jahrzehnte, bis es anlässlich der Schuldrechtsreform des Jahres 2001 in das BGB überführt wurde. Viele Schutzanliegen und einige der damaligen Schutzvorschriften finden sich heute in den §§ 491 ff. BGB. Das neue BGB erkennt an, dass Abzahlungs- oder Ratenkäufe nicht die einzige Form der Konsumgutfinanzierung darstellen. Tatsächlich sind die Grenzen zwischen reinem Verbraucherdarlehen und gezielter Absatzförderung oft fließend. Der Verbraucher mag eine Ware „auf Pump" kaufen (Abzahlungskauf), ein Auto durch eine Bank (sei es auch eine Autobank) finanzieren lassen (Verbraucherkredit) oder aber das Fahrzeug „leasen", also letztlich eine Art Mietvertrag mit Abzahlungskomponente unter Umgehung des Kaufs wählen. Selbst kleinere Anschaffungen wie etwa Lexika oder Zeitschriften lassen sich in Monatsraten finanzieren. Bei Telefondienstleistungen wie insbesondere Mobiltelefonverträgen ist das Ratenmodell in Deutschland geradezu üblich geworden. Insbesondere wird auf diese Weise auch das Telefongerät selbst mittelbar finanziert.

139   Es ist daher sinnvoll, dass das BGB mittlerweile sämtliche solcher Finanzierungsverträge erfasst. Die Materie ist allerdings wesentlich komplexer als der Einmalkauf. Die Schutzzwecke sind dementsprechend ebenso vielfältig wie die typischen Gefahrensituationen für den Konsumenten (unten Rn. 143). Das Gesetz unterscheidet mittlerweile drei Gruppen von Verträgen. Zur ersten Gruppe gehören die eigentlichen **Verbraucherdarlehensverträge**, die unabhängig von dem Erwerb einer Sachleistung stehen (§§ 491 ff. BGB). Sie umfassen klassische Verbraucherkredite, aber auch Immobiliendarlehensverträge (§ 503 BGB), Überziehungskredite (§ 504 BGB) und geduldete Überziehungen (§ 505 BGB).

140   Eine zweite Gruppe von Verbraucherfinanzierungen betrifft die sog. **Finanzierungshilfen** (unten Rn. 162). Darunter fallen bloße Stundungen (§ 506 BGB), aber auch Abzahlungsgeschäfte, die nun „Teilzahlungsgeschäfte" heißen (§ 507 BGB) und das Finanzierungsleasing (unten Rn. 174). Um den Verbraucher bei Teilzahlungsgeschäften davor zu schützen, dass er eine Ware noch abbezahlen muss, wenn er sie nicht mehr nutzen kann, muss klargestellt werden, dass die Rücknahme der Ware durch den Unternehmer den Vertrag zur Abwicklung bringt (**Schutz vor Verwirkung**, vgl. § 508 Abs. 2 S. 5 BGB). Dieser Schutz darf nicht dadurch unterlaufen werden, dass Finanzierung und Warenlieferung formal auf zwei Unternehmen verteilt werden (**Erhaltung des Verbundes von beiden Verträgen**, § 358 BGB). Viele der Vorschriften über das Verbraucherdarlehen sind auch auf die Finanzierungshilfen anwendbar (vgl. § 506 BGB).

141   Die dritte Gruppe von Verbraucherfinanzierungsgeschäften betrifft **Ratenlieferungsverträge** (§ 510 BGB, unten Rn. 183). Hier wird nicht eine Sache vollständig geliefert und dann „abgestottert", sondern die Sache selbst wird in Raten zur Verfügung gestellt. Darunter fallen etwa Lexika, die über einen längeren Zeitraum in Einzelbänden geliefert werden, potentiell jedoch auch Zeitungs- und Zeitschriftenabonnements und Klingeltonabonnements, nicht hingegen die „ratenweise" Lieferung von unkörperlichen Gegenständen, wie etwa Pay-TV-Programmen.[2] Allerdings gibt es bei Verträgen mit geringem Gesamtwert wichtige und aus Verbrauchersicht durchaus schmerzhafte Ausnahmen vom Widerrufsrecht (vgl. § 510 Abs. 1 Satz 2 mit § 491 Abs. 2 Nr. 1 BGB: „200 €-Klausel").

II. Verbraucherkreditrichtlinie

Die deutschen Regeln zum Schutz der Verbraucher beruhen zum Teil auf der **142** Verbraucherkreditrichtlinie.[3] Diese Richtlinie unterscheidet sich von den anderen dem Verbraucherschutz dienenden Richtlinien, weil sie die Mitgliedstaaten nicht nur zu einer Mindest-, sondern zu einer **Vollharmonisierung** verpflichtet. Art. 22 Abs. 1 besagt, dass die Mitgliedstaaten, soweit die Richtlinie harmonisierte Vorschriften enthält, von diesen nicht abweichen dürfen – also auch keine Vorschriften vorsehen dürfen, die den Verbraucherschutz verstärken. Dem entspricht, dass die Richtlinie nicht nur darauf abzielt, dem Verbraucherschutz zu dienen sondern darüber hinaus die Wettbewerbsbedingungen vereinheitlichen will.[4] Dies bringt erhebliche Probleme mit sich. Denn die Interpretation der Normen, die wie stets im Anwendungsbereich von Richtlinien richtlinienkonform zu erfolgen hat,[5] ist mangels klaren Normzwecks (soll es nun um Verbraucherschutz oder um Vereinheitlichung der Bedingungen der Kreditvergabe gehen?) schwierig.

Inhaltlich ist die Verbraucherkreditlinie hochkomplex. Sie bringt eine **Normenflut** nicht nur in das deutsche Recht. Die bereits vor ihrer Umsetzung komplizierte Regelungstechnik wurde nicht entspannt.[6] Sie steht in einem zeitlichen Zusammenhang mit der sog. Zahlungsdienstrichtlinie, welche die §§ 675a ff. BGB umgestaltet (und weiter kompliziert) hat.[7]

Das deutsche Recht unterscheidet mittlerweile mehrere Formen des Verbraucherkredits, die in den §§ 491–509 BGB geregelt sind:

---

[2] Vgl. BGH NJW 2003, 1932: daher kein Widerrufsrecht für Pay-TV-Abonnementsverträge auf Basis des § 505 BGB (möglicherweise jedoch auf Basis der Vorschriften des Fernabsatz- oder Haustürgeschäfts).

[3] 2008/48/EG, die Vorläuferrichtlinie 97/102/EWG wurde aufgehoben.

[4] Siehe Begründung vom Gesetzesentwurf der Bundesregierung zur Umsetzung der Verbraucherkreditrichtlinie BT-Drucksache 16/11643 S. 64: Echter Binnenmarkt und hohes Verbraucherschutzniveau.

[5] Siehe § 1 Rn. 19.

[6] Kritisch *Derleder* NJW 2009, 3195: „extrem schwierige Gesetzestechnik", Lehren aus der Finanzmarktkrise wurden noch nicht gezogen; vgl. ferner *Gsell/Schellhase* JZ 2009, 20.

[7] Vgl. *Rösler/Werner* BKR 2009, 1.

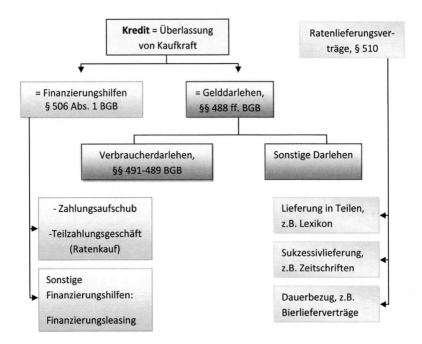

III. Die Schutzinstrumentarien

143 Der Schutz des Verbrauchers wird im Bereich des Darlehensrechts auf vielfältige Weise verwirklicht. Die §§ 491 ff. BGB wollen zunächst klarstellen, dass bereits vom Vertragsschluss Warnfunktionen ausgehen (Überrumpelungsschutz). Das erreicht man durch besondere **Formvorschriften** (vgl. § 492 Abs. 1 Satz 1 BGB: Schriftform). Ein **Widerrufsrecht** ist auch hier sinnvoll, jedenfalls um sicherzustellen, dass der Verbraucher nach einer Überlegungsfrist die Bindung wieder beenden kann (vgl. § 495 BGB). Allerdings hat sich in der Praxis gezeigt, dass der Widerruf beim Verbraucherdarlehensvertrag keine so bedeutende Rolle spielt. Das hängt sicher damit zusammen, dass der Verbraucher die Belastungen des Vertrages doch erst im Laufe der Zeit erfährt, nicht aber bereits in den ersten vierzehn Tagen. Der Widerruf mag gleichwohl sinnvoll sein, um dem Verbraucher nach einer „Abkühlperiode" (cooling off-period) die Chance zu geben, aus einem doch nicht gewollten langfristigen Vertrag wieder auszusteigen.

144 Sehr viel wichtiger ist, dass der Darlehensnehmer ausreichend aufgeklärt wird. Die für komplexe Verträge solcher Art nötigen Informationen müssen dem Verbraucher rechtzeitig und klar übermittelt werden (**Ausgleich des Informationsgefälles**, vgl. § 491a BGB), auch über Veränderungen des Vertrages muss rechtzeitig informiert werden (§ 493 BGB). Die Fülle an Informationen kann durchaus kontraproduktiv sein. Der Verbraucher mag das Vertragsgeflecht als so kompliziert empfinden, dass er den Vertrag überhaupt nicht zur Kenntnis nimmt. Informationspflichten sind gleichwohl nicht völlig kontraproduktiv, weil sie jedenfalls dafür sorgen, dass der Vertragsinhalt auch für Dritte (Gerichte, Verbraucherschützer, Rechtsanwälte) fixiert wird. Manche Angaben sorgen für eine begrenzte **Kostentransparenz**. Damit der Verbraucher Preise vergleichen kann, sind etwa bestimmte Angaben standardisiert, so der sog. effektive Jahreszins, der die tatsächlichen und über die Zeit gestreckten Kosten eines Vertrages angibt (vgl. § 491a Abs. 1 BGB mit Art. 247 EGBGB § 3 Abs. 1 Nr. 3). Der Verbraucher ist ferner davor zu schützen, dass er auch durch geringe oder gar einmalige Zahlungsrückstände bereits die Finanzierung verliert, weil der Unternehmer kündigt (**Abfederung von Belastungen**, vgl. § 498 BGB, unten Rn. 158).

Die **Möglichkeit zur vorzeitigen Rückzahlung des Darlehens** legt es in die **145** Hand des Verbrauchers, ob er veränderte Finanzierungsmöglichkeiten zur Kredittilgung nutzen will. Der Finanzgeber kann die Möglichkeit zur jederzeitigen Kreditkündigung beschränken, wenn er ein Festzinsdarlehen vergibt (§ 489 Abs. 1: „Darlehen mit gebundenem Sollzins") oder das Darlehen eine feste Laufzeit („36 Monate") hat. Fehlt eine Festlaufzeit, kann der Verbraucher ohne Einhaltung von Fristen kündigen (§ 500 Abs. 1 BGB). Typischerweise geschieht das, indem er die Finanzierungssumme einfach zurückzahlt (§ 500 Abs. 2 BGB). Diese Möglichkeit wird man insbesondere bei Stundungsabreden ausnutzen, wenn die Schuld lästig wird und man die Möglichkeit zur Ablösung hat. Auch Festzinsdarlehen darf der Verbraucher aber unter bestimmten Voraussetzungen kündigen (§ 489 Abs. 1 BGB), doch schuldet er dann eine sog. „Vorfälligkeitsentschädigung" (§ 502 BGB). In der Praxis kommt eine solche Kündigung bei Immobilienkrediten vor, wenn etwa als Folge eines Umzugs oder einer Ehescheidung die finanzierte Immobilie veräußert werden muss. Dort gelten allerdings besondere Regeln (§§ 490 Abs. 2, 503 Abs. 1 BGB). Das Recht der Bank, Vorfälligkeitsentschädigungen auch bei Verbraucherkrediten zu verlangen, wird durch § 502 Abs. 1 und Abs. 2 BGB der Höhe nach und auf bestimmte Situationen beschränkt. Die Möglichkeit, den entgangenen Gewinn nach den entgangenen Finanzmarktzinsen zu berechnen (so auch heute noch möglich bei Immobilienkrediten), könnte dazu führen, dass der Verbraucher erhebliche Summen aufwenden muss, um eine Finanzierung abzulösen, die er nicht mehr benötigt.

IV. Voraussetzungen des Verbraucherdarlehensvertrages

Die Voraussetzungen eines Verbraucherdarlehensvertrages sind in § 491 BGB nie- **146** dergelegt. Der Vertrag muss zwischen einem **Verbraucher und einem Unternehmer abgeschlossen sein**, wobei sich die unternehmerische Tätigkeit nicht auf die Kreditvergabe beziehen muss.[8] Desweiteren muss die Kreditvergabe **entgeltlich** sein. Für zinslose und gebührenfreie Darlehen gelten die Normen also nicht.[9]

---

[8] BGH ZIP 2009, 261.
[9] BT-Drucksache 16/11643 S. 113.

147 § 491 Abs. 2 BGB nennt eine große Zahl von **Ausnahmetatbeständen** (etwa Nettodarlehensbetrag unter 200 €, Rückzahlung innerhalb von 3 Monaten bei geringen Kosten, günstige Arbeitgeberdarlehen). Praktisch besonders wichtig ist der in § 491 Abs. 1 BGB niedergelegte Hinweis auf Sonderregeln für durch Grundpfandrechte gesicherte Darlehen sowie für die für Verbraucher besonders gefährlichen Dispo-Kredite. Für diese Kredite gelten die allgemeinen Regeln des Verbraucherdarlehensrechts nur, soweit sich nicht Sonderregeln in §§ 503–505 BGB finden.

148 Umstritten ist, ob und inwieweit die Vorschriften über Verbraucherkredite für Sicherungsgeschäfte, wie den **Schuldbeitritt und** die **Bürgschaft** (z. B. auch die Ehegattenbürgschaft) gelten. In Abgrenzung zum eigentlichen Verbraucherkredit begründet der Sicherungsgeber nur eine zusätzliche Schuld, welche die Hauptschuld verstärkt. Das Haftungsrisiko für den Bürgen oder Beitretenden entspricht allerdings oftmals der Übernahme einer eigenen und selbständigen Schuld. In der Lehre wird daher gefordert, dass beide Sicherungsgeschäfte die Formvorschriften des § 492 Abs. 1 BGB und die Informationspflichten des Verbraucherkreditgeschäfts zu beachten hätten.[10] Auch das Widerrufsrecht des § 495 BGB soll daher bestehen.[11] Die Gerichte sind dieser Linie nicht gefolgt.[12] Unbestritten ist, dass ein Widerrufsrecht (nach § 312 BGB) in Betracht kommt, wenn ein Verbraucherdarlehen in einer Haustürsituation angebahnt oder abgeschlossen wird.[13] Das gilt grundsätzlich auch, wenn die Vertragsanbahnung nicht durch den Finanzgeber, sondern durch einen selbständigen Vermittler „an der Haustür" erfolgte. Solche Gestaltungen gab es in der Vergangenheit sehr häufig beim Strukturvertrieb von Immobilienfonds insbesondere zur Finanzierung sog. „Schrottimmobilien".[14]

149 Die besonderen Rechtsprechungsregeln über die krasse Überforderung von Familienmitgliedern bei der Eingehung von Bürgschaften (oben Rn. 6) sind allerdings nicht anwendbar, wenn ein Familienmitglied nicht nur Bürge, sondern selbst Darlehensnehmer wird (Mitdarlehensnehmer). Das könnte Banken dazu verführen, auf solche Bürgschaften ganz zu verzichten und Ehegatten stets als Mitdarlehensnehmer mit unterschreiben zu lassen. Soweit der Ehegatte ein eigenes Interesse an der Darlehenssumme hat (z. B. selbst bewohntes Eigenheim), ist das legitim. Ist die Mitverpflichtung aber bloße Formalität (Mithaftung für Erwerbsgeschäft des Ehegatten), so muss die Bank beweisen, dass die Voraussetzungen für eine echte Mitdarlehensnehmerschaft vorliegen.[15]

---

[10] *Bülow/Artz* Rn. 242; zusammenfassend zum Problem *Madaus* BKR 2008, 54.

[11] *Bülow/Artz* aaO.; vgl. Art. 15 der Verbraucherkreditrichtlinie.

[12] Vgl. EuGH NJW 2000, 1323 – Berliner Kindl; BGH NJW 1998, 1939 für die Bürgschaft; anders aber BGH NJW 1996, 2156 für den Schuldbeitritt, wenn nur der Beitretende Verbraucher ist.

[13] EuGH NJW 1998, 1295 – Dietzinger; NJW 2002, 281; BGH NJW 1996, 3414 (auch bei Vertragsanbahnung durch den Sohn der Kreditnehmerin).

[14] Vgl. hierzu etwa BGH NZG 2009, 710 (Immobilienfondsvertrieb); NJW 2008, 1585 – Crailsheimer Volksbank (Treuhändermodell); NJW 2008, 644 (Strukturvertrieb); zusammenfassend *Jungmann* NJW 2007, 1562; *Ahr* VuR 2007, 339; Fallbeispiel bei *Staudinger* JuS 2002, 953.

[15] BGH NJW 2009, 1494.

V. Die einschlägigen Regeln

1. Informations- und Erläuterungspflichten

In erster Linie soll der Verbraucherschutz durch die Postulierung von Informations- **150**
pflichten erreicht werden (oben Rn. 144). § 491a BGB zählt Informationspflichten
vor Vertragsschluss, § 492 BGB den Vertragsinhalt und § 493 BGB die Informationspflichten während des Vertrages auf. Das **EGBGB enthält hierzu nähere Er-
läuterungen sowie ein Muster** (Art. 247 EGBGB, Europäische Standardinforma-
tion für Verbraucherkredite, Anlage 3 zu Art. 247 EGBGB), das verwendet werden
muss (Art. 247 § 2 Abs. 1 EGBGB).

Hinzu tritt nach § 491a Abs. 3 BGB eine **Pflicht des Darlehensgebers zur Er- 151
läuterung.** In der Begründung[16] wird gesagt, der Darlehensgeber habe dem Darlehensnehmer Vertrag und Vertragsbedingungen verständlich zu machen. Es sei
aber keine Beratung in dem Sinne erforderlich, dass der Darlehensgeber dem Darlehensnehmer zu einem für seine Verhältnisse optimalen Vertrag raten müsste. Das
leuchtet ein. Denn auch der Darlehensnehmer weiß, dass der Darlehensgeber bei
Vertragsschluss eigene Interessen verfolgt[17]. Zu erläutern ist der Vertrag, also das
Darlehen, nicht aber Besonderheiten, die den jeweiligen Kreditnehmer betreffen.
Sofern der Darlehensgeber gegen die Erläuterungspflicht verstößt, schuldet er gemäß §§ 280 Abs. 1, 241 Abs. 2, 311 Abs. 2 BGB Schadensersatz, wenn der Verbraucher daraufhin einen unerwünschten Vertrag schließt.

Der **Vertragsinhalt** hat die in § 492 BGB enthaltenen Angaben (näher Art. 247 **152**
EGBGB §§ 6–13, Musteranlage 4) zu enthalten. Sofern diese Angaben nicht gemacht werden, greift § 494 Abs. 1 BGB ein. Der Vertrag ist also nichtig. Er wird
allerdings gemäß § 492 Abs. 2 BGB gültig, soweit der Darlehensnehmer das Darlehen empfängt oder in Anspruch nimmt (z. B. durch Überweisung).[18] Nimmt er
das Darlehen nur teilweise in Anspruch, wird der Vertrag also auch nur teilweise
wirksam.[19] Auf diese Weise wird der Darlehensnehmer davor bewahrt, die Kre-
ditsumme sofort zurückzahlen zu müssen. Die Kreditbedingungen verbessern sich
allerdings regelmäßig im Vergleich zu den vereinbarten (§ 492 Abs. 2 S. 2 – Abs. 6
BGB). Fehlinformationen oder unterlassene Informationen werden damit in recht
origineller Weise sanktioniert: Dem Kreditgeber wird ein Vertrag aufgezwungen,
den er so niemals geschlossen hätte. Das Geschäft wird für den Verbraucher attrak-
tiver, für den Kreditgeber lästig.

Zusätzliche **Informationspflichten, die während des Vertragsverhältnisses
zu erfüllen sind**, ergeben sich aus § 493 BGB (Ablauf der Zinsbindung, Ablauf des
Darlehensvertrages, Zinsanpassung).

---

[16] BT-Drucksache 16/11643 S. 118.

[17] *Derleder* NJW 2009, 3195, 3199: Es seien andere Angebote des Darlehensgebers zu bedenken.

[18] *Mansel* in Jauernig § 494 Rn. 5.

[19] *Mansel* in Jauernig § 494 Rn. 6.

2. Formvorschriften

153   § 492 Abs. 1 S. 1 BGB schreibt **Schriftform** vor. Sofern diese nicht eingehalten wird, greift die Regelung von § 494 Abs. 1, 2 BGB (siehe oben Rn. 152).[20] Der Darlehensvertrag wird also (ex nunc) gültig, wenn der Verbraucher das Darlehen nutzt. Die geschuldeten Zinsen ermäßigen sich aber, in der Vergangenheit zu Unrecht gezahlte Zinsen können nach § 812 Abs. 1 S. 1, 1. Alt. BGB zurückgefordert werden.[21] Auch hier sanktioniert das Gesetz die Pflichtverletzung des Unternehmers, ohne dem Verbraucher den Nutzen des Geschäfts zu entziehen – ganz im Gegenteil erhält er sogar noch Vorteile, die er im Verhandlungswege kaum erzielt hätte. Es leuchtet ein, dass die Schriftform bei einer geduldeten Kontoüberziehung, nicht eingehalten werden muss (§ 505 Abs. 4 BGB). Wichtig ist, dass die Formvorschrift nur eingehalten wird, wenn sie gegenüber dem Verbraucher persönlich gewahrt ist. Wird ein Vertreter für den Verbraucher tätig (beliebt in der Vergangenheit: ein gewerblicher Kreditvermittler), so muss auch die Vollmacht den Anforderungen des Verbraucherdarlehensrechts genügen. § 492 Abs. 4 BGB geht als speziellere Norm § 167 Abs. 2 BGB vor. Allerdings kommt auch hier eine Heilung in Betracht. Die Formvorschrift ist im Übrigen nur gewahrt, wenn sich die Unterschrift des Verbrauchers unter einer die Informationspflichten berücksichtigenden Vertragsurkunde befindet, eine Blankounterschrift genügt daher selbstverständlich nicht.

3. Widerrufsrechte/Kündigung

154   Gemäß § 495 Abs. 1 BGB hat der Darlehensnehmer ein Widerrufsrecht nach § 355 BGB. § 495 Abs. 2 BGB enthält insofern allerdings einige **Modifikationen**. § 495 Abs. 3 BGB zählt Fallgestaltungen auf, in denen das Widerrufsrecht nicht greift. Darunter fällt vor allem der notariell geschlossene Vertrag. Bei ihm geht der Gesetzgeber davon aus, dass die sonst gewünschte Belehrung und Information durch den beurkundenden Notar erfolgt. Er ist zu einer Belehrung beider Parteien gesetzlich verpflichtet (vgl. § 17 BeurkG). Mittlerweile hat das Bundeskabinett auch für Verbraucherdarlehen eine Musterwiderrufsbelehrung beschlossen. Sie soll als Anhang dem EGBGB beigefügt werden und damit Gesetzesrang haben.[22]

155   Der Darlehensnehmer kann gemäß § 500 Abs. 1 BGB das Darlehen **ordentlich kündigen**, wobei allerdings die Kündigung als nicht erfolgt gilt, wenn er das Darlehen nicht innerhalb von zwei Wochen zurückzahlt (oben Rn. 145). Dazu wird er oftmals kaum in der Lage sein[23]. Nach § 500 Abs. 2 BGB kann er das Darlehen

---

[20] Beispiel BGH BB 2009, 1549.

[21] Vgl. BGH NJW 2009, 2046.

[22] Gesetzentwurf zur Einführung einer Musterwiderrufsbelehrung vom 24.03.2010, vgl. die Meldung in DB 2010, S. 12.

[23] Daher hält *Derleder* NJW 2009, 3195, 3202 die Regelung für richtlinienwidrig, weil der Darlehensnehmer das durch die Richtlinie vorgeschriebene Kündigungsrecht nicht effizient nutzen kann.

auch jederzeit ganz oder teilweise **vorzeitig zurückzahlen**. Allerdings hat der Darlehensgeber dann gemäß § 502 BGB einen Anspruch auf Vorfälligkeitsentschädigung (oben Rn. 145). Die Regeln gelten nicht bei Immobiliendarlehen (vgl. § 503
Abs. 1 BGB). Hier bleibt es bei den allgemeinen Vorschriften, die auch für gewerb-
liche Kredite anzuwenden sind (§ 490 Abs. 2 BGB).

4. Schutz vor finanzieller Überforderung

Bei langdauernden Verbindlichkeiten liegt eines der größten Risiken für den Ver-   **156**
braucher in der sog. „Schuldturmproblematik". Einen **Schutz gegen überhöhte**
Zinsen bietet das besondere Verbraucherschutzrecht nicht, doch gehen die Gerichte mittlerweile davon aus, dass bei einem Zinssatz, der um mehr als 100 % das
Marktniveau übersteigt („Grenze des Doppelten"), ein auffälliges Missverhältnis
zwischen Leistung und Gegenleistung im Sinne von § 138 Abs. 2 BGB besteht.[24]
Bei Verbraucherkrediten ist diese Grenze sehr hoch, vermutlich auch zu hoch. Gesetzliche Regelungen, die einen Höchstzinssatz festlegen, gibt es jedoch nicht.

Die eigentliche **Schuldturmproblematik** entsteht nicht nur durch überhöhte   **157**
Zinsen, sondern oft dadurch, dass der Verbraucher es aufgrund einer zu hohen Ge-
samtbelastung aus Zinsen und Tilgung nicht schafft, die Schuld abzutragen. Zwar
sieht § 248 BGB ein Zinseszinsverbot vor, so dass aufgelaufene Zinsen nicht ihrerseits verzinst werden dürfen. Gleichwohl darf der Gläubiger nach den Regeln des
allgemeinen Schuldrechts eingehende Zahlungen, deren Zweck nicht angegeben ist,
zunächst auf Kosten und Zinsen verrechnen, erst dann muss er sie zur Tilgung der
Hauptschuld verwenden (§ 367 BGB). Der Schuldner, der seine Zahlung mit einer
Tilgungsbestimmung versieht („Zahlung bitte auf Hauptschuld verrechnen", vgl.
§ 366 Abs. 1 BGB), muss damit rechnen, dass der Gläubiger diese Zahlung ab-
lehnt (§ 367 Abs. 2 BGB). Gerade in Fällen der finanziellen Überforderung führt
dieser Mechanismus dazu, dass der Schuldner seine Hauptschuld kaum tilgt, die
Zinsen im Ergebnis immer höher werden und einen „Schuldturm" errichten. Um
den Verbraucher als Kreditnehmer vor diesem Mechanismus zu bewahren, sieht
§ 497 Abs. 3 BGB eine Abweichung von § 367 Abs. 2 BGB vor. Danach nämlich
werden Zahlungen, die zur Tilgung der jeweils fälligen Rate nicht ausreichen, zwar
noch vorrangig auf die Kosten der Rechtsverfolgung (z. B. Inkassokosten), sodann
aber auf die Tilgung der Hauptschuld verrechnet.

Eine besondere Belastung für den Schuldner stellt es ferner dar, wenn er den   **158**
Kredit bereits bei geringem **Zahlungsrückstand** verliert. Daher sieht § 498 Abs. 1
Nr. 1 BGB vor, dass der Kreditgeber nur bei einem qualifizierten Verzug (Verzug
mit zwei aufeinanderfolgende Raten und mit mindestens 10 % der Gesamtsumme,
bei Immobilienkrediten genügen bereits 2,5 %, vgl. § 503 Abs. 3 BGB) außeror-
dentlich kündigen darf, zudem diesen Schritt durch eine Mahnung mit zweiwöchi-
ger Zahlungsfrist ankündigen muss (§ 498 Abs. 1 Nr. 2 BGB). Zum Schutz gegen

---

[24] BGH NJW-RR 1989, 1068 (für gewerblichen Kredit).

besondere Belastungen gibt es vor allem bei Abzahlungskäufen (Teilzahlungsgeschäften) Schutzregeln, die verhindern sollen, dass der Käufer den Kredit noch bezahlen muss, die Nutzung der Sache allerdings durch die Ausübung von Sicherheitsrechten verliert (§ 508 Abs. 2 BGB, vgl. Rn. 145).

5. Schutz vor aufgedrängten Schulden

159 Ein besonderes Risiko für den Kreditschuldner (insbesondere bei Immobilienkrediten) zeigte sich im Zuge der **Finanzmarktkrise des Jahres 2009**.[25] Diese Krise wurde vor allem dadurch ausgelöst, dass Einzelkredite von den Darlehensgebern „verbrieft" wurden. Eine solche Verbriefung setzt oft die Abtretung des Darlehens an neue Kreditgeber voraus. Der neue Kreditgeber mag wesentlich unangenehmer sein als der frühere. Jedenfalls aber muss der Gesetzgeber dafür sorgen, dass dem Kreditnehmer die Einwendungen, die gegen den bisherigen Kreditgeber bestanden, erhalten bleiben. Auch dies schützt allerdings im Ergebnis nicht davor, dass Kredite überhaupt weitergereicht (und hernach verbrieft) werden konnten. Ferner nützt es dem Verbraucher nichts, wenn ihm der Verkauf erst mitgeteilt wird, wenn er bereits vollzogen ist. Die Möglichkeit, sich einen neuen Gläubiger zu beschaffen, hat der Kreditnehmer nach vollzogener Abtretung nicht mehr. Über den Käufer seines Kredits kann er kaum noch wertvolle Erkundigungen einziehen. Die Möglichkeit, **Einreden zu erheben**, nützt dem Verbraucher nichts, wenn es gleichwohl bei gesicherten Darlehen möglich bleibt, gutgläubig und einredefrei das Sicherungsrecht zu erwerben (§§ 1192, 1157, 1140, 892 BGB).

160   Zur Abmilderung einiger dieser Risiken ist das **Gesetz zum Schutz der Kreditnehmer vom 12.8.2008** umgesetzt worden.[26] Es sieht etwa vor, dass Einreden gegen die Grundschuld auch jedem Erwerber der Grundschuld entgegengesetzt werden können (§ 1192 Abs. 1a BGB). Gleichzeitig sollen § 496 Abs. 1 und Abs. 2 BGB dafür sorgen, dass der Kreditnehmer über einen neuen Gläubiger unverzüglich unterrichtet wird und der Darlehensnehmer auf Einreden nicht verzichten kann. § 493 Abs. 2 BGB sieht solche Unterrichtungspflichten nun auch für Immobiliardarlehen vor, und zwar nicht erst bei Abtretung, sondern auch vor der Entscheidung darüber, ob die Bank beabsichtigt, das Darlehen nach Ende der vereinbarten Laufzeit fortzuführen. Nicht umgesetzt wurde eine Regelung, welche die Banken verpflichtet hätte, auch nicht abtretbare Kredite (allerdings gegen Zinsaufschlag) anzubieten. Wenig hilfreich dürfte es auch sein, dass Banken ihre Kunden nunmehr ausdrücklich darauf hinweisen müssen, dass der gewährte Kre-

---

[25] Hierzu lesenswert *Vorwerk* NJW 2009, 1777; zur Beraterhaftung für den Verkauf von Zertifikaten der „Lehman Brothers" OLG Frankfurt BB 2010, 853; LG Hamburg BB 2009, 1828 = NZG 2009, 1112: Haftung für Falschberatung bejaht, letzteres aufgehoben durch OLG Hamburg, Urt. v. 23.04.2010 – 13 U 117 und 117/09.

[26] Sog. „Risikobegrenzungsgesetz", Gesetz zur Begrenzung der Risiken des Kreditverkaufs (Kreditnehmerschutzgesetz) vom 12.8.2008, BGBl I 1666, Begründung in BT-Drucks. 16/9447.

dit abgetreten werden darf (§ 492 Abs. 2 BGB i. V. m. Art. 247 § 9 Abs. 1 S. 2 EGBGB).

6. Zwingendes Recht in Bezug auf den Vertragsinhalt

Ähnlich wie im Bereich des Verbrauchsgüterkaufs sieht auch das Verbraucherdarle- **161** hensrecht zum Schutze des Verbrauchers zwingendes Recht vor (§§ 496, 497, 498, 499, 500 BGB). Daher kann sich der Kreditgeber etwa kein erleichtertes Kündigungsrecht bei Zahlungsrückständen einräumen lassen (oben Rn. 158).

VI. Finanzierungshilfe/Teilzahlungsgeschäfte

1. Finanzierungshilfe

Gemäß § 506 Abs. 1 BGB gelten zahlreiche Regeln des Verbraucherdarlehens- **162** rechts auch für Finanzierungshilfen. Der Begriff der Finanzierungshilfe entstammt dem europäischen Recht.[27] Im deutschen Recht fallen darunter zunächst Teilzahlungsdarlehen (Abzahlungsgeschäfte) und entgeltliche Stundungen („Zahlungsaufschub"). Auch die Finanzierungshilfe ist Kredit, also eine **Überlassung von Kaufkraft an den Verbraucher zur vorgezogenen Verwendung künftigen Einkommens**[28] (Mobilfunkvertrag mit Recht auf Kauf des Telefons unterhalb des üblichen Preises).[29] Auch das Leasing beinhaltet eine Finanzierungshilfe, sofern die Kriterien von § 506 Abs. 2 BGB erfüllt sind (näher unten Rn. 178). Das klassische Verbraucherdarlehen ist für Finanzierungshilfen ein Modell. Die §§ 506 bis 508 BGB bilden jedoch zu den §§ 491 ff. BGB Sondervorschriften, in der Regel werden manche der nur für klassische Darlehen geltenden Regeln hierdurch abbedungen oder modifiziert. Allgemeine Verweisungsnorm ist § 506 Abs. 1 BGB, der neben den Darlehensvorschriften auch die Regeln über verbundene Geschäfte einbezieht. Für das Finanzierungsleasing gab es frühere eine eigene (speziellere) Verweisungsnorm, die zum 11.6.2010 aufgehoben wurde (§ 501 BGB a. F.). Für alle Finanzierungshilfen gilt die Bagatellnorm des § 491 Abs. 2 BGB, der Verträge über einen Nettowert von 200 € ausnimmt (§ 506 Abs. 4 BGB). Das schafft für Kleinstverträge eine durchaus beachtliche verbraucherprivatrechtliche Rechtsschutzlücke.

Eine Sonderregel für Unternehmer, die Finanzierungshilfen anbieten, enthält **163** § 509 BGB. Diese haben die **Kreditwürdigkeit** (Wahrscheinlichkeit, dass der

---

[27] Art. 1 Abs. 2 lit. c. Verbraucherkreditrichtlinie 87/102/EWG vom 22.6.1986, ABl. L 42, S. 48, jetzt Art. 3 lit. c. Verbraucherkreditrichtlinie 2008/48/EG (oben Rn. 17).

[28] *Mansel* in Jauernig § 499 Rn. 6 f.

[29] *Limbach* ZGS 2006, 332; *Mansel* in Jauernig § 499 Rn. 7.

Verbraucher seine Zahlungsverpflichtungen aus dem Vertrag erfüllt[30]) **zu prüfen**. Das besagt allerdings nicht, dass andere Darlehensgeber eine solche Prüfung nicht durchführen müssen. Für sie wird eine entsprechende Pflicht in § 18 Abs. 2 Kreditwesengesetz (KWG) begründet. Diese Norm gilt allerdings zum einen nicht für alle Finanzierungshilfen, zum anderen ist sie kein Schutzgesetz zu Gunsten des Kreditnehmers.[31] Die jetzige Situation könnte zwar zur Folge haben, dass sich die Rechtsfolgen (einmal Schadensersatz bei Verstoß gegen § 509 BGB, und einmal ein Bußgeld bei Verstoß gegen das KWG) nicht entsprechen – was nicht unbedingt sinnvoll wäre[32].

164   In der Finanzkrise hat sich allerdings gezeigt, dass Banken die Bonitätsprüfung nicht immer im Sinne des Kunden durchgeführt haben. Gerade bei den sog. „Schrottimmobilien" sind die Kunden oft nicht darauf hingewiesen worden, dass der finanzierte Kauf ökonomisch riskant war, weil die oft mit Steuersubventionen erworbenen Kaufobjekte nicht in der Lage waren, die zur Tilgung der Kredite erforderlichen Mieten zu erwirtschaften.[33] Die Gerichte haben es abgelehnt, hierin eine Pflichtverletzung nach §§ 311 Abs. 2, 241 Abs. 2 BGB zu sehen.[34] Die Finanzaufsicht ist ebenso wenig eingeschritten. § 509 BGB müsste daher für den gesamten Kreditsektor gelten, insbesondere auch für die Vergabe von Immobiliarkrediten, um Krisenszenarien vorzubeugen. Eine solche allgemeine Geltung sieht allerdings die Verbraucherkreditrichtlinie in ihrer verabschiedeten Fassung nicht (mehr) vor.[35]

165   Auch bei Finanzgebern, die nicht Banken sind und die auch nicht einer Kreditaufsicht unterliegen, hat sich in der Praxis gezeigt, dass die Bereitschaft besteht, bestimmte Ausfallrisiken zu tragen angesichts der großen Zahl von Verträgen, die sie abwickeln. Das betrifft insbesondere im Einzelfall verhältnismäßig **geringwertige Finanzierungshilfen**, wie sie beim Abschluss von Telefondienstleistungsverträgen entstehen. Hier hat die Praxis durchaus bedenkenlos akzeptiert, dass Verbraucher langlaufende Zahlungspflichten eingingen, ohne dass ihre Bonität vorher überprüft wurde. Lediglich der Kunde, der bereits auffällig geworden ist (etwa durch sehr negative Einträge bei der SCHUFA), riskierte, dass ihm der Vertrag verweigert wurde. Ohne eine solche Prüfung erhält man daher nun allenfalls noch „Prepaid"-Verträge, denn sie stellen keine Finanzierungshilfe des Unternehmers an den Verbraucher, sondern eine Vorfinanzierung durch den Verbraucher dar. Unterbleibt die Prüfung,

---

[30] Begründung zum Gesetzentwurf der Bundesregierung, BT-Drucksache 11643, S. 150.

[31] Vgl. die Begründung BT-Drucksache 16/11643, S. 240, wo darauf hingewiesen wird, dass die Prüfung im öffentlichen Interesse liegt.

[32] Siehe *Derleder* NJW 2009, 3195, 3200.

[33] Vgl. hierzu *Vorwerk* NJW 2009, 1777, 1778; ferner *Jungmann* NJW 2007, 1562; *Ahr* VuR 2007, 339; Fallbeispiel bei *Staudinger* JuS 2002, 953.

[34] Vgl. BGH NJW 2007, 2396, 2399 („Bankensenat": keine Pflicht zum Hinweis darauf, dass zu finanzierende Immobilien fehlerhaft oder riskant bewertet waren).

[35] Der Entwurf der Richtlinie ging noch von einer Pflicht zur verantwortungsvollen Kreditvergabe aus und sah in Art. 9 eine Regelung vor, die mit Schutzwirkung für den Kreditnehmer die Vermutung fingierte, dass der Kreditgeber geprüft habe, dass der Kreditnehmer in der Lage sein werde, seinen Rückzahlungspflichten nachzukommen, vgl. den Entwurfstext in KOM (2002) 443.

so besteht eine Schadensersatzpflicht nach §§ 280 Abs. 1, 311 Abs. 2 BGB. Der Verbraucher müsste daher auch einwenden dürfen, bei gehöriger Bonitätsprüfung und Beratung wäre er die Verbindlichkeit nicht eingegangen. Noch einfacher wäre der Rechtsschutz, wenn sich bei fehlerhafter Beratung die Vertragskonditionen für den Verbraucher nach dem Muster der Heilungsvorschrift in § 494 BGB verbessern würden. Ein dahin zielender Vorschlag zur Verbraucherkreditrichtlinie konnte sich allerdings nicht durchsetzen.[36]

2. Teilzahlungsgeschäfte

Teilzahlungsgeschäfte sind vor allem Abzahlungsgeschäfte zur Finanzierung von **166** Waren (Möbel- oder Autokauf) oder Dienstleistungen (Unterrichtsverträge mit Vorzahlungspflicht[37], Partnervermittlungsverträge, bei denen der Kunde eine Vermittlungsleistung vorfinanziert muss[38]) oder die (entgeltliche, § 506 Abs. 1 BGB) Stundung einer Zahlungspflicht („Zahlen Sie nächste Woche und legen Sie 5 € drauf!"). Bisher war eine Stundung nur erfasst, wenn der Zahlungsaufschub für mehr als drei Monate gewährt wurde. Diese Dreimonatsgrenze (vgl. § 499 Abs. 1 BGB a. F.) ist seit Juni 2010 entfallen.[39] Die Zahl der Raten ist gleichgültig, auch eine Anzahlung mit Restzahlungspflicht ist bereits Finanzierungshilfe, sofern ein Zuschlag für die Spätzahlung verlangt wird.

Für Finanzierungshilfen in der Form des Teilzahlungsgeschäfts (Definition in **167** § 506 Abs. 3 BGB) gelten außerdem noch die Sonderregeln von §§ 507, 508 BGB (Ausnahmen in § 506 Abs. 4 BGB, das sind die Ausnahmen, für die auch das Verbraucherdarlehensrecht nicht gilt, Verweis auf § 491 Abs. 2 BGB). Von besonderer praktischer Bedeutung ist die in § 507 Abs. 1 S. 2 BGB vorgesehene **Ausnahme (Verzicht auf die Schriftform beim Fernabsatz, etwa im Versandhandel).** Hier hat der Wunsch nach einer praktikablen Vertragsabwicklung also über den Verbraucherschutz gesiegt. Allerdings gilt die Ausnahme nur, wenn der Verbraucher den Vertragsschluss durch ein Angebot einleitet (§ 507 Abs. 1 S. 2 BGB). Bei Lichte besehen verbessert diese Regelung den Schutz des Verbrauchers aber nicht, da dies die klassische Form des Vertragsschlusses im Fernabsatz ist (außer bei Internetauktionen außerhalb der Sofort-Kauf-Option). Denn in allen diesen Fällen gibt der Verbraucher auf Grund einer Bestellung das Angebot auf Abschluss des Kaufver-

---

[36] So noch Art. 31 S. 3 des Kommissionsvorschlags einer Verbraucherkreditrichtlinie v. 11.9.2002, KOM (2002) 443: Die Sanktionen für Verstöße gegen die Vorschriften „können insbesondere darin bestehen, dass der Kreditgeber seinen Anspruch auf Zahlung von Zinsen und Kosten verliert oder dass das Recht des Verbrauchers auf Ratenzahlung des Gesamtkreditbetrages bestehen bleibt, falls der Kreditgeber sich nicht an die Bestimmungen über die verantwortungsvolle Kreditvergabe hält".

[37] BGH NJW 1996, 457 (vgl. hierzu § 614 BGB).

[38] Zur Abgrenzung OLG Dresden ZIP 2000, 830 = VuR 2000, 217.

[39] Die Verbraucherkreditrichtlinie enthält sie nicht.

trages ab, da nach herrschender Meinung der Katalog des Versenders nur eine Aufforderung zur Abgabe von Angeboten enthält (oben Rn. 134).[40]

168   Erforderlich beim Teilzahlungsgeschäft sind **Informationen** über den Barzahlungspreis der Ware, es sei denn der Unternehmer bietet nur Teilzahlungsgeschäfte
an (§ 507 Abs. 3 BGB), der Teilzahlungspreis (Summe aller Raten) sowie Einzelbe-
trag und Fälligkeit der Raten (§ 507 Abs. 1, 506 Abs. 1 mit § 492 Abs. 2 BGB und
Art. 247 §§ 3, 14 EGBGB), effektiver Jahreszins, Versicherungskosten und eventuelle Vereinbarungen über Sicherungsrechte (Eigentumsvorbehalt, §§ 507 Abs. 1,
506 Abs. 1 mit § 492 Abs. 2 BGB und Art. 247 § 3 EGBGB). Schriftform ist erforderlich (§ 507 Abs. 2 BGB).

169   **Erleichterungen für den Unternehmer** bringen etwa § 507 Abs. 2 S. 2 BGB
(Parallelnorm im Verbraucherdarlehensrecht § 494 Abs. 2 BGB, der aber auch eine
teilweise Heilung vorsieht) und § 507 Abs. 3 BGB (Unternehmer liefert nur gegen
Teilzahlung und kann daher auch eigentlich keinen Barzahlungspreis nennen).
§ 508 BGB ermöglicht es dem Unternehmer, bei Lieferung einer bestimmten Sache
das Widerrufsrecht durch ein Rückgaberecht zu ersetzen. Auch das betrifft in erster
Linie den Versandhandel.

VII. Verbundene Geschäfte

1. Erstreckung des Widerrufsrechts auf den finanzierten Vertrag

170   Die Frage des Einwendungsdurchgriffs (vgl. zu § 358 BGB bereits oben Rn. 96 ff.)
ist ein altes Problem, das bereits im Abzahlungsrecht zu lösen war. Die Rechtsent-
wicklung hat sich hier nach und nach der Entwicklung der Finanzierungssysteme
anpassen müssen. Als der Händler dem Käufer noch selbst Kredit gewährte, war
es verhältnismäßig überschaubar, Einreden zwischen den beiden Vertragspartnern
in dem einheitlichen Vertragsverhältnis abzuwickeln. Wer eine schlechte Ware lie-
ferte, war jedenfalls nach § 273 BGB im Ergebnis daran gehindert, gleichwohl Bedienung des Darlehens zu verlangen. Als die Kaufleute die Kreditgewährung an ein
Finanzierungsinstitut ausgliederten, dem sie allerdings nach wie vor den Kredit ver-
mittelten, mussten die allgemeinen Vorschriften bemüht werden, um diesen „Einwendungsdurchgriff" auch auf Dritte zu erstrecken. Dazu wendeten die Gerichte
zunächst § 242 BGB an.[41] Dieser Gedanke stand letztlich Pate, als der Gesetzgeber
die heutigen §§ 358–359a BGB schuf und zunehmend verfeinerte, insbesondere
diese Normen auch auf weitere Verträge im Umfeld des wirtschaftlich einheitlichen
Finanzierungsgeschäfts erstreckte. Der Einwendungsdurchgriff hat aber selbstver-

---

[40] *Grunewald*, Bürgerliches Recht, § 21 Rn. 1.

[41] So die frühen Lösungen in der Rechtsprechung zum Einwendungsdurchgriff BGH NJW 1971,
2303; NJW 1973, 452.

ständlich auch Einfluss auf die Frage, welche Auswirkung der Widerruf des Kredit-
geschäftes hat.

Wie geschildert steht dem Darlehensnehmer gemäß § 495 Abs. 1 BGB ein Wi- **171**
derrufsrecht nach § 355 BGB zu (Ausnahme in § 495 Abs. 3 BGB). § 358 Abs. 2
BGB regelt die Frage, ob der Verbraucher **auch an das finanzierte Geschäft nicht
mehr gebunden ist, wenn er den Darlehensvertrag widerruft.** Insoweit kommt
es wieder entscheidend darauf an, ob die Geschäfte verbunden im Sinne von § 358
Abs. 3 BGB sind. Wenn das der Fall ist, ist der Verbraucher nach einem wirksamen Widerruf auch an seine auf den finanzierten Vertrag gerichtete Willenserklärung nicht mehr gebunden (§ 358 Abs. 2 S. 1 BGB) und auch für diesen Vertrag
gilt im Grundsatz Rücktrittsrecht (§§ 358 Abs. 4, 357 Abs. 1 BGB). Genau wie
bei Ausübung eines Widerrufsrechts in Bezug auf den finanzierten Vertrag[42] wird
die Rückabwicklung auf das Verhältnis zwischen Verbraucher und Darlehensgeber
konzentriert (§ 358 Abs. 4 S. 3 BGB). Der Verbraucher hat daher gegen die Bank
einen Anspruch auf Rückerstattung aller aus seinem Vermögen erbrachten Leistungen, gleichgültig, ob sie an den Darlehensgeber oder an den Vertragspartner des
finanzierten Vertrages geflossen sind[43]. Die von der Bank geschuldete Summe ist
zudem nach §§ 357, 346 Abs. 1 BGB zu verzinsen[44]. Sollte der Verbraucher auch
den finanzierten Vertrag widerrufen können, entfällt allerdings sein Widerrufsrecht
nach § 495 BGB (§ 358 Abs. 2 S. 2 BGB). Aber das ist für ihn nicht weiter belastend, da ein gleichwohl erfolgter Widerruf des Darlehensvertrages als Widerruf
des finanzierten Vertrages gilt (§ 358 Abs. 2 S. 3 BGB, Fiktion der richtigen Erklärung).

Vor Inkrafttreten von § 359a BGB wurde insbesondere diskutiert, ob eine **Rest-** **172**
schuldversicherung, die einen Kredit absichert, als ein verbundenes Geschäft
angesehen werden kann. Da die Restschuldversicherung aus dem aufgenommen
Darlehen bedient wird, das Geld zudem dem Versicherer meist direkt zufließt und
die Versicherung nicht ohne den Darlehensvertrag abgeschlossen worden wäre, sind
die Kriterien des verbundenen Geschäftes eigentlich erfüllt.[45] Gegen die Annahme,
es liege ein verbundenes Geschäft vor, wird allerdings angeführt, dass das Darlehen
nicht wirklich der Finanzierung der Versicherung diene. Vielmehr sei die Versicherung Voraussetzung für den Darlehensvertragsabschluss, die Versicherung er-
mögliche in gewisser Hinsicht erst die Darlehensvergabe.[46] Diese Problematik löst
der neue § 359a Abs. 2 BGB. Danach ist der Verbraucher an seine auf Abschluss
eines anderen Vertrages gerichtete Willenserklärung bei Widerruf der auf Abschluss
des Verbraucherdarlehensvertrages gerichteten Willenserklärung auch dann nicht
gebunden, wenn kein verbundenes Geschäft vorliegt, aber eine Zusatzleistung in

---

[42] § 4 Rn. 96 ff.

[43] Beispiel BGH NJW 2009, 3572; dazu *Derleder* JZ 2009, 1117.

[44] Geschuldet sind eigentlich nur die tatsächlich gezogenen Nutzungen. Bei einer Bank wird aber
vermutet, dass sie Zinsen in Höhe von 5% über dem Basiszinssatz erwirtschaftet: BGH NJW 2009,
3572, 3574.

[45] Erman/*Saenger* § 358 Rn. 4; Bamberger/Roth-*Möller* § 358 Rn. 12.

[46] So etwa OLG Köln ZIP 2009, 710; OLG Celle ZIP 2009, 1757; *Freitag* ZIP 2009, 1297.

Rede steht, die der Verbraucher in unmittelbarem Zusammenhang mit einem Verbraucherdarlehensvertrag abgeschlossen hat. Damit sind genau die geschilderten
Versicherungsleistungen gemeint.[47]

2. Erstreckung von Einwendungen aus dem Darlehensvertrag auf den finanzierten Vertrag

173 § 359 BGB erfasst nur den Fall, dass der Verbraucher Einwendungen aus dem finanzierten Vertrag (= Erwerbsgeschäft, Leasinggeschäft) hat. Leistungsstörungen
im Bereich des Darlehensvertrages wirken sich also im Prinzip nicht auf den finanzierten Vertrag aus. Der Schutz des Verbrauchers wird in erster Linie durch Sonderregeln für Verbraucherdarlehen erreicht. Hierzu gehört auch die Bestimmung von
§ 503 Abs. 2 S. 4 BGB. Danach gilt die Wiederansichnahme der gelieferten Sache
bei Teilzahlungsgeschäften im Grundsatz als Ausübung des Rücktrittsrechts von
diesem Geschäft. So wird der Verbraucher davor geschützt, die Kaufsache (über die
Finanzierungsabrede noch) bezahlen zu müssen, ohne sie nutzen zu können. § 503
Abs. 2 S. 5 BGB bestimmt, dass dies bei verbundenen Geschäften ebenfalls gilt,
wenn der Darlehensgeber die Sache – etwa aufgrund einer Sicherungsübereignung
gem. § 930 BGB durch Geltendmachung des Herausgabeanspruchs nach § 985
BGB – an sich nimmt. Nach herrschender Meinung ist der Unternehmer, der die
Sache geliefert hat, an dem Rückgewährschuldverhältnis nicht beteiligt[48]. Vielmehr
kann der Verbraucher von dem Darlehensgeber Rückzahlung bereits erbrachter Ra-
ten sowie eine an den Verkäufer etwa geleistete Anzahlung gegen Herausgabe der
Sache (bzw. gegebenenfalls Wertersatz) verlangen. Die Abwicklung zwischen dem
Verkäufer und dem Darlehensgeber erfolgt erneut so wie im Rahmen von § 358
Abs. 4 S. 3 BGB vorgesehen[49].

VIII. Finanzierungsleasing

1. Die Ausgangslage

174 Die wirtschaftliche Ausgangslage ist beim Leasing ähnlich wie beim finanzierten
Kauf. Eine Person will ein Gut erwerben, ohne den Kaufpreis direkt voll zu beglei-
chen. Der Verkäufer kann oder will die Finanzierung nicht übernehmen, sodass eine

---

[47] Siehe Begründung zum Gesetzentwurf der Bundesregierung BT-Drucksache 16/11643, S. 108
(damals noch zu § 358a); einschränkend unter Berufung auf die Richtlinie und das Prinzip der
Vollharmonisierung *Mülbert/Wilhelm* WM 2009, 2241, 2244.

[48] Bamberger/Roth-*Cosima Möller*, § 503 Rn. 21.

[49] Siehe oben Rn. 171.

dritte Person einspringen muss. Zur Lösung dieser Problematik wird beim Leasing aber eine andere Konstruktion gewählt. Der Leasinggeber kauft das Leasinggut beim Verkäufer und überlässt es dann dem Leasingnehmer zur Nutzung, der über ein periodisch zu entrichtendes Entgelt die Kosten der Anschaffung und der Finanzierung entrichtet (Finanzierungsleasing). **Der Leasingnehmer ist also** – anders als beim fremdfinanzierten Kauf – **nicht an zwei Vertragspartner gebunden, sondern nur dem Leasinggeber verpflichtet.** Andererseits ist der Leasinggeber aus zwei Verträgen verpflichtet: Nämlich dem Verkäufer aus Kauf und dem Leasingnehmer aus dem Leasinggeschäft, das die Rechtsprechung als Mietverhältnis ansieht.[50]

Leasingverträge entsprechen wirtschaftlich zum Teil den früheren Abzahlungs- **175** geschäften, allerdings mit einer wichtigen Modifikation: Bei Leasingverträgen erwirbt der Käufer die Sache nicht vollständig, sondern er erwirbt rechtlich nur ein **Nutzungsrecht auf Zeit** (z. B. auf 24 oder 36 Monate). Nach dieser Zeit hat er die Sache grundsätzlich zurückzugeben. Die Möglichkeit, das Leasinggut nach Ablauf der Vertragslaufzeit zu erwerben, macht aus dem Leasinggeschäft häufig nachträglich einen geteilten Kauf: 3 Jahre lang nutzt man, dann erwirbt man zum Restwert. Das ist aber nicht zwingend. Für den Verkäufer ist die Leasingkonstruktion wertvolle Absatzhilfe: Weil nur ein Teilwert der Kaufsache durch die Leasingraten finanziert werden muss, sind die Leasingraten niedriger als es Kreditraten über den Gesamtwert der Sache wären. Das macht den Erwerb optisch für den Käufer erschwinglicher, allerdings verschleiert es auch die wahren Kosten des Geschäfts, wenn der Unternehmer nicht verpflichtet wird, diese Kosten explizit anzugeben (§§ 506 Abs. 1, Abs. 4, 492 Abs. 2 mit Art. 247 § 3 Nr. 4 bis 8 EGBGB). Frühere Sonderregeln für Leasingverträge sind im Übrigen mit der Umsetzung der Verbraucherkreditlinie entfallen. Sie werden jetzt weitgehend wie sonstige Verbraucherdarlehen auch behandelt.

Der Umstand, dass der Verbraucher nur noch einen Vertragspartner, nämlich **176** einen „Vermieter" (Leasinggeber, z. B. eine Autobank) hat, führt zu einem gewissen **Anpassungsbedarf im Kaufrecht.** Der Leasinggeber tritt seine Gewährleistungsrechte aus dem Kauf (§§ 434 ff. BGB) regelmäßig an den Leasingnehmer ab und schließt seine eigene Gewährleistung aus dem Mietvertrag (§§ 536 ff. BGB) aus. Die kaufrechtlichen Einreden im Falle eines Mangels der erworbenen Sache stehen damit dem Verbraucher nun gegenüber dem Leasinggeber zu. Insoweit bleibt der Grundsatz des § 475 BGB, dass nämlich solche Einreden zu Lasten des Käufers nicht abdingbar sind, in gewisser Weise gewahrt. Allerdings müssen die abgeleiteten Rechte, da der Kaufvertrag zwischen Händler und Leasinggeber kein Verbrauchsgüterkauf ist, nicht den Umfang haben, den §§ 474 ff. BGB garantiert. Fehlt eine Abtretung der Gewährleistungsansprüche, so liegt eine unbillige Benachteiligung des Leasingnehmers vor (§ 307 Abs. 2 BGB), die mietrechtliche Gewährleistung lebt in einem solchen Fall wieder auf und tritt an die Stelle der insoweit unwirksamen Vertragsklausel (§ 306 BGB).

---

[50] BGH NJW 2006, 1066; *Looschelders*, Schuldrecht BT Rn. 514; *Wolf* JuS 2002, 335.

2. Erstreckung der Einreden aus dem Kaufvertrag
   auf den Mietvertrag

177 Sofern die Kaufsache Mängel aufweist, stehen dem Käufer, also dem Leasinggeber, die Gewährleistungsrechte (§§ 434 ff. BGB) zur Verfügung. **Da diese üblicherweise an den Leasingnehmer abgetreten sind, kann der Leasingnehmer
sie geltend machen**, was insofern sachgemäß ist, als er die Kaufsache nutzt und
daher eventuelle Fehler auch bemerkt. Allerdings wird der Leasingnehmer die Miete an den Leasinggeber nicht bezahlen wollen, wenn die Kaufsache (gemietete Sache) mangelhaft ist. Hierfür stehen ihm die mietrechtlichen Gewährleistungsrechte
(§§ 536 ff. BGB) offen. Sollten diese – wie regelmäßig – abbedungen sein, stellt
sich die Frage, ob dies hinnehmbar ist. Dies wiederum hängt davon ab, welche
Rechte der Leasingnehmer auch ohne Rückgriff auf die mietrechtliche Gewährleistung hat.

a) Der Leasingnehmer ist Verbraucher und es liegt ein
   verbundenes Geschäft vor

178 Wenn der Leasingnehmer Verbraucher ist, **greift § 506 Abs. 2 BGB** ein. Danach
gelten Verträge zwischen einem Unternehmer und einem Verbraucher über die entgeltliche Nutzung eines Gegenstandes als Finanzierungshilfe, wenn eine von drei
Voraussetzungen erfüllt ist: Der Verbraucher muss zum Erwerb des Gegenstandes
verpflichtet sein, der Unternehmer den Erwerb vom Verbraucher verlangen können oder der Verbraucher muss bei Beendigung des Vertrages für einen bestimmten
Wert des Gegenstandes einzustehen haben (Restwertgarantie[51]). Dann gelten für
diese Verträge auch §§ 358, 359 BGB, wenn Kauf und Leasing verbundene Geschäfte sind (also etwa der Käufer die Finanzierung über den Leasinggeber regelmäßig organisiert). Allerdings ist nicht ganz klar, was der Verweis auf § 359 BGB
besagt. Denn der Verbraucher (Leasingnehmer) ist ja nur aus einem Vertrag, dem
Leasingvertrag, verpflichtet, sodass es zu der in § 359 BGB beschriebenen Situation eigentlich gar nicht kommen kann.

179   In der geschilderten **Abtretungskonstruktion** kann die Norm aber so verstanden
werden, dass eine Erstreckung eines Widerrufsrechts (§ 358 Abs. 1, Abs. 2 BGB)
auf den Kaufvertrag erfolgt und dass der Verbraucher die ihm abgetretenen kaufrechtlichen Gewährleistungsrechte auch gegen den Leasinggeber richten kann und
daher die Leasingraten nicht bezahlen muss, solange (Nachbesserung) und soweit
(Minderung) er auch an den Verkäufer nicht zahlen müsste.[52] Tritt der Leasingneh-

---

[51] Die Restwertgarantie ist in der Verbraucherkreditrichtlinie nicht genannt. Die Umsetzung ins
deutsche Recht ist wegen des Grundsatzes der Vollharmonisierung also nicht unproblematisch.

[52] *Grunewald* JuS 2010, 93, 95; *Looschelders*, Schuldrecht BT Rn. 515; Beispiel bei *Grunewald*,
Bürgerliches Recht, § 19 Rn. 7.

mer für den Leasinggeber vom Kaufvertrag zurück, muss er auch die Leasingraten nicht mehr bezahlen. Bejaht man einen Rückforderungsdurchgriff[53], kann der Verbraucher sogar Rückzahlung der bereits erbrachten Leasingraten verlangen[54]. Dieses Ergebnis entspricht der Intention des Gesetzes (Schutz des Verbrauchers vor für ihn nicht deutlichen Vertragskonstruktionen). Zugleich wird damit deutlich, dass die Abbedingung der mietrechtlichen Gewährleistung auch in Allgemeinen Geschäftsbedingungen akzeptiert werden kann, da das zwingende Verbraucherschutzrecht den Leasingnehmer hinreichend schützt.[55]

b) Leasingnehmer ist kein Verbraucher bzw. es liegt kein verbundenes Geschäft vor

§§ 506, 359 BGB sind nur anwendbar, wenn der Leasingnehmer Verbraucher ist **180** und ein verbundenes Geschäft vorliegt. Wenn das nicht der Fall ist, stellt sich die Frage, ob die mietrechtliche Gewährleistung abbedungen werden kann, erneut. Die Rechtsprechung geht davon aus, dass sich der Leasingnehmer gemäß der Abtretungskonstruktion in erster Linie an den Verkäufer halten muss. **Erst mit Rücktritt von dem Kaufvertrag ist die Geschäftsgrundlage des Leasingvertrages im Sinne von § 313 BGB gestört.**

Die Voraussetzungen **von § 313 BGB sind allerdings insofern nicht erfüllt,** **181** **als die Frage der Gewährleistung im Leasingvertrag angesprochen** und in dem Sinne gelöst war, dass der Leasinggeber keine Gewähr leisten sollte.[56] Alles das, was im Vertrag geregelt ist, geht aber als Sonderregel den Grundsätzen über die Störung der Geschäftsgrundlage vor. Rechtsfolge der Störung der Geschäftsgrundlage soll nach Ansicht der Judikatur sein, dass der Leasingnehmer nicht nur von seiner Zahlungspflicht für die Zukunft frei wird (Kündigung nach § 313 Abs. 3 S. 2 BGB), sondern darüber hinaus auch Rückzahlung der bereits geleisteten Raten nach Bereicherungsrecht verlangen kann (was ebenfalls ungewöhnlich ist, da die Rechtsfolge der Störung der Geschäftsgrundlage regelmäßig nur eine Anpassung des Vertrages für die Zukunft bzw. ein Kündigungsrecht ist, § 313 Abs. 3 BGB).

Folgt man gleichwohl der Konstruktion des BGH, so muss geprüft werden, ob **182** der Leasinggeber nicht geltend machen kann, die Bereicherung sei weggefallen, weil er den Kaufpreis an den Lieferanten gezahlt hat. Dabei handelt es sich um eine Aufwendung, die der Bereicherungsschuldner im Zusammenhang mit der Erlangung der Bereicherung gemacht hat und die je nach Risikoverteilungsgesichtspunk-

---

[53] § 4 Rn. 105.

[54] *Bartels* ZGS 2009, 553.

[55] Offen gelassen in BGH NJW 2006, 1066, 1068.

[56] Zur Kritik an dieser Rechtsprechung: *J. Koch* in MünchKommBGB, Leasing Rn. 100; *Teichmann* in Jauernig Vor § 535 Rn. 8.

ten dem Gläubiger oder dem Schuldner zugewiesen werden muss.[57] Der BGH weist dieses Risiko (also insbesondere das Risiko einer Insolvenz des Lieferanten) dem Leasinggeber zu, obgleich doch der Leasingnehmer den Lieferanten ausgewählt hat – auch das ist wenig überzeugend. Immerhin können die vom Leasingnehmer gezogenen Gebrauchsvorteile nach den Regeln der Saldotheorie[58] in Ansatz gebracht werden.

IX. Ratenlieferungsverträge

1. Die Ausgangslage

183 Ratenlieferungsverträge werden in § 510 BGB geregelt. Sie sind nicht stets Kreditgeschäfte, da bei ihnen nicht typischerweise der Unternehmer die Gegenleistung des Verbrauchers vorfinanziert. So muss bei dem klassischen Fall des Lexikonkaufs nur jeder Einzelband bei Lieferung bezahlt werden. Da hier kein Kredit gewährt wird, erfasst auch die Verbraucherkreditrichtlinie Ratenlieferungsverträge als Typus nicht.[59] Gleichwohl gehen Verbraucher auch bei solchen Verträgen längerfristige Bindungen (z. B. Nachlieferung von Gesetzeskommentaren, die nur als Gesamtangebot veräußert werden), oft auch über Jahre ein. Daher besteht nicht nur die Gefahr der übereilten Entscheidung (Überrumpelungsschutz), sondern es sollten auch hier Informationspflichten beachtet werden, die solche Angebote transparent machen. Mit Umsetzung der Verbraucherkreditrichtlinie wurde die Vorschrift nicht geändert, wohl aber von dem früheren § 505 BGB a. F. in § 510 BGB n. F. verschoben. Die Regelung ist älteren Datums und war bereits im Abzahlungsgesetz (dort § 1c[60]) enthalten. Allen Versuchen, sie zu streichen, hat sie bisher standgehalten.

2. Der Anwendungsbereich

184 Der Lexikonvertrag oder die Gesamtlieferung von Gesetzeskommentaren sind typische Anwendungsbeispiele für einen Ratenlieferungsvertrag nach § 510 Abs. 1 Satz 1 Nr. 1 BGB. Unter die Vorschrift fallen prinzipiell auch Unterrichtsverträge

---

[57] *Grunewald* , Bürgerliches Recht, § 30 Rn. 11.

[58] Dazu *Grunewald*, Bürgerliches Recht, § 30 Rn. 12 ff.

[59] Gegen das Prinzip der Vollharmonisierung verstößt die Regelung nicht, denn Ratenlieferungsverträge liegen außerhalb des Regelungsbereichs der Richtlinie.

[60] Die alten Kommentaraussagen zum AbzG können bei Hausarbeiten also weiterhin herangezogen werden.

(z. B. bei Repetitorien), bei denen die Materialien (= Sachen, allerdings einschließlich Energie[61] und Wasser) sukzessive ausgeliefert werden. Wird der Unterricht allerdings als Fernunterricht erteilt, gilt vorrangig das sogenannte Fernunterrichtsschutzgesetz.[62] Erfasst werden von § 510 ansonsten nur Verträge über die Lieferung von „Sachen". Reine Dienstleistungen und auch unkörperliche Dateien, wie etwa Abonnements über Klingeltöne bei Handys oder Pay-TV-Abos, fallen nicht darunter.

§ 510 Abs. 1 Satz 1 Nr. 2 BGB nennt überdies „die regelmäßige Lieferung von **185 Sachen gleicher Art"**. Darunter fallen Zeitungen und Zeitschriften, die im Abonnement bereitgestellt werden, nicht allerdings das Online-Abo eines e-papers (sachlich wenig überzeugend, doch fehlt es hier wieder an der Sacheigenschaft). Wird der Abonnementpreis für eine Zeitung nach Lieferung der Zeitung geleistet, so liegt an sich auch eine Finanzierungshilfe vor (§ 506 BGB). Die verbraucherschützenden Rechtsfolgen spielen allerdings wiederum nur eine Rolle, wenn der Abo-Preis höher als 200 € ist (§§ 506 Abs. 4, 491 Abs. 2 Nr. 1 BGB). § 510 Abs. 1 Satz 1 Nr. 3 BGB erfaßt schließlich Verträge über die Verpflichtung zum widerkehrenden Bezug von Sachen. Darunter fallen insbesondere Mitgliedschaften in Buchgemeinschaften sowie Bierlieferungsverträge. Letztere sind an sich kein Problem des Verbraucherrechts, weil sie Gastwirte betreffen. Doch werden Gastwirte als Existenzgründer über § 512 BGB davon profitieren, wenn durch einen solchen Vertrag ein Brauereidarlehen von weniger als 75.000 € mitgesichert wird.

3. Die Schutzinstrumente

Auch bei Ratenlieferungsverträgen hat der Verbraucher ein **Widerrufsrecht** (§ 510 **186** Abs. 1 Satz 1 BGB), allerdings besteht es nur beim erstmaligen Vertragsschluss und lebt nicht bei jeder Ratenlieferung neu auf. Informationspflichten bestehen nicht, doch muss der Vertrag schriftlich oder elektronisch geschlossen werden, eine gewisse Warnfunktion ist damit verbunden.

---

[61] Umstritten, für die Anwendung *Schürnbrand* in MünchKommBGB, § 505 Rn. 23; dagegen *Bülow/Artz* Rn. 318, beide ohne Begründung.

[62] Gesetz zum Schutz der Teilnehmer am Fernunterricht (Fernunterrichtsschutzgesetz – Fern-USG), in Kraft getreten am 1.1.1977. Das Gesetz enthält beinahe alle Verbraucherschutzinstrumente, die bisher entwickelt wurden: Informationspflichten, Widerrufsrecht, Formerfordernisse, Schutz vor Vorauszahlungen und Insolvenz des Anbieters sowie einseitig zwingende Normen zum Schutz vor nachteiligen Klauseln. Hinzu kommen besondere Kündigungsrechte und Werberestriktionen sowie Zulassungspflichten für die Anbieter. Für einen Überblick vgl. *Bülow/Artz* Rn. 322.

187 X. Verbraucherkredit und Ratenlieferung im Überblick

I. Persönlicher Anwendungsbereich
Anwendbarkeit der §§ 491 ff. BGB nur, wenn ein Verbraucher (§ 13 BGB) oder ein Existenzgründer (§ 512 BGB) Leistungsnehmer (Kredit oder Ratenlieferung) und ein Unternehmer (§ 14 BGB) Leistungsgeber ist.

Verbraucherdarlehensvertrag §§ 491- 489 BGB	Finanzierungshilfen § 506 Abs. 1 BGB	Ratenlieferungsverträge § 510 BGB
II. Sachlicher Anwendungsbereich • <u>entgeltlicher</u> Darlehensvertrag i.S.v. § 488 BGB; • keine Ausnahme nach § 491 Abs. 2 BGB oder nach § 491 Abs. 3 BGB	**II. Sachlicher Anwendungsbereich** • <u>entgeltlicher</u> Zahlungsaufschub, • <u>entgeltliche</u> Finanzierungshilfe i.S.d. § 506 Abs. 2 BGB, (insb. Finanzierungsleasing), • Teilzahlungsgeschäft → es gelten <u>zusätzlich</u> §§ 507, 508 BGB (Ausnahmen!) führt zur Anwendbarkeit von: • §§ 358 bis 359 a BGB (verbundene Verträge) und • §§ 491 a bis 502 BGB (mit Ausnahme § 492 Abs. 4 BGB)	**II. Sachlicher Anwendungsbereich** • § 510 Abs. 1 S.1 Nr. 1 BGB: Teilleistungen (z.B. Sammelbandlexikoneinzelband) • § 510 Abs. 1 S.1 Nr. 2 BGB: gleichartige Sachen (z.B. Zeitschriftenabonnement) • § 510 Abs. 1 S.1 Nr. 2 BGB: wiederkehrende Verpflichtung (z.B. Bierlieferungsvertrag) • keine Ausnahme nach § 491 Abs. 2 und 3 BGB wg. § 510 Abs. 1 Satz 2 BGB
III. Informationspflichten (Textform) • § 491 a BGB: vorvertraglich und unaufgefordert (Inhalt: s. Art. 247 §§ 1 ff. EGBGB) • „Widerrufsbelehrung": nach Art. 247 § 6 Abs. 2 EGBGB, § 495 Abs. 2 Nr. 1 BGB • § 493 BGB: während des Vertragsverhältnisses, insb. über Zinsanpassung/Vertragsfortführung	**III. Informationspflichten (Textform)** wie Verbraucherdarlehen, aber Ausnahmen für Verträge iSv. § 506 BGB gemäß Art. 247 § 12 EGBGB und Teilzahlungsgeschäfte nach § 507 Abs. 1 S. 2 BGB, Fernabsatz nach § 507 Abs. 3 S.1 BGB	**III. Informationspflichten (Textform)** Ordnungsgemäße Widerrufsbelehrung, § 510 Abs. 1 Satz 1 i.V.m. § 355 BGB.
IV. Formerfordernis, § 492 Abs. 1 BGB Verbraucherdarlehensverträge sind, **soweit nicht eine strengere Form vorgeschrieben** ist, **schriftlich** abzuschließen. Auch möglich ist die elektronische Form nach § 126 a BGB.	**IV. Formerfordernis, § 492 Abs. 1 BGB** wie Verbraucherdarlehen, aber hinsichtlich Teilzahlungsgeschäften nach § 507 Abs. 1 BGB Ausnahmen beachten!	**IV. Formerfordernis, § 510 Abs. 2 BGB** **Schriftform oder elektronische Form (§§ 126, 126a BGB)**, soweit Möglichkeit fehlt, Vertragsbestimmungen einschließlich AGB bei Vertragsschluss abzurufen und in wiedergabefähiger Form zu speichern.
V. Vertragsinhalt, § 492 Abs. 2 BGB iVm. Artikel 247 §§ 6 bis 13 EGBGB Der Vertrag muss Angaben nach Artikel 247 §§ 6 bis 13 des Einführungsgesetzes zum Bürgerlichen Gesetzbuche enthalten.	**V. Vertragsinhalt, § 492 Abs. 2 BGB iVm. Artikel 247 §§ 6 bis 13 EGBGB** wie Verbraucherdarlehen, aber hinsichtlich Teilzahlungsgeschäften nach § 507 Abs. 1 BGB Ausnahmen beachten!	**V. Vertragsinhalt, § 510 BGB** § 510 Abs. 2 Satz 3 BGB bestimmt, dass der Unternehmer dem Verbraucher den Vertragsinhalt in Textform mitzuteilen hat.
Widerrufsrecht: § 495 Abs. 1 BGB nach Abs. 2 modifiziertes **Widerrufsrecht (§ 355 BGB) des** Darlehensnehmers; Ausschluss § 495 Abs. 3 BGB (Umschuldung, Nr.1), notariell zu beurkundende Darlehen, Nr. 2 und Überziehungsmöglichkeiten, Nr.4)	**Widerrufsrecht: § 495 Abs. 1 i.V.m. § 506 Abs. 1 BGB** (=Rechtsgrundverweisung zu § 495 Abs. 1 BGB) → Ausnahmen in § 495 Abs. 3 BGB berücksichtigen! → Bei Teilzahlungsgeschäften (§§ 506 Abs.3, 507 BGB) kann dem Verbraucher gemäß § 508 BGB ein **Rückgaberecht** nach § 356 BGB eingeräumt werden.	**Widerrufsrecht: § 510 Abs. 1 BGB** Widerrufsrecht nach §510 Abs. 1 Satz 2 BGB i.V.m. § 355 BGB

Fall 10

A. Sachverhalt 188

Verbraucher K will sich einen Pkw für private Zwecke leisten. Da er die nötigen Barmittel nicht zur Verfügung hat, fragt er den Verkäufer, Autohaus V, ob dieser wüsste, wie eine Finanzierung erfolgen könne. V, der mit der Leasinggesellschaft L ständig zusammenarbeitet, schlägt den Abschluss eines Leasingvertrages vor. Die Leasingraten decken den Kaufpreis ab und sichern L einen Gewinn. K stimmt dem zu. Daraufhin erwirbt L von V den Pkw, wobei die Gewährleistung für Mängel, sofern sie V nicht zu vertreten hat, in den AGB des V ausgeschlossen wird. L tritt in dem Leasingvertrag mit K seine Rechte aus dem Kauf an K ab und schließt seine mietrechtliche Gewährleistung gegenüber K aus.

K stellt nach kurzer Zeit fest, dass der Pkw erhebliche Mängel aufweist und daher nicht mehr benutzt werden kann, und zahlt deshalb keine Leasingraten mehr. L verlangt von K Bezahlung der Raten.

B. Lösung

Anspruch des L gegen K gemäß § 535 Abs. 2 BGB

1. Zwischen den Parteien ist ein Finanzierungsleasingvertrag[63] zustande gekommen, auf den als atypischen Mietvertrag die mietrechtlichen Vorschriften Anwendung finden. Dieser könnte aber als Umgehungsgeschäft im Sinne von § 475 Abs. 1 S. 2 BGB unwirksam sein, da – hätte K von V gekauft – die Voraussetzungen von § 474 Abs. 1 S. 1 BGB erfüllt gewesen wären. Allerdings liegt nicht in jeder den Verbraucher weniger günstig stellenden Absprache eine Umgehung. Die Möglichkeit, Vertragsverhältnisse auch anders als üblich zu gestalten, ist vielmehr Ausdruck der Privatautonomie. Somit reicht die Tatsache, dass durch die Zwischenschaltung des Leasinggebers kein Verbrauchsgüterkauf im Sinne von § 474 Abs. 1 S. 1 BGB mehr vorliegt, für die Bejahung eines Umgehungsgeschäftes nicht aus. Der Leasingvertrag ist also wirksam.

2. Der Anspruch könnte aber durch eine Minderung nach § 536 Abs. 1 S. 1, S. 2 BGB erloschen sein.

   a. Die Voraussetzungen für eine Minderung auf Null nach § 536 Abs. 1 S. 1 BGB liegen grundsätzlich vor, da der Pkw in Folge des Mangels nicht benutzt werden kann.

   b. Allerdings könnte einer Minderung der von L und K vereinbarte Gewährleistungsausschluss entgegenstehen.

   c. Dann müsste der Gewährleistungsausschluss wirksam sein. Dies könnte an § 307 Abs. 2 Nr. 2 BGB scheitern. Dann müsste der Gewährleistungsausschluss zu einer unangemessenen Benachteiligung des K führen. Grundsätzlich ist es für Leasingverträge typisch und auch zulässig, dass die Gewährleistungsrechte zwischen dem Leasinggeber und dem Leasingnehmer

---

[63] Der Vertrag soll dem Leasinggeber die volle Kaufpreissumme sichern, also zur Vollamortisation führen.

ausgeschlossen werden. Denn wenn der Leasinggeber seine Rechte aus dem Kaufvertrag an den Leasingnehmer abtritt, ist dieser nicht rechtlos gestellt, sodass keine unangemessene Benachteiligung im Sinne von § 307 Abs. 2 Nr. 2 BGB vorliegt.

Allerdings haben V und L die Gewährleistung für Mängel, die V nicht zu vertreten hat, ausgeschlossen, sodass K gegenüber V keinen Anspruch auf Nacherfüllung und kein Recht zur Minderung hat, die er dem L nach §§ 506 Abs. 1, 359 BGB entgegenhalten könnte. Dies gilt allerdings nur, wenn der Gewährleistungsausschluss im Verhältnis V – L seinerseits wirksam ist. Wie geklärt scheitert der Ausschluss nicht an § 475 Abs. 1 S. 2 BGB, da zwischen V und L kein Verbrauchsgüterkauf vorliegt und sich V aus den genannten Gründen auch nicht so behandeln lassen muss, als hätte er einen Verbrauchsgüterkauf abgeschlossen. Der zwischen V und L vereinbarte Gewährleistungsausschluss könnte aber an § 444 BGB scheitern. Doch ist auch das nicht der Fall, da V die Mängel nicht arglistig verschwiegen und auch keine Garantie übernommen hat.

Da V den Gewährleistungsausschluss mittels AGB vereinbart haben, ist weiter über §§ 310 Abs. 1 S. 2, 307 Abs. 1 BGB auch § 309 Nr. 8b) aa) BGB einschlägig. Indem V seine Inanspruchnahme davon abhängig gemacht hat, dass er den Mangel zu vertreten hat, hat er erhöhte Anforderungen für jede Form der Gewährleistung gestellt. Somit greifen § 309 Nr. 8b) aa) BGB ein. Da keine Besonderheiten gerade darauf beruhen, dass die Klausel gegenüber einem Unternehmer (L) angewandt wurde, ist sie somit nach § 307 Abs. 1 BGB unwirksam (§ 310 Abs. 1 S. 2 BGB). Demgemäß greift der Gewährleistungsausschluss nicht ein.

Folglich sind K von L Gewährleistungsrechte gegen V abgetreten worden, sodass keine unangemessene Benachteiligung im Sinne von § 307 Abs. 2 Nr. 2 BGB vorliegt und der Ausschluss der Gewährleistung des L wirksam ist.

d. Damit steht zugleich fest, dass K gegenüber V – wäre er der Käufer – gemäß §§ 434 Abs. 1, 437 BGB Mängelgewährleistungsrechte hätte, und daher gegenüber dem Kaufpreisanspruch des V die allgemeine Mängeleinrede erheben könnte.[64] Diese Einrede kann er, falls Leasing und Kauf ein verbundenes Geschäft sind, gemäß § 359 BGB auch gegen seine Inanspruchnahme aus dem Leasingvertrag geltend machen. Da die Kriterien von § 358 Abs. 3 S. 2 BGB erfüllt sind (V und L arbeiten ständig zusammen), bilden die Verträge eine wirtschaftliche Einheit.

Demgemäß kann L von K Bezahlung der Leasingraten nicht verlangen.

---

[64] Die h.M. wendet § 320 BGB an, dazu Erman/*Grunewald* § 437 Rn. 7.

G Verbrauchsgüterkauf

I. Normzweck

§§ 474–477 BGB enthalten Sonderregeln für Kaufverträge, die zwischen einem **189**
Verbraucher und einem Unternehmer abgeschlossen werden. Diese Bestimmungen
privilegieren den Verbraucher gegenüber anderen Käufern und sollen ihn so vor
ausgefeilten **Absatzstrategien** des Unternehmers sowie vor vertraglichen Regelungen schützen, die ihn nach Ansicht des (EU)-Gesetzgebers **zu stark benachteili-
gen**. Zum Teil geht es bei diesen Regeln um den Ausgleich des Informationsgefälles
zwischen Unternehmer und Verbraucher, das in der Vergangenheit besonders beim
Kauf eines Gebrauchtwagens vom Händler eine große Rolle gespielt hat. Es geht
aber auch um den Ausgleich eines Machtgefälles zwischen Unternehmer und Verbraucher dadurch, dass dem Verbraucher für ihn günstige und zwingende Gewährleistungsnormen und Beweislastregelungen zur Verfügung gestellt werden.

II. Die Verbrauchsgüterkaufrichtlinie

Die Bestimmungen von §§ 474–477 BGB **beruhen auf der Verbrauchsgüter-** **190**
kaufrichtlinie[1]. Ein Großteil der in dieser Richtlinie für den Verbrauchsgüterkauf
vorgeschriebenen Regeln wurde ins allgemeine Kaufrecht übernommen. Nur die
Regeln, die der deutsche Gesetzgeber nicht für alle Kaufverträge für sachdienlich
hielt, sind in den §§ 474–477 BGB enthalten. Die Verbrauchsgüterkaufrichtlinie
stammt aus dem Jahr 1999. Zu diesem Zeitpunkt war in der Verbraucherrechtstheo-
rie nicht mehr vorrangig die Rede davon, dass ein Machtgefälle ausgeglichen werden müsse. Informationspflichten waren hingegen eine wichtige Legitimation für
Verbraucherschutzregeln geworden. Für die Europäische Kommission stand jedoch
bei Erlass der Verbrauchsgüterkaufrichtlinie das Bestreben im Vordergrund, den

---

[1] 1999/44/EG. Sie waren gleichzeitig der äußere Anlass für die Modernisierung des deutschen
Schuldrechts durch die Schuldrechtsreform 2001, die zu gravierenden Veränderungen des Rechts
der Leistungsstörungen und der Verjährung in Deutschland geführt hat.

B. Grunewald, K.-N. Peifer, *Verbraucherschutz im Zivilrecht*,
DOI 10.1007/978-3-642-14421-9_7, © Springer-Verlag Berlin Heidelberg 2010

europäischen Bürgern die Angst vor dem grenzüberschreitenden Kauf zu nehmen.[2] Technisch war dieser seit Mitte der 1990er Jahre insbesondere über elektronische Netze stark erleichtert (E-Commerce). Doch hatte sich aus Befragungen der Eindruck ergeben, dass die Unionsbürger aus Sorge vor der unbekannten ausländischen Rechtsordnung weniger stark von den neuen Möglichkeiten Gebrauch machten, als dies für einen funktionierenden und erfolgreichen europäischen Binnenmarkt erwünscht war. Die Verbrauchsgüterkaufrichtlinie sollte ein Baustein sein, um das Vertrauen in den grenzüberschreitenden Einkauf zu stärken. Die Verbraucherkaufrichtlinie mag mit diesem Anliegen auch ein erster wichtiger Baustein für ein Europäisches Vertragsrecht sein.

III. Der Anwendungsbereich der Regeln

1. Die Grundaussage

191   Die Sonderregeln für den Verbrauchsgüterkauf gelten nur, wenn ein **Verbraucher von einem Unternehmer kauft**, nicht umgekehrt. Denn nur wenn der Verbraucher in der Käuferrolle ist, ist er den besonderen Absatzstrategien eines Unternehmers ausgesetzt. Der Verbraucherbegriff ist in § 13 BGB kodifiziert (oben Rn. 20). Grundsätzlich wird er starr und schematisch verstanden. Auch Rechtsanwälte und Rechtsprofessoren mit Spezialisierung im Kaufrecht sind daher Verbraucher, wenn sie für ihren privaten Bedarf Gegenstände erwerben.[3] Es stellt eine sich in das System nicht einpassende (aber nicht ganz unverständliche) Ausnahme dar, wenn dem Verbraucher, der vortäuscht, Unternehmer zu sein, nach § 242 BGB versagt wird, sich auf die Schutzvorschriften des Verbrauchsgüterkaufrechts zu berufen.[4]

192   Die Normen gelten auch, wenn der **Unternehmer kein professioneller Verkäufer** ist (oben Rn. 25, 135 zu sog. „Powersellern").[5] Zwar greift dann der Normzweck (Schutz vor überlegener Absatzstrategie) in der Tat nicht ein. Aber wie auch sonst im Bereich des Verbraucherschutzes kommt es nicht darauf an, dass die Machtverteilung zwischen Unternehmer und Verbraucher im konkreten Fall der Vorstellung des Gesetzgebers entspricht.[6] Auch hier steht Typisierung vor der Einzelfallbetrachtung.

193   Die Regeln über den Verbrauchsgüterkauf gelten nur, wenn eine **bewegliche Sache** veräußert wird. Wesentliche Bestandteile von Grundstücken werden rechtlich

---

[2] *Staudenmayer* NJW 1999, 2393.

[3] *Canaris* AcP 200 (2000) 273, 348: unvermeidlicher Nebeneffekt der notwendigen Typisierung.

[4] So BGH NJW 2005, 1045; dazu bereits allgemein Rn. 23.

[5] BGH NJW 2006, 2250, 2251: auf das Vorhandensein eines Gewerbebetriebs und die Absicht zur Gewinnerzielung kommt es daher nicht notwendig an.

[6] A.A. *Brüggemann* WM 2002, 1376, 1385; wie hier *Lorenz* in MünchKommBGB, § 474 Rn. 21.

nicht gesondert behandelt (§ 93 BGB) und sind daher keine beweglichen Sachen im Sinne der Norm. Sofern andere Gegenstände verkauft werden (siehe § 453 Abs. 1 BGB) können im Einzelfall die Regeln des Verbrauchsgüterkaufs analog gelten. Für unkörperliche Gegenstände kommt eine solche Analogie aber nicht in Frage. Denn die Einschränkung von § 474 Abs. 1 S. 2 BGB und die Herausnahme des Verkaufs von Rechten aus dem Anwendungsbereich des Verbrauchsgüterkaufs zeigen, dass nach Ansicht des Gesetzgebers die verschärfte Haftung des Verkäufers nicht gerechtfertigt ist, wenn der Kaufgegenstand nicht verkörpert und daher nur schwer greifbar ist. Anders wiederum ist es beim Verkauf von Tieren, die nach § 90a S. 3 BGB wie bewegliche Sachen behandelt werden. Der Kauf eines Hündchens oder Kanarienvogels für die Familie ist daher selbstverständlich Verbrauchsgüterkauf (vgl. aber Rn. 195).

2. Ausnahmen

Nach § 474 Abs. 1 S. 2 BGB gelten die Regeln des Verbrauchsgüterkaufs **für ge-** 194 **brauchte Sachen**, die im Wege einer öffentlichen Versteigerung verkauft werden, nicht. Gebraucht sind alle die Sachen, die bereits einmal verwendet wurden, also nicht neu hergestellt sind im Sinne von § 309 Nr. 8b BGB. Allein die Tatsache, dass eine gewisse Lagerzeit verstrichen ist, macht die Sache aber nicht zu einer gebrauchten (Ware im Schlussverkauf, Neuwagen auf dem Hof des Händlers), da die mit einer Benutzung verbundene erhöhte Gefahr, dass ein Mangel auftritt, dann nicht gegeben ist.[7] Ein sogenannter Ladenhüter ist daher nur gebraucht, wenn er bereits verwendet worden ist. So liegt es auch beim Vorführwagen, den der Pkw-Händler neu einkauft, aber hernach für Probefahrten seiner Kunden zur Verfügung stellt.

Umstritten ist, ob **Tiere stets als gebraucht** anzusehen sind.[8] Der Bundesge- 195 richtshof[9] unterscheidet danach, ob das Tier bereits seiner Bestimmung gemäß verwendet worden ist oder nicht. Für ein Hengstfohlen geht die Judikatur demgemäß davon aus, dass es sich nicht um eine gebrauchte Sache handelt. Diese Judikatur ist problematisch, da Tiere stets individuelle und eigenwillige Lebewesen sind, und daher genau wie bei den klassischen gebrauchten Sachen mit Besonderheiten zu rechnen ist, die der Verkäufer nicht kennen kann und für die er daher nach der Konzeption des Gesetzes auch nicht zwingend einzustehen hat.[10]

Ist eine Sache nicht in dem geschilderten Sinne gebraucht, so sind die Regeln 196 des §§ 474 ff. BGB nicht etwa deshalb nicht anwendbar, **weil sie als gebraucht**

---

[7] *Lorenz* in MünchKommBGB, § 478 Rn. 8.

[8] So Erman/*Grunewald* § 474 Rn. 9; a.A. *Christian Berger* in Jauernig § 474 Rn. 6.

[9] NJW 2007, 674.

[10] Erman/*Grunewald* § 474 Rn. 7; vgl. auch *Eichelberger/Zentner* JuS 2009, 201; Übungsfall bei *Poelzig* JuS 2008, 618.

bezeichnet wird.[11] Ein solches Verständnis der Bestimmung wäre schon nicht mit der Richtlinie vereinbar, die auch im Bereich einer öffentlichen Versteigerung nicht davon ausgeht, dass der Verbraucherschutz dispositiv wäre. Genau das wäre aber der Fall, wenn allein die Bezeichnung einer Sache als gebraucht dazu führen würde, dass die Regeln zum Schutze des Verbrauchers nicht anwendbar sind.[12] Auftreten kann das Problem beim Verkauf von Pkw. Hier mag ein Händler seine Gewährleistung begrenzen wollen, indem er das neu eingekaufte und noch niemals gefahrene Fahrzeug schlicht als Gebrauchtwagen verkauft.

Die Ausnahme setzt des Weiteren voraus, dass die gebrauchte Sache im Wege der **öffentlichen Versteigerung** verkauft wird. Eine solche liegt nur vor, wenn der Verbraucher die Sache betrachten (siehe § 383 Abs. 3 BGB) und infolgedessen besser beurteilen kann. Internetauktionen sind also nicht erfasst[13].

IV. Die Rechtsfolgen

1. Zwingendes Recht

197 Wenn die geschilderten Voraussetzungen für den Verbrauchsgüterkauf gegeben sind, sind zahlreiche Regeln des allgemeinen Kaufrechts **zu Gunsten des Verbrauchers zwingend**. Erst nach Mitteilung des Mangels an den Unternehmer können abweichende Vereinbarungen geschlossen werden (§ 475 Abs. 1 S. 1 BGB). Zu den insoweit zwingenden Normen zählen §§ 433–435, 437, 439–443 BGB und damit praktisch das gesamte Gewährleistungsrecht. Ausgenommen sind lediglich die Schadensersatzansprüche (§ 475 Abs. 3 BGB). Möglich bleiben selbstverständlich Beschaffenheitsvereinbarungen. Daher muss zwischen Beschaffenheitsvereinbarungen und Gewährleistungsausschlüssen unterschieden werden, was in der Praxis schwierig ist.

Pauschale Beschreibungen der Kaufsache („gekauft wie gesehen", „schlechteste Warenklasse") enthalten einen Haftungsausschluss und keine Beschaffenheitsvereinbarung (Rn. 196). Gleiches gilt, wenn die Beschreibung klar erkennbar negativ von dem realen Zustand der Kaufsache abweicht, da dann die geschuldete Beschaffenheit nicht ernstlich festgelegt (Bastlerfahrzeug bei als fahrbereit verkauften Pkw) wird.[14] Bloße Wissenserklärungen, wie die Angabe „Unfallschäden lt. Vorbesitzer: Nein", enthalten keine Beschaffenheits*vereinbarung* im Sinne von § 434 Abs. 1 S. 1 BGB. Einschlägig ist gegebenenfalls § 434 Abs. 1 S. 2 BGB.[15]

---

[11] *Christian Berger* in Jauernig § 474 Rn. 6; a.A. Bamberger/Roth-*Faust* § 474 Rn. 15.

[12] BGH NJW 2007, 674, 677.

[13] BGH NJW 2006, 614; *Christian Berger* in Jauering § 474 Rn. 5.

[14] *Christian Berger* in Jauernig § 475 Rn. 9; Erman/*Grunewald* § 444 Rn. 2; *Looschelders, Schuldrecht BT* Rn. 266.

[15] BGH NJW 2008, 1517, 1518.

Auch die Regeln für die **Verjährung von Gewährleistungsansprüchen** können **198** nicht beliebig ausgestaltet werden. Vielmehr kann die Verjährungsfrist vor Mitteilung eines Mangels nicht unter 2 Jahren (bei gebrauchten Sachen unter einem Jahr) betragen (§ 475 Abs. 2 BGB). Eine solche Erleichterung der Verjährung liegt in jeder Vereinbarung, die in einem konkreten Fall zu einer Verkürzung der Verjährungsfrist führt, und zwar gleichgültig, ob dies regelmäßig oder nur dieses eine Mal Folge der Vereinbarung ist. Schließlich geht es nicht allein darum, eine Grenze für Allgemeine Geschäftsbedingungen sondern auch für Individualvereinbarungen zu bestimmen. Beispiele für solche Erleichterungen können Verkürzungen der Verjährungsfrist oder auch ein vorgezogener Beginn dieser Frist sein.[16] Allerdings können die Wirkungen einer Hemmung der Verjährung abbedungen werden. Denn die Hemmung wird gemäß § 209 BGB in die Verjährungsfrist nicht eingerechnet. Daher wird diese Frist durch die Hemmung auch nicht verlängert.

2. Beweislastumkehr

Im Grundsatz muss jeder das beweisen, was für ihn günstig ist.[17] Daher muss ein **199** Käufer, der Rechte nach den Regeln der Mängelgewährleistung geltend machen will, beweisen, dass die Sache fehlerhaft ist. Von diesem Grundsatz weicht das Gesetz für den Verbrauchsgüterkauf ab. Das Gesetz ordnet in **§ 476 BGB eine Beweislastumkehr** an. Der BGH versteht die Norm so, dass der Käufer den Mangel beweisen muss und lediglich vermutet wird, dass dieser Mangel bereits bei Gefahrübergang vorlag.[18]

In dem zugrundeliegenden Sachverhalt war ein Gebrauchtwagen verkauft worden, an dem der Verkäufer kurz zuvor den Zahnriemen im Motorblock erneuert hatte. Der Wagen blieb knapp sechs Monate nach der Übergabe mit einem Motorschaden stehen. Damit war unstreitig, dass der Wagen einige Monate funktioniert hatte, also der Motorschaden bei Übergabe noch nicht bestand. Die Behauptung des Verbrauchers, dass der Wagen eine Schadensanlage gehabt haben müsse, wies der BGH zurück. Es wird also nicht vermutet, dass der Mangel (der Motorschaden) auch schon bei Gefahrübergang angelegt war, aber erst später aufgetreten ist (Materialfehler).[19] Dies erschwert dem Käufer die Rechtsverfolgung insofern, als oftmals klar ist, dass der jetzt vorhandene Fehler (etwa der Motorschaden) bei Gefahrübergang noch nicht vorhanden war, und es dem Käufer daher gerade darauf ankommen muss, dass vermutet wird, dass die Mangelursache schon bei Gefahrübergang vorlag.

---

[16] Bamberger/Roth-*Faust* § 475 Rn. 17; Erman/*Grunewald* § 475 Rn. 11.

[17] Diese Regel formulierte vor allem *Rosenberg*, Die Beweislast, 5. Aufl. 1965, S. 98, daher spricht man auch von der „Rosenberg'schen Formel".

[18] BGHZ 159, 215, 217 und BGH NJW 2007, 2621, 2622 m. Bspr. *Gsell* JZ 2008, 29.

[19] Überblick über die Judikatur bei *Lorenz* NJW 2007, 2623; *Tiedtke* JZ 2008, 452, 454; Kritik bei *Looschelders* JA 2007, 673.

200   Die **Beweislastumkehr** greift nach § 476 BGB **nicht ein**, wenn die Vermutung
mit der Art der Sache (Schnittblumen welken fünf Tage nach Kauf) oder der Art
des Mangels (Beschädigung hätte dem Käufer, so sie beim Kauf vorgelegen hätte,
auffallen müssen) nicht vereinbar ist. Für gebrauchte Sachen gilt diese Ausnahme
nicht generell, da klare Beschaffenheitsvereinbarungen auch bei gebrauchten Sachen durchaus die Basis für die Vermutung abgeben können und man daher nicht
generell sagen kann, dass die Vermutung mit der Art eines Mangels bei gebrauchten
Sachen nicht vereinbar sei[20]. Bei Tieren ist zu differenzieren. Grundsätzlich gilt
§ 476 BGB auch für den Tierkauf. Die Beweislastumkehr kann jedoch wegen der
Art des Mangels bei bestimmten Tierkrankheiten ausgeschlossen sein. Für einen
verkauften Kater, der eine Pilzinfektion hatte, die erst kurze Zeit nach Übergabe
ausbrach, gilt z. B. die Beweislastumkehr, obwohl die Krankheit jederzeit auftreten
kann und obwohl der Verkäufer die Krankheit – ebenso wenig wie der Käufer – erkennen kann. Zwar fehlt es dann an einem Wissensvorsprung des Verkäufers und
damit an dem eigentlichen Grund für die Beweislastumkehr. Aber das Gesetz ist
typisierend zu verstehen.[21]

3. Garantien

201   § 477 Abs. 1 BGB ordnet an, dass eine Garantie, die ein Unternehmer gegenüber
einem Verbraucher abgibt, einfach und verständlich sein muss. Die Garantie muss
einfach (also nicht aufgebläht), **präzise und kurz gefasst** sein. Der Kunde muss
nach der Lektüre wissen, was genau garantiert wird. Die Gliederung hat übersicht-
lich und systematisch überzeugend zu sein. Umstritten ist, ob der Text auch auf
Deutsch abgefasst sein muss. Dies wird man zu bejahen haben, da viele Verbraucher
selbst Garantietexte auf Deutsch oft nicht ohne Weiteres verstehen. Etwas anderes gilt, wenn die Vertragsverhandlungen in einer anderen Sprache geführt werden.
Dann ist geklärt, dass der Verbraucher diese Sprache versteht.[22]

202   Gemäß § 477 Abs. 1 S. 2 BGB muss die Garantie den **Hinweis auf die gesetzlichen Rechte** und darauf enthalten, dass diese durch die Garantie nicht eingeschränkt werden. Umstritten ist, ob in der Garantie im Groben gesagt werden muss,
welche Rechte dem Käufer nach dem Gesetz zustehen. Dies ist deshalb wichtig,
weil diese einem Verbraucher nicht ohne Weiteres bekannt sind und er sonst den
Eindruck haben könnte, es sei auf jeden Fall besser, die präzise ausformulierten
Garantierechte zu nutzen.[23] Wirbt ein Verkäufer mit einer Rücknahmegarantie und
verspricht er die Rücknahme im Fall von Mängeln ohne zeitliche Begrenzung, so
geht das einerseits über das Gesetz hinaus. Andererseits muss der Kunde aber darü-

---

[20] *Christian Berger* in Jauernig § 476 Rn. 8; Erman/*Grunewald* § 476 Rn. 7.

[21] BGH NJW 2007, 2619, 2620.

[22] Ausführlich *Grunewald*, Kaufrecht § 11 Rn. 22.

[23] Für eine solche Aufführung der Rechte *Grunewald*, Kaufrecht § 11 Rn. 24; a.A. Bamberger/
Roth-*Faust* § 477 Rn. 7.

ber informiert werden, dass er in einem solchen Fall die Ware nach der gesetzlichen Regelung auch behalten, dafür aber innerhalb der Gewährleistungsfrist den Kaufpreis mindern darf.

Des Weiteren muss die Garantie den **Garantiefall und die Rechte aus der** 203 **Garantie** sowie alle Angaben enthalten, die für die Geltendmachung der Garantie notwendig sind (§ 477 Abs. 1 S. 2 BGB). Demgemäß müssen insbesondere Name und Anschrift des Garantiegebers genannt werden (§ 477 Abs. 1 Nr. 2 BGB). Die Garantie ist nicht formgebunden. Der Verbraucher hat aber einen Anspruch darauf, dass er die Garantie in Textform (§ 126b BGB) erhält (§ 477 Abs. 2 BGB). § 477 Abs. 3 BGB ordnet an, dass die Garantie nicht deshalb unwirksam ist, weil sie den Anforderungen von § 477 Abs. 1 und 2 BGB nicht entspricht. Das ist insofern selbstverständlich, weil es anderenfalls dem Verkäufer zum Vorteil gereichen würde, wenn er die Anforderungen von § 477 Abs. 1 und 2 BGB nicht einhält.

Der Verbraucher hat einen **Anspruch darauf, eine verständliche Garantie zu** 204 **erhalten**. Allerdings ist dieser Anspruch für ihn nicht interessant. Vielmehr wird er gleich Erfüllung der in der Garantie ihm zugesagten Ansprüche verlangen. Sofern dem Verbraucher auf Grund unklarer Formulierungen Schäden entstanden sind, kann er diese ersetzt verlangen.[24] Auch steht Verbraucherschutzverbänden ein Vorgehen nach dem UKlaG und dem UWG offen.

4. Versendungskauf

Gemäß § 434 Abs. 1 BGB kommt es für die Frage, ob eine Sache mangelhaft 205 **ist, auf den Zeitpunkt des Gefahrübergangs an.** Umstände, die erst später eintreten, können keinen Mangel im Sinne von § 434 Abs. 1 BGB begründen. Sofern ein Mangel erst nach Gefahrübergang eintritt, löst dies folglich keine Gewährleistungsrechte mehr aus. Gemäß § 447 BGB geht beim Versendungskauf die Gefahr mit Übergabe der Kaufsache an die Transportperson über. In diesem Moment hat der **Verkäufer alles getan, was er schuldet. Damit beschränkt sich das Schuldverhältnis auf die abgesandte Kaufsache (§ 243 Abs. 2 BGB).** Folglich wird der Verkäufer bei Untergang der Kaufsache von der Verschaffungspflicht gemäß § 275 Abs. 1 BGB befreit.[25] Der Käufer müsste eigentlich den Kaufpreis nach § 326 Abs. 1 S. 1 BGB nicht bezahlen. Doch beinhaltet § 447 BGB eine Ausnahme von dieser Grundregel.

Im Rahmen eines Verbrauchsgüterkaufs gilt § 447 BGB nicht (§ 474 Abs. 2 206 BGB). Damit erfolgt der **Gefahrübergang nur nach § 446 BGB**, also durch Übergabe bzw. Annahmeverzug. Auf diese Weise trägt das Gesetz der Tatsache Rechnung, dass der Verbraucher auf die Auswahl von Transportweg und -person normalerwei-

---

[24] *Looschelders,* Schuldrecht BT Rn. 275.

[25] Ausführlich *Grunewald,* Bürgerliches Recht, § 12 Rn. 15.

se keinen Einfluss hat. Der Verkäufer trägt folglich das Verschlechterungsrisiko bis zu dem genannten Zeitpunkt, also regelmäßig der Übergabe. Es bleibt aber dabei, dass der Verkäufer den Transport nicht schuldet. Daher greift nach wie vor § 243 Abs. 2 BGB im Zeitpunkt der Versendung ein. Doch trägt der Käufer nicht das Risiko des zufälligen Untergangs, da § 447 BGB nicht gilt und daher eine Ausnahme von § 326 Abs. 1 S. 1 BGB nicht gemacht wird. Der Verkäufer muss aber nach wie vor, da er den Transport nicht schuldet, für ein Fehlverhalten der Transportpersonen nicht nach § 278 BGB einstehen.

5. Umgehungen

a) Das Agenturgeschäft

207 Gemäß § 475 Abs. 1 S. 2 BGB werden auch Umgehungen erfasst. Von besonderer Bedeutung ist die Frage, ob die Wahl eines anderen Vertragstyps als des Kaufs als Umgehung anzusehen ist. Wenn etwa ein Gebrauchtwagenhändler einen gebrauchten Pkw nicht mehr selbst ankauft und an einen Verbraucher weiterverkauft sondern nur noch den **Kauf zwischen Alt- und Neueigentümer vermittelt** (**Agenturgeschäft**), stellt sich die Frage, ob dies als Umgehung der Regeln des Verbrauchsgüterkaufs anzusehen ist. Nach Ansicht des BGH ist dies der Fall, wenn die Vertragsgestaltung so liegt, dass der Vermittler die Chancen und Risiken (etwa in Form einer Mindestverkaufspreisgarantie für den Pkw) trägt.[26] Folge davon soll sein, dass der Unternehmer Vertragspartner des Verbrauchers wird.[27] Dieses erscheint aber nur dann hinnehmbar, wenn die nach dem Wortlaut des Vertrages als Verkäufer auftretende Person auch als Verkäufer haftet.[28] Denn es liegt keineswegs stets im Interesse des Verbrauchers, einen Unternehmer statt einer natürlichen Person als Vertragspartner zu haben.[29] Auch fragt es sich, ob man ein solches Geschäft überhaupt als Umgehung ansehen sollte, da die Risikoübernahme durch den Händler seinem eigenen Interesse an der Durchführung des Geschäftes dient und daher kaum als Umgehung gewertet werden kann.[30]

208   Der BGH hat die geschilderten Überlegungen auch angewandt, **wenn ein Eigengeschäft des Unternehmers durch Zwischenschaltung eines Verbrauchers** (etwa des Geschäftsführers) als Verkäufer **verschleiert wird**. Auch dann muss sich der Unternehmer also so behandeln lassen, als hätte er selbst verkauft[31].

---

[26] BGH NJW 2005, 1039.

[27] BGH NJW 2007, 759.

[28] Offen gelassen in BGH NJW 2007, 760.

[29] Siehe auch *Bruns* NJW 2007, 762.

[30] *Grunewald*, Kaufrecht § 3 Rn. 32; *Looschelders, Schuldrecht* BT Rn. 267.

[31] BGH NJW 2007, 759, 760.

b) Das Finanzierungsleasing

Die geschilderte Ähnlichkeit des Leasinggeschäfts[32] mit dem zum finanzierten **209**
Kauf hat zu der Frage geführt, ob – wenn der Leasingnehmer Verbraucher ist – in
dem Leasinggeschäft eine Umgehung der Regeln des Verbrauchsgüterkaufs im Sinne von § 475 Abs. 1 S. 2 BGB zu sehen ist. Denn wenn der Leasingnehmer bei dem
Verkäufer, der regelmäßig **Unternehmer ist, gekauft hätte, wäre der Tatbestand
von § 474 Abs. 1 S. 1 BGB erfüllt gewesen, während die ihm nunmehr abgetretenen Gewährleistungsrechte nach §§ 434 ff. BGB nicht an § 475 Abs. 1 BGB
zu messen sind,** da im Verhältnis Unternehmer – Leasinggeber kein Verbrauchsgüterkauf vorliegt. Aber das reicht für die Annahme einer Umgehung nicht aus[33].
Denn allein die Tatsache, dass Vertragsverhältnisse auch anders ausgestaltet werden
können, heißt ja nicht, dass jede den Verbraucher weniger günstig stellende Absprache eine Umgehung wäre. Stattdessen hilft die Judikatur mit einer Inhaltskontrolle
der Allgemeinen Geschäftsbedingungen, die der Leasinggeber dem Leasingnehmer
regelmäßig vorlegt.

Fall 11 (Agenturgeschäft)

A. Sachverhalt (nach BGH NJW 2005, 1039)　　　　　　　　　　　　　　**210**
K erwarb in den Räumen des V, eines Gebrauchtwagenhändlers, einen Pkw unter
Ausschluss jeglicher Gewährleistung. Der schriftliche Kaufvertrag wies als Verkäufer M aus. Wenige Wochen nach Übergabe des Fahrzeugs wies dieses Mängel
auf, die dazu führten, dass der Pkw liegen blieb. K forderte V zur Nachbesserung
auf. Dieser wies darauf hin, dass er nicht der Verkäufer sei. K verlangt von V Rückzahlung des Kaufpreises Zug um Zug gegen Rückübereignung des Pkw.

B. Lösung
Ein solcher Anspruch kann sich aus §§ 433, 434 Abs. 1 S. 1, 437 Nr. 2, 323 Abs. 1,
346 Abs. 1 BGB ergeben. Dann müsste V der Verkäufer des Pkw sein. Nach dem
Inhalt des schriftlichen Kaufvertrages hatte der Kläger das Fahrzeug aber nicht von
V, sondern von M gekauft. Allerdings besteht die Gefahr, dass auf Grund eines
„Direkt"-Kaufs zwischen Verbrauchern die nur auf den Kauf eines Verbrauchers
von einem Unternehmer anwendbaren strengeren Regeln der §§ 475 ff. BGB nicht
greifen, obwohl ein Unternehmer an dem Geschäft in irgendeiner Form beteiligt
ist. Dies könnte dazu führen, dass sich V so behandeln lassen muss, als wäre er der
Verkäufer.
Der BGH behandelt den Vermittler nicht wie einen Verkäufer und akzeptiert somit den (sonst nach § 475 Abs. 1 S. 1 BGB unwirksamen) Haftungsausschluss. Er
betont, dass das wirtschaftliche Risiko des Verkaufs bei M und nicht bei V gelegen
habe, da V nicht für einen Mindestpreis einstehen müsse. So recht einleuchten will
dieses Ergebnis aber nicht. Denn schließlich kennt K die Details des Vertrages zwischen M und V, von denen seine Rechtsstellung abhängen soll, nicht. Auch muss

---

[32] § 6 Rn. 174.
[33] BGH NJW 2006, 1066; *Looschelders*, Schuldrecht BT Rn. 514.

es keineswegs stets so sein, dass ihm an der „Auswechslung" des Vertragspartners gelegen ist (etwa im Falle der Insolvenz des Gebrauchtwagenhändlers).[34] Daher spricht manches dafür, das sogenannte „Agentur"-Geschäft stets zu akzeptieren, zumal es auf nachvollziehbaren wirtschaftlichen Überlegungen beruht und daher kaum pauschal als Umgehungsgeschäft eingestuft werden kann.[35]

---

[34] Daher wird auch vertreten, dass sich der private Verkäufer so behandeln lassen müsste, als wäre er Unternehmer. Dann richten sich die Gewährleistungsansprüche gegen ihn, *Looschelders* JA 2007, 673, 678.

[35] *Hofmann* JuS 2005, 8; *Looschelders* JA 2007, 673, 678.

H Gewinnzusagen

I. Normzweck

§ 661a BGB sanktioniert täuschende Gewinnversprechungen eines Unternehmers, **211** die an einen Verbraucher gerichtet sind, mit einem Erfüllungsanspruch.[1] Ziel der Regelung ist es, diese **Geschäftspraktiken**, die verdeckt ganz andere Ziele verfolgen als die Ausschüttung von Gewinnen (namentlich die Bestellung von Waren), **zu unterbinden**. Dies hatte zur Folge, dass die Norm unter Hinweis darauf, dass sie eine Strafe ohne Schuld beinhaltet und daher gegen das Rechtsstaatsprinzip verstoße, für grundgesetzwidrig gehalten wurde. Mittlerweile haben BGH[2] und Bundesverfassungsgericht[3] geklärt, dass § 661a BGB keine Strafe festlegt, sondern lediglich den Unternehmer beim Wort nimmt.

II. Die Voraussetzungen

1. Gewinnzusage oder vergleichbare Mitteilung

§ 661a BGB verlangt eine Gewinnzusage. Diese **muss nicht ernst gemeint sein** **212** und sie muss auch nicht bei verständiger Würdigung als ernst gemeint zu verstehen sein. Sie beinhaltet also keine Willenserklärung.[4] Dies entspricht dem Zweck der Regelung, da es ja gerade darum geht, Verbraucher, die dem ersten Eindruck der Gewinnzusage Glauben schenken könnten, zu schützen.

Allerdings muss ein Verbraucher davon ausgehen können, dass er einen Gewinn erhalten soll. Dies ist bei völlig anonymisierten Schreiben nicht mehr der

---

[1] BGH NJW 2006, 231, 233.

[2] NJW 2003, 3620.

[3] NJW 2004, 762: zustimmend *Schröder/Thiessen* NJW 2004, 719.

[4] Erman/*Ehmann*, § 661a Rn. 3.

B. Grunewald, K.-N. Peifer, *Verbraucherschutz im Zivilrecht,*
DOI 10.1007/978-3-642-14421-9_8, © Springer-Verlag Berlin Heidelberg 2010

Fall,[5] wohl aber, wenn nur im Kleingedruckten gesagt wird, dass die Zusage unverbindlich ist.[6] Auch wenn die Gewinnauszahlung von weiteren Handlungen des Verbrauchers abhängen soll (Bestellung beim Versender), ändert dies nichts daran, dass eine solche Zusage vorliegt.[7] Denn ersichtlich besteht auch in diesem Fall die Gefahr, dass der Verbraucher getäuscht wird und nur bestellt, weil er meint, er erhalte den Gewinn.

213   Nach dem Zweck der Norm kommt auch eine **Anfechtung der Gewinnzusage nach §§ 119 ff. BGB analog**[8] – wovon man, wenn man die Gewinnzusage als geschäftsähnliche Handlung ansieht, ausgehen könnte – unter Berufung darauf, dass man davon ausgegangen sei, es werde nicht der Eindruck einer Gewinnzusage erweckt, **nicht in Frage**.[9] Denn schließlich soll gerade das Risiko, dass ein solches Missverständnis entsteht, dem Versender der Gewinnzusage durch die Norm zugewiesen werden.

214   Der zugesagte Gewinn muss nicht genau individualisiert sein.[10] **Der Inhalt des Anspruchs** nach § 661a BGB ist durch ergänzende Auslegung der Zusage entsprechend zu ergänzen, wobei zu Gunsten des Verbrauchers gemäß dem Zweck der Norm nicht zu engherzig verfahren werden darf.

215   Problematisch kann die Feststellung sein, ob der **Adressat Verbraucher** ist. Denn die Definition von § 13 BGB stellt auf den Zweck eines Rechtsgeschäfts ab, woran es bei § 661a BGB gerade fehlt. Man hilft sich damit, auf den Vertragsschluss abzustellen, auf den die *Gewinnzusage abzielt.*[11]

2. *Versendung*

216 Die Gewinnzusage muss von dem Verwender an den Verbraucher „versandt" werden. Das schließt Erklärungen unter Anwesenden aus, auch telefonische.[12] **Versender und damit Schuldner des Anspruchs** ist die Person, die hinter der Mitteilung steht, auch wenn fiktive Namen oder nicht existierende Personen vorgeschoben werden.[13] Nur so kann gemäß dem Zweck der Norm sicher gestellt werden, dass unerwünschte Gewinnzusagen unterbleiben.

---

[5] *Bülow/Artz* Rn. 531.

[6] *Mansel* in Jauernig § 661a Rn. 4.

[7] BGH NJW 2006, 2548, 2549.

[8] Nur analog, denn es fehlt an einer Willenserklärung, siehe oben Rn. 212.

[9] Prütting/Wegen/Weinreich-*Mörsdorf-Schulte* § 661 Rn. 11.

[10] *Bülow/Artz* Rn. 532; *Mansel* in Jauernig § 661a Rn. 4.

[11] *Mansel* in Jauernig § 661a Rn. 5; darauf, ob die Mitteilung an die Privat- oder die Geschäftsadresse gerichtet ist, stellt *Schmidt-Räntsch*, FS Huber, 2006, S. 575, 585 ab.

[12] *Mansel* in Jauernig § 661a Rn. 4; *Schmidt-Räntsch*, FS Huber, 2006, S. 575, 583.

[13] BGH NJW 2006, 2548, 2550; *Bülow/Artz* Rn. 32.

III. Die Rechtsfolgen

Wenn die Voraussetzungen von § 661a BGB erfüllt sind, hat der Verbraucher einen **217**
Anspruch auf den zugesagten Gewinn. Da die Gewinnzusage keine Willenserklärung beinhaltet (siehe oben Rn. 212) und es auch auf eine entsprechende Annahmeerklärung des Verbrauchers nicht ankommt, handelt es sich um ein gesetzliches
Schuldverhältnis.[14] Sofern es zu Leistungsstörungen kommt, gelten die allgemeinen Regeln des Schuldrechts.

Fall 12

A. Sachverhalt   **218**
Verbraucher A erhält per Post einen an ihn persönlich adressierten Brief, in dem
ihm von dem Unternehmer B zu einem Gewinn über 15.000 € gratuliert wird. Um
den Gewinn zu erhalten, soll er lediglich den beiliegenden Gewinnschein ausgefüllt
zurückschicken. Der Brief enthält außerdem einen Hinweis auf den mit gesandten
Produktkatalog des B:

> Die besten Angebote nur für Sie, Herr A! Bestellen Sie doch gleich Ihren Wunschartikel.

A entscheidet sich dafür, einen Flachbildfernseher zum Preis von 1.000 € zu kaufen und sendet den ausgefüllten Gewinnschein gemeinsam mit der Bestellung an B
zurück. B schickt sodann den Flachbildfernseher an A. Was A nicht weiß: Auf der
Innenseite des Briefumschlages hatte B in hellgrauer Schrift vermerkt, dass der Gewinn unter den 15.000 Empfängern gleichmäßig aufgeteilt wird, sodass für jeden
genau 1 € übrig bleibt.

B verlangt nun von A Bezahlung der 1000 € abzüglich des 1 € Gewinn, also
999 €. A wiederum verlangt von B die Auszahlung seines Gewinns abzüglich der
1000 € für den Fernseher. Wer ist im Recht?

B. Lösung
B könnte gegen A einen Anspruch auf Zahlung von 999 € gemäß § 433 Abs. 2 BGB
haben.

1. Wirksamer Kaufvertrag

A hat durch seine Bestellung ein Angebot auf Abschluss eines Kaufvertrages abgegeben. B hat dieses Angebot durch Abschicken der Ware angenommen. Ein Kaufvertrag ist somit zwischen A und B zustande gekommen und der Anspruch des B
entstanden.

2. Aufrechnung

Dieser Anspruch könnte allerdings gemäß § 389 BGB erloschen sein, wenn A wirksam aufrechnen konnte.

---

[14] BGH NJW 2006, 230, 232; BGH NJW 2006, 2548, 2549: Einseitige schuldrechtliche Verpflichtung; *Schmidt-Räntsch*, FS Huber, 2006, S. 575, 577.

a) Aufrechnungslage

Für eine Aufrechnung müssen sich gemäß § 387 BGB zwei gegenseitige, gleichartige, fällige Ansprüche gegenüberstehen. Fraglich ist also, ob A gegen B einen Anspruch hat.

aa) Vertraglicher Anspruch

Ein Anspruch des A aus einem Vertrag kommt nicht in Frage, da B sich ersichtlich nicht zur Zahlung von 15.000 € an A verpflichten wollte, also erkennbar ohne Rechtsbindungswillen handelte.

bb) Gesetzlicher Anspruch gemäß § 661a BGB

Allerdings könnte sich der Anspruch des A aus § 661a BGB ergeben. Hiernach hat ein Unternehmer, der Gewinnzusagen oder vergleichbare Mitteilung an Verbraucher sendet und durch die Gestaltung dieser Zusendungen den Eindruck erweckt, dass der Verbraucher einen Preis gewonnen hat, dem Verbraucher diesen Preis zu leisten. B hat durch sein Schreiben den Eindruck erweckt, dass A 15.000 € gewonnen hat. Die Voraussetzungen sind somit grundsätzlich erfüllt.

Dem könnte nur entgegenstehen, dass B auf der Innenseite des Briefumschlages vermerkt hatte, dass jedem nur 1 € zustehen solle. Allerdings soll § 661a BGB gerade unlautere Geschäftsmethoden verhindern und sanktionieren. Dieser Schutzzweck würde vereitelt, wenn der Unternehmer ohne Weiteres den Anspruch vereiteln könnte, indem er einfach in kleinster Schrift, an einer für den Verbraucher nicht zu erkennenden Stelle, erklärt, dass er den versprochenen Gewinn doch nicht auszahlen will. A musste nicht damit rechnen, dass B ihm den Gewinn nicht auszahlen will. Somit besteht der Anspruch des A auf Auszahlung des Gewinns.

A konnte mit seinem Anspruch aufrechnen, sodass der Anspruch des B erloschen ist.

Ergebnis: B kann von A nicht die Bezahlung der 999 € verlangen, sondern muss sogar die noch fehlenden 14.000 € an A zahlen.

I Verbraucherschutz bei Pauschalreisen

I. Typische Probleme bei Pauschalreisen

Pauschalreisen haben sich in den 1960er und 1970er Jahre entwickelt. Dem **219**
BGB in seiner Fassung aus dem Jahr 1900 waren sie noch unbekannt. Beförderungs-
verträge wurden und werden stets als Werkverträge eingeordnet, Unterkunftsverträ-
ge als Mietverträge. Eine Verknüpfung zwischen beiden fand in der Vergangenheit
selten statt. Wer eine Taxifahrt zum Flughafen anbietet, schuldet einen erfolgreichen
und unfallfreien Transport, übernimmt aber keine Haftung dafür, dass das angeziel-
te Flugzeug auch verkehrt. Das Wesen der Pauschalreise besteht hingegen darin,
ein Bündel von Reiseleistungen dergestalt anzubieten, dass der Reisende durch eine
Art „one stop-shopping" sämtliche Leistungen erhält, die er für einen erholsamen
Urlaub benötigt. Der Reiseveranstalter organisiert dieses Bündel, indem er Leistungen „einkauft", vermittelt und zusammenstellt. In der Frühzeit der Pauschalreisen
haben Vermittler versucht, eine bloße Vermittlerposition zu behalten, so dass eine
Eigenhaftung für die Bereitstellung der Leistungen ausschied. Daraus resultierte
eine Vielzahl von Problemen, die in den 1970er Jahren zu einer ersten nationalen
Regelung in Deutschland in Form der §§ 651a bis 651m BGB führte.[1] Zunehmend
werden solche Fälle auch zu Prüfungsfällen in der juristischen Ausbildung.[2]

Erhebungen der Stiftung Warentest in den 1970er Jahren führten zu dem Ergeb- **220**
nis, dass jeder vierte Pauschaltourist mit der Erfüllung der versprochenen Leistungen unzufrieden war.[3] **Klassische Problemfelder** waren und sind auch heute noch,
dass Idylle versprochen („traumhafte Strände, Hotel in zentraler Lage"), Stress geliefert wurde („verschmutzte Erholungsflächen, Baustellen- oder Verkehrslärm").
Reiseversprechen werden typischerweise anhand des Angebotskatalogs aus der Erwartungshaltung des Reisenden interpretiert. Weitere Probleme liegen darin, dass
einzelne Reiseleistungen nicht oder nicht wie versprochen geleistet werden (Jagd-
ausflug findet außerhalb der Jagdsaison statt, Swimming-Pool wird gerade saniert).
Die Möglichkeit, die Werbeversprechen zu überprüfen, hat der Reisende naturge-

---

[1] Das Reisevertragsgesetz ist am 1.10.1979 in Kraft getreten.
[2] Fallsammlungen finden sich bei *Lettmaier/Fischinger* JuS 2010, 14 und 99.
[3] Vgl. die Nachweise bei *von Hippel*, Verbraucherschutz, 3. Aufl. 1986, S. 261.

B. Grunewald, K.-N. Peifer, *Verbraucherschutz im Zivilrecht,*
DOI 10.1007/978-3-642-14421-9_9, © Springer-Verlag Berlin Heidelberg 2010

mäß erst, wenn der Reisepreis entrichtet und der Urlaub angetreten ist. Dann ist es zu spät für Alternativen. Die Problemlösung vor Ort scheitert oft bereits daran, dass der Reisende die Landessprache nicht spricht, eine Ansprechperson des Veranstalters fehlt, der Leistungserbringer darauf verweist, dass er nichts tun kann. Die Durchsetzung von Ansprüchen gegen diesen Leistungserbringer vor Ort mag möglich sein, setzt jedoch Prozessführung im Ausland bei Geltung ausländischer Rechtsnormen voraus, ein Abenteuer, das der Reisende nicht durchleben möchte. Die Belastungen der Reise mögen im Ergebnis so gravierend sein, dass der Reisende den Urlaub abbrechen möchte, das erzeugt Folgekosten und beseitigt endgültig jede Urlaubsfreude. Finanzielle Probleme zu Lasten des Reisenden treten auf, wenn der Reisepreis angezahlt werden muss, hernach der Veranstalter jedoch insolvent wird.

221   Übersetzt man diese Problemlagen in juristische Kategorien, so geht es oft um die Frage, ob Werbeangaben Gewährleistungsfolgen nach sich ziehen und in welchem Umfang für sie verschuldensunabhängig gehaftet wird, Möglichkeiten zur Abhilfe vor Ort in der Landessprache des Reisenden, das Vorhandensein eines Gerichtsortes im Heimatland und die Insolvenzsicherung. Kaum oder weniger bedeutsam sind hingegen Widerrufsrechte (Ausnahme: Haustür- und Fernabsatzgeschäfte) und die Schriftform in ihrer Warnfunktion.

222   Der Schutz des Reisenden wird durch verschiedene **Mechanismen** bewirkt:

– **Sonderregeln gegenüber dem allgemeinen Werkvertragsrecht** verlagern die Risiken der Vertragsdurchführung auf den Reiseveranstalter, und zwar im Hinblick auf diejenigen Leistungen, die der Veranstalter nicht in eigener Person durchführt.

– Als **Vertragspartner** wird der Reiseveranstalter auch fixiert, wenn dieser sich Dritter bedient; Dritte gelten auch dann als Erfüllungsgehilfen des Reiseveranstalters, wenn diese eigenverantwortlich tätig werden; Reiseveranstalter ist und bleibt, wer gegenüber dem Reisenden als solcher auftritt (vgl. § 651a Abs. 2 BGB).

– **Informationspflichten** des Reiseveranstalters werden dadurch begründet, dass der Veranstalter zur unverzüglichen Aushändigung von Vertragsunterlagen (Reisebestätigung, § 651a Abs. 3 BGB) verpflichtet ist. Interessanterweise begründet fehlende Information allerdings regelmäßig nicht nur eine Nebenpflichtverletzung (§§ 280 Abs. 1, 311 Abs. 2 BGB), sondern sie führt zu einem Reisemangel (unten Rn. 238).

– **Preiserhöhungen** nach Vertragsschluss sind nur in engen Ausnahmesituationen gestattet (§ 651a Abs. 4; vgl. auch § 309 Nr. 1 BGB, beim Werkvertrag: § 632 BGB). Sofern sie zulässig sind, müssen sie unverzüglich mitgeteilt werden (§ 651a Abs. 5). Dadurch wird eine Fixierung des versprochenen Reisepreises bewirkt. Das Risiko von Erhöhungen trägt der Veranstalter.

– Der Veranstalter übernimmt eine zwingende **Garantiehaftung** für die von ihm angebotenen Reiseleistungen (§§ 651c, 651m); deren Durchsetzung wird durch scharfe **Sanktionen** nach dem Vorbild des Werkvertragsrechts bewirkt. Der Veranstalter schuldet Abhilfe (Nacherfüllung), muss sich gegebenenfalls eine Minderung des Reisepreises, und bei schweren Mängeln auch die Kündigung

(Rücktritt) gefallen lassen. Hinzu tritt ein Anspruch auf Schadensersatz auch für die vertane Urlaubszeit des Reisenden, obgleich ein solcher Schaden nicht ohne Weiteres in Geld bewertet werden kann (vgl. § 253 Abs. 2 BGB).

II. Die Pauschalreiserichtlinie und weitere europäische Regelungen

Das deutsche Reisevertragsrecht ging der europäischen Regelung voraus. 1990 **223** folgte aber auch auf europäischer Ebene die sog. Pauschalreiserichtlinie.[4] Es leuchtet ein, dass die Entwicklung des Fremdenverkehrs innerhalb der Gemeinschaft die Ziele der Union unmittelbar beeinflusst. Daher ist eine Harmonisierung der Bedingungen nötig, zu denen Reiseleistungen erworben werden können, um die Bereitschaft zur grenzüberschreitenden Buchung zu fördern. Wie in der ersten Phase der Rechtsharmonisierung üblich, setzt die Pauschalreiserichtlinie nur Mindeststandards, eine künftige Vollharmonisierung wird dem gewiss folgen, wenn etwa die grenzüberschreitende elektronische Buchung von Reisen eine größere Bedeutung gewinnt. Für den deutschen Gesetzgeber brachte die Pauschalreiserichtlinie keine großen Veränderungen. Diejenigen Pflichten, welche die Richtlinie vorsieht, wurden bereits durch das Reisevertragsgesetz von 1978 erfüllt.

Mit dem Pauschalreiserecht in losem Zusammenhang steht die europäische **224** Richtlinie über den Schutz von Verbrauchern im Hinblick auf **Teilnutzungsverträge über Ferienwohnraum** und ähnliche Produkte. Hierbei geht es um den Vertrieb von schuldrechtlichen oder dinglichen Nutzungsrechten an Ferienapartments, Ferienhäusern oder auch Hotelzimmern, an denen Verbraucher kein vollständiges, aber ein zeitweises Nutzungsrecht erwerben können. Das Konzept ist nachvollziehbar: Wer jedes Jahr gerne einen 14 tägigen oder dreiwöchigen Urlaub an der Mittelmeerküste Spaniens verbringt, der hat möglicherweise ein Interesse daran, stets in derselben Wohnung zu logieren. Wer nicht die Mittel hat, eine solche Wohnung vollständig zu erwerben oder wem das Interesse fehlt, die Wohnung in der übrigen Zeit des Jahres an Dritte zu vermieten, der mag nur die beabsichtigte Nutzungsdauer finanzieren wollen. Dieses Interesse kann durch Teilzeitnutzungsverträge befriedigt werden. Entsprechende Produkte wurden seit den 1990er Jahren vertrieben. Die Werber wenden sich an ihre potentiellen Kunden oft am jeweiligen Urlaubsort. Die Gefahren für den Verbraucher sind offensichtlich: Die Gefahr der Überrumpelung ergibt sich bereits daraus, dass man in urlaubsbeschwingter Stimmung schnell bereit ist, solche Erwerbsgeschäfte einzugehen ("So schön könnte es doch jedes Jahr sein."). Der Verbraucher wird durch den Handel am Urlaubsort in eine langfristige Bindung unter Geltung fremden Rechts und fremder Gerichtsbarkeit getrieben, die er möglicherweise schon deswegen nicht versteht, weil die Verträge komplex, intransparent und möglicherweise auch in der Sprache des Urlaubslandes formuliert sind. Der spätere Tausch oder Verkauf solcher Nutzungsrechte mag schwierig oder

---

[4] 90/314/EWG v. 13.6.1990, EG-Abl. L 158, S. 59.

sogar ausgeschlossen sein. Vor dem Hintergrund solcher Gefahren hatte bereits die
Teilzeitnutzungsrechterichtlinie 94/47/EG für eine Mindestharmonisierung gesorgt.
Die Richtlinie 2008/122/EG v. 3.2.2009 hat nun eine Vollharmonisierung unter Anderem in den Bereichen Informationspflichten, Widerrufsrecht, Kreditfinanzierung
und anwendbares Recht gebracht. Die Umsetzung der Richtlinie aus dem Jahr 1994
erfolgte in den **§§ 481 bis 487 BGB**, die neue Richtlinie ist bis zum 23.2.2011 durch
Anpassung dieser Vorschriften umzusetzen.

III. Pauschalreisen und Individualreisen

1. Der sachliche Anwendungsbereich
des Pauschalreiserechts

225 Wie sich aus der systematischen Stellung in Titel 9 des BGB ergibt, wird der (Pau-
schal-) Reisevertrag als besondere Form des Werkvertrages angesehen. Eine Reihe
von werkvertragstypischen Regelungen ist dort in besonderer Weise ausformuliert.
Bei diesen Sonderregeln kommt insbesondere der den Reisenden als Verbraucher
schützende Charakter der Normen zum Ausdruck. Ein Rückgriff auf das Werkvertragsrecht bleibt möglich, ist auf Grund des besonderen Schutzcharakters der
reisevertraglichen Normen jedoch nur mit Vorsicht vorzunehmen. Zu beachten ist
insbesondere, dass das Werkvertragsrecht dispositiv, das Pauschalreiserecht jedoch
einseitig (d. h. zu Gunsten des Reisenden) zwingend ist (§ 651m BGB).

226 Definiert wird die Pauschalreise in § 651a Abs. 1 BGB, der etwas verkürzend
von dem „Reisevertrag" spricht. Hierzu zählt ein Vertrag, durch den sich ein Veranstalter verpflichtet, eine **Gesamtheit von Reiseleistungen** zu erbringen. Diese
Gesamtheit von Leistungen heißt „Reise". Sie kann bestehen aus Beförderung,
Unterbringung und sonstigen Dienstleistungen (Ausflugsfahrten, Unterhaltungs-
und Kulturprogramm, „Wellness"-Pakete). Wird eine solche Gesamtheit von Leistungen vereinbart, ist der Anwendungsbereich der Sondervorschriften eröffnet.
Ausdrücklich einbezogen sind mindestens drei Monate andauernde und mit einem
Schulbesuch verbundene Gastschulaufenthalte (§ 651l BGB). Wer kürzere Aufent-
halte (Sprachferien) bei einem Veranstalter als Gesamtangebot samt Beförderung
erwirbt, schließt aber ebenfalls einen Reisevertrag ab.[5] Wer hingegen beim Veranstalter nur einen Flug, nur ein Hotel oder nur eine Bus- oder Schiffspassage bucht,
der schließt keinen Vertrag im Sinne von § 651a Abs. 1 BGB, sondern lediglich
einen Werkvertrag nach § 631 BGB.[6] Ebenso liegt es, wenn ein Zugticket am Bahn-

---

[5] LG Frankenthal NJW-RR 2009, 641 (14 Tage).

[6] Bei Hotelbuchung mit Halb- oder Vollpension liegt ein typengemischter Vertrag vor, der sich
aus Elementen des Miet-, Kauf- (Speisen) und Dienstvertrages (Bedienung) zusammensetzt; anders OLG München NJW 1984, 132: Reisevertrag, allerdings mit der Einschränkung „nicht ganz
unproblematisch", dagegen zu Recht *Tonner* in MünchKommBGB, § 651a Rn. 25: Nebenleistung
zur Beherbergung.

schalter, ein Straßenbahnticket im Automaten oder eine Taxifahrt zum Bahnhof beauftragt wird. Anders ist es aber wiederum, wenn die vorgenannten Leistungen einzeln und gesondert gebucht, aber vom Veranstalter zu einer Reise zusammengestellt werden. Auch dann nämlich ist der Schutzzweck des Pauschalreiserechts betroffen, so dass die §§ 651a ff. BGB Anwendung finden.[7] Entscheidend ist damit im Ergebnis, wer die Zusammenstellung der Einzelleistungen verantwortet, sei es auch nur dadurch, dass die Zusammenstellung auf einem Internetportal erfolgt, so dass der Reisewillige die Möglichkeit hat, durch Anklicken und Auswählen eine Reise aus vorgefertigten Bausteinen zu kombinieren.[8]

Problematisch sind Fälle, in denen zwar nur eine **Einzelleistung** angeboten wird, **227** diese Leistung aber vom Veranstalter durch Auswahl des Leistungserbringers oder des genauen Leistungsumfangs verantwortet wird (vgl. § 651a Abs. 2 BGB). Die Risikolage für den Reisenden weicht in solchen Fällen in der Tat nicht von den Fällen ab, in denen eine Gesamtheit von Leistungen vermittelt wird. Diese Erwägung hat dazu geführt, die §§ 651a ff. BGB analog anzuwenden, wenn die alleinige Reiseleistung in der Bereitstellung eines Ferienhauses besteht,[9] obgleich diese Einzelleistung an sich nur zum Abschluss eines Mietvertrages durch Vermittlung des Veranstalters führt.[10] Die Entwicklung ist problematisch, da man beim besten Willen nicht von einer „Gesamtheit" von Leistungen sprechen kann, wenn nur eine einzige Leistung vermittelt wird.[11] Die Vermittlung eines Campingmobils führt regelmäßig nur zu einem Mietvertrag, auch hierauf haben die Gerichte allerdings § 651a BGB angewendet.[12]

2. Der persönliche Anwendungsbereich des Pauschalreiserechts

Die §§ 651a – 651m BGB sind nicht auf Verbraucher beschränkt. Sie schützen viel- **228** mehr den „**Reisenden**", also auch den Geschäftsreisenden.[13] Nach § 651m BGB sind die §§ 651a – m BGB auch in dieser Konstellation zwingendes Recht. Die typische verbraucherschützende Tendenz kommt nur darin zum Ausdruck, dass die §§ 651a ff. nur Pauschalreisen erfassen („Gesamtheit von Reiseleistungen"). Enger ist insoweit die Pauschalreiserichtlinie in Art. 2 Nr. 1c. Sie erfasst nur die Reise als eine Form der „touristischen Dienstleistung", also die zu privaten Erholungs- und Erlebniszwecken erfolgende Pauschalreise. Eine solche Einschränkung enthalten die §§ 651a ff. BGB allerdings nicht.

---

[7] EuGH EuZW 2002, 402 (zu Art. 2 Abs. 1 der EG-Richtlinie).

[8] *Teichmann* in Jauernig § 651a Rn. 4.

[9] BGH NJW 1992, 3158, 3160.

[10] LG Frankfurt/M. NJW-RR 1989, 48.

[11] *Lettmaier/Fischinger* JuS 2010, 14.

[12] OLG Düsseldorf NJW-RR 1989, 50; ebenso OLG Hamm NJW-RR 1994, 441 für die 14tägige Miete einer Segeljacht; dagegen aber zu Recht BGHZ 130, 130: Mietvertrag.

[13] a.A. *Teichmann* in Jauernig, § 651a Rn. 4.

229   Auf der anderen Seite des Vertrages steht der **Reiseveranstalter**. Nicht Veranstalter, sondern Stellvertreter oder Bote ist das „Reisebüro", es sei denn, es tritt als
selbständiger Veranstalter von Reisen auf, z. B. weil es in eigener Verantwortung
„Studienreisen" oder „Kulturreisen" anbietet. Sonst ist das Reisebüro nur entgeltli-
cher Geschäftsbesorger mit Beratungspflichten (§ 675 BGB). Der eigentliche Reisevertrag kommt mit demjenigen zustande, der nach außen hin den Eindruck erweckt,
die Reise selbst zu verantworten. Dieser Eindruck kann durch Werbung, insbesondere aber durch Verwendung der eigenen Marke für das Reisepaket („Hempelmann-
Kulturreisen", „Ahoi Kreuzfahrten GmbH") erzeugt werden. Er kann nicht allein
dadurch beseitigt werden, dass der Veranstalter erklärt, nur als Vermittler tätig zu
sein, wenn der objektive Empfängerhorizont die Werbung anders versteht.[14] § 651a
Abs. 2 BGB stellt dies klar, obgleich man zu dem Ergebnis auch aufgrund allgemeiner Auslegungsgrundsätze gelangt („protestatio facto contraria non valet"[15]).
Wer den Eindruck erweckt, die wesentlichen organisatorischen Leistungen selbst
zusammengestellt und organisiert zu haben, der fungiert zwar durchaus als Vermittler zu den Leistungserbringern (Hotel, Flugunternehmen, Kulturveranstalter). Doch
hat der Reisende nur einen Vertragspartner, nämlich den Veranstalter, die Leistungserbringer (Hotel, Fluganbieter) sind bloße Erfüllungsgehilfen (§ 278 BGB) des Reiseveranstalters.[16] An ihn kann sich der Reisende in allen Angelegenheiten wenden.
Oft wird dieser Veranstalter auch im Heimatland des Reisenden seinen Sitz haben.
Die Frage des anwendbaren Rechts ist damit ebenso geklärt wie die der Gerichts-
zuständigkeit im Falle von Auseinandersetzungen.

3. Individualreisen

230   Liegt keine Pauschalreise vor, so muss die jeweilige Leistung gesondert nach dem
Vertragstypus untersucht werden, der auf sie am ehesten passt. Beförderungsleis-
tungen und kulturelle Veranstaltungen (Konzerte) sind werkvertragliche Leistungen, weil ein Erfolg geschuldet wird (Beförderung zum Zielort, Durchführung des
Konzerts). Verträge, die gerichtet sind auf die Zurverfügungstellung von Unterkünf-
ten jeder Art, die Nutzung einer Segeljacht oder eines Pkw für die Dauer einer Reise
sind mietvertragliche Leistungen. Wer einen Reiseführer vor Ort bucht, schließt nach
deutschem Verständnis einen Dienstvertrag (§ 611 BGB) ab. Bei allen genannten
Vertragstypen ist der Reisende weitaus schlechter vor Benachteiligungen geschützt
als im Pauschalreiserecht. So führt eine Flugverspätung nicht zu einer mangelhaften
Beförderungsleistung (wohl aber zu einem Verzug), auch ist ein Flug grundsätzlich
kein absolutes Fixgeschäft.[17] Zwingende gesetzliche Regeln zum Schutz der Inter-

---

[14] BGHZ 156, 220, 244 (Erklärung in den AGB verstößt zudem gegen § 307 Abs. 1 BGB).

[15] Vgl. dazu etwa *Flume*, Allgemeiner Teil. Rechtsgeschäftslehre, 3. Aufl. 1979 (inhaltsgleich: 4.
Aufl. 1992), § 5/5, S. 76.

[16] Der Vertrag zwischen Veranstalter und Leistungserbringer existiert daneben. Er ist aus Sicht
des deutschen Rechts Vertrag zu Gunsten Dritter, § 328 BGB.

[17] BGH NJW 2009, 2743 Tz. 12, 15.

essen des Reisenden fehlen im Werkvertragsrecht. Der Rechtsschutz des Reisenden muss überwiegend über die Schutznormen der §§ 305 ff. BGB bewirkt werden. Erfolgt der Vertrieb an der Haustür oder über den Fernabsatz, so stehen natürlich auch die dafür geltenden Verbraucherschutzregeln zur Verfügung.

Besonders ärgerlich aus Sicht des Reisenden ist, dass bei Beförderungsverträgen **231** mit Bahn oder Flugzeug besondere Haftungsausschlüsse gelten. Dies gilt insbesondere bei der Verspätung oder dem Ausfall von Bahn- oder Flugreisen. Bei **Bahnreisen** gilt zwar grundsätzlich das Mängelgewährleistungsrecht der §§ 631 BGB, jedoch bestimmt die sog. Eisenbahn-Verkehrsordnung (EVO) in ihrem § 17 Abs. 2, dass keine Schadensersatzansprüche des Bahnunternehmers in Fällen bestehen, in denen betriebsfremde Umstände („Oberleitungssturmschaden") oder das Verhalten von Dritten („Kinder auf den Schienen") die Ursache für eine Zugverspätung oder einen Zugausfall sind.[18] Im Übrigen gibt es nur verkürzte Fahrgastrechte im Personennahverkehr (§ 17 Abs. 1 EVO: Recht auf Zugwechsel der höheren Kategorie im Nahverkehr bei Verspätung von mehr als 20 Min, Taxi bei Verspätungen zwischen 0.00 und 5.00 Uhr, aber begrenzt auf 80 €). Für den Fernverkehr verweist die EG-Verordnung 1371/2007[19] auf das sog. Übereinkommen über den internationalen Eisenbahnverkehr (COTIF) vom 9. Mai 1980. Dort finden sich zwar Informationspflichten des Bahnveranstalters, aber nur sehr maßvolle Haftungspflichten (Art. 32 des Titels II: Haftung nur, wenn eine Reise nicht am selben Tag fortgesetzt werden kann). Eine Besserstellung des Fahrgastes ergibt sich daher dort nur aus freiwilligen Verpflichtungen der Bahn. So hat sich die Bahn freiwillig dazu verpflichtet, bei einer Verspätung ab 60 Min eine Entschädigung von 25 % des gezahlten Fahrpreises für die einfache Fahrt zu zahlen, ab 120 Min werden 50 % zurückerstattet („Fahrgastrechte").

Bei **Flugreiseverspätungen oder Flugannullierungen**[20] hilft in manchen Fällen **232** die EG-Verordnung über Fluggastrechte.[21] Sie sieht bei Annullierungen Ansprüche auf Flugpreiserstattung oder (nach Wahl des Reisenden) alternative Beförderung (Durchführung zu einem späteren Zeitpunkt), Betreuungsleistungen (Verpflegung während der Wartezeit, dazu unten Rn. 233) und pauschale Ausgleichszahlungen in Höhe von 250 bis 600 € je nach gebuchter Flugentfernung vor. Bei Verspätungen sieht die Verordnung keine Ausgleichszahlungen vor, der EuGH hat aber einen solchen Anspruch bei „großer Verspätung" in erweiternder teleologischer Auslegung der VO zugesprochen.[22] Bei Verspätungen gibt es im Übrigen einen Anspruch auf

---

[18] Vgl. zur Problematik *Tonner/Gaedtke* NZV 2006, 393.

[19] EG-ABl. L 315 S. 14.

[20] Zur Abgrenzung der Annullierung von der (auch erheblichen) Verspätung EuGH NJW 2010, 43; zu den vor dieser Entscheidung gebrauchten Abgrenzungskriterien BGH NJW 2007, 3437 (Vorlageentscheidung) und *Schmid* NJW 2007, 261.

[21] Verordnung 261/2004/EG vom 11.2.2004 über eine gemeinsame Regelung für Ausgleichs- und Unterstützungsleistungen für Fluggäste im Fall der Nichtbeförderung und bei Annullierung oder großer Verspätung von Flügen, EG-ABl. L 46 S. 1; die frühere VO EWG/295/91 wurde hierdurch aufgehoben.

[22] EuGH NJW 2010, 43.

Betreuungsleistungen (Art. 9 VO), bei großer Verspätung (mindestens fünf Stunden) auch Flugpreiserstattung oder alternative Beförderung (Art. 8 VO). Die VO gilt für Linienflüge (Art. 1 Abs. 1 VO), die durch ein Unternehmen angeboten werden, das von Flughäfen innerhalb der EU abfliegt (nicht: ankommt[23]) oder innerhalb der EU ansässig ist.[24] Sie sieht überdies Pflichten zur rechtzeitigen Information des Reisenden vor. Nach Art. 288 Abs. 2 Satz 2 VAEU (ex-Art. 249 Abs. 2 Satz 2 EG) gilt die Verordnung unmittelbar in den Mitgliedstaaten. Sie muss von den deutschen Gerichten daher so angewendet werden wie die Normen des innerstaatlichen Rechts. Die Auslegungshoheit liegt allerdings beim EuGH. Bei Auslegungszweifeln muss der BGH und kann jedes unterinstanzliche Gericht den Fall dem EuGH zur Vorabentscheidung vorlegen.

233   Auch in **Fällen außergewöhnlicher Ereignisse** (politische Unruhen, Wetterumschwung, Naturkatastrophen, Luftraumschließungen, wie etwa Flugverbote aufgrund von in der Luft befindlicher „Flugasche" als Folge von Vulkanausbrüchen[25]) hat der Passagier Rechte nach der VO. Zwar müssen in solchen Fällen keine Ausgleichs- oder Schadensersatzzahlungen geleistet werden, doch muss der Flugbeförderer über Annullierungen rechtzeitig informieren (Art. 5 VO) und den Flugpreis zurückerstatten, wenn eine Alternativbeförderung nicht gewünscht wird (Art. 8 Abs. 1 VO). Zudem hat der „gestrandete Fluggast" Anspruch auf unentgeltliche Betreuungsleistungen (Art. 9 VO), also Mahlzeiten und Erfrischungen während der Wartezeit, Hotelunterbringung falls nötig und Anfahrt dorthin sowie zwei Telefongespräche, Telexe, Telefaxe oder Emails.

IV. Schutzmechanismen im Pauschalreiserecht

1. Veranstalterpflichten und Adressat der Reiseleistung

234 Ein klassisches Problem des Verbraucherschutzes ist das **Informationsgefälle** zwischen Verbraucher und Unternehmer. Im Reisevertragsrecht verpflichtet § 651a Abs. 2 BGB den Veranstalter, dem Reisenden „bei oder unverzüglich nach Vertragsschluss" eine Reisebestätigung zur Verfügung zu stellen. Mit dieser Bestätigung ist auch der wesentliche Vertragsinhalt zu fixieren. Das Gesetz spricht von einer Pflicht

---

[23] Flug im Sinne der Verordnung ist nur der Einzelflug, nicht die gesamte Flugreise einschließlich Rückflug, so EuGH NJW 2008, 2697 Tz. 32, 40 – Emirates Airlines/Schenkel; BGH NJW 2009, 2743 Tz. 8.

[24] In Fällen, die nicht unter die VO fallen, kann das sog. Übereinkommen von Montreal gelten (Übereinkommen zur Vereinheitlichung bestimmter Vorschriften über die Beförderung im Luftverkehr vom 28.5.1999, deutsches Zustimmungsgesetz vom 6.4.2004, BGBl. II 458). Dieses Abkommen sieht in Art. 19 allerdings nur einen Anspruch auf Ersatz von Verspätungsschäden vor, die vom Luftfahrtunternehmen verschuldet wurden. Zudem ist der Anspruch der Höhe nach begrenzt (Art. 22 Abs. 1).

[25] So geschehen in Europa im April 2010 als Folge des Ausbruchs eines isländischen Vulkans.

zur Bereitstellung des „Prospekts". Damit ist nicht notwendig der Werbeprospekt des Unternehmers gemeint, obwohl auch diese Unterlage wesentliche Bedeutung für die Auslegung der versprochenen Reiseleistung hat. Welche Informationen gesetzlich geschuldet werden, regelt die sog. BGB-Info-Verordnung in §§ 4, 6. Sofern es einen Reiseprospekt gibt, muss dieser u. a. die Qualität der Transportmittel, Unterbringung (insbesondere Hotelkategorie), Mahlzeiten und Reiseroute, Pass- und Visumserfordernisse sowie eine eventuelle Mindestteilnehmerzahl angeben (§ 4 BGB-InfoV). Einige dieser Erfordernisse sind unabhängig davon, ob ein Prospekt angeboten wird, rechtzeitig im Zusammenhang mit dem Vertragsschluss zu erbringen (§§ 5, 6 BGB-InfoV). Die Informationserfordernisse begründen natürlich keine Wirksamkeitshemmnisse, ihre Nichterfüllung ist aber Pflichtverletzung im Sinne von § 280 Abs. 1 BGB. Der Reisende, der am Flughafen bemerkt, dass er für die Reise bestimmte Passunterlagen benötigt, kann daher Ersatz seiner vergeblichen Aufwendungen verlangen, wenn er über entsprechende Erfordernisse nicht vom Veranstalter informiert wurde.

Bucht ein Reisender für seine Familie, so kommt nur ein Vertrag, und zwar **235** zu Gunsten Dritter, nämlich der Mitreisenden, zustande.[26] **Vertragspartner und Reisender müssen im Übrigen nicht übereinstimmen** (Brautvater bucht Hochzeitsreise für das Brautpaar). Allerdings wird die Person des Reisenden regelmäßig zum Inhalt des Vertrages gehören, so dass der Reisende nicht ohne Weiteres ausgewechselt werden kann. Zu den typischen Risiken bei Reiseverträgen gehört, dass der Reisende an der Durchführung der Reise gehindert ist (z. B. wegen eines dringenden beruflichen Termins, einer überraschenden Prüfung). Daher gibt § 651b BGB dem Reisenden einen Anspruch auf „Vertragsübertragung" bis zum Reisebeginn. Das verschafft einen Anspruch auf Vertragsübernahme.[27] Grundsätzlich bedarf eine solche Vertragsübernahme ihrerseits einer vertraglichen Vereinbarung. Der Vertragsschließende muss sich nach allgemeinen Regeln gerade keinen neuen Vertragspartner aufdrängen lassen. Davon weicht das Reisevertragsrecht ab. Doch kann der Reiseveranstalter widersprechen, wenn der Ersatzreisende bestimmte Erfordernisse nicht erfüllt, die für die Durchführung der Reise nötig sind (Visumsberechtigung, Impfung).

Reisen sind auch im Pauschaltourismus keine Standardprodukte. Der Umfang **236** des vom Veranstalter geschuldeten Werkes muss daher fixiert werden. Dazu dient der **Reiseprospekt**. Nach § 651c Abs. 1 BGB ist der Reiseveranstalter verpflichtet, die Reise wie zugesichert und ohne Wert- oder Tauglichkeitsmängel zu veranstalten. Da der Verbraucher keine andere Möglichkeit hat, sich vor Vertragsabschluss einen Überblick über die Leistung zu verschaffen, ist seine Willensbildung in der Regel von den Zusicherungen der Reiseunterlagen bzw. -prospekte abhängig. Dort enthaltene Beschreibungen sind daher regelmäßig als Zusicherungen anzusehen (vgl. § 4 Abs. 2 BGB-InfoV: „Die in dem Prospekt enthaltenen Angaben sind für den

---

[26] OLG Düsseldorf NJW-RR 1988, 636, 637: Eventuelle vertragliche Schadensersatzansprüche können dann allein von dem Reisenden geltend gemacht werden, der den Vertrag geschlossen hat.

[27] *Teichmann* in Jauernig § 651b Rn. 2.

Reiseveranstalter bindend.").[28] Besonders wichtig ist es daher, Prospektunterlagen aufzubewahren. Die dort gemachten Angaben sind regelmäßig nach dem objektiven Verständnishorizont des typischen Reisenden auszulegen.[29] Die Gerichte haben zu entscheiden, was der Reisende etwa unter den Angaben „ruhige Lage", „zentrale Lage", „Meerblick" verstehen darf.

2. Mängelgewährleistung und Geltendmachung von Mängelrechten

237 **Wird die Reise nicht so wie beschrieben erbracht, ist sie mangelhaft.** Ebenso ist es, wenn die Reise mit Fehlern behaftet ist, die ihre Tauglichkeit zum gewöhnlichen oder vertraglichen Zweck mindern (§ 651c Abs. 1 BGB). Damit gilt grundsätzlich der subjektive Mangelbegriff, der allerdings durch die objektive Erwartungshaltung des Durchschnittsreisenden ergänzt wird. Der Veranstalter haftet wie im Kauf- und Werkvertragsrecht verschuldensunabhängig für das Vorhandensein der im Prospekt zugesicherten Eigenschaften sowie derjenigen Eigenschaften, die der Reisende bei dem gebuchten Reisetypus erwarten oder aber auch nicht voraussetzen darf (saubere Tischdecken bei Luxuskreuzfahrt, aber auch bei Trekkingreise?). Ein Reisemangel liegt allerdings nicht nur vor, wenn eine im Prospekt beschriebene Eigenschaft fehlt. Der Veranstalter haftet auch für diejenigen Eigenschaften, welche der Reisende erwarten darf. So erwartet der Reisende im Regelfall Sicherheit, Bequemlichkeit und Erholung. Wird bei einer Kreuzfahrt nicht darauf hingewiesen, dass in den Kabinen ein Rauchverbot besteht, so liegt ein Mangel vor, der sogar zum Rücktritt vom Vertrag berechtigt, wenn die Reise noch nicht angetreten war, der Reisende aber noch rechtzeitig von der Regelung Kenntnis erhält.[30]

238   Die Liste der möglichen **Reisemängel** ist lang und offenbart interessante Einblicke in kulturelle Besonderheiten der westlichen Welt. Klassische Reisemängel sind Baulärm wegen Sanierung des Urlaubshotels oder Sanierungen in dessen Nachbarschaft,[31] das Fehlen von versprochenen Sport- oder Unterhaltungsleistungen infolge einer Hotelumbuchung am Zielort.[32] Einen Reisemangel stellt aber auch dar der Zwang zum Fasten, weil am Urlaubsort auch Nichtmuslimen untersagt war, in der Zeit zwischen Sonnenauf- und –untergang in der Öffentlichkeit zu essen, zu trinken und zu rauchen.[33] Regelmäßig zur Annahme von Mängeln führen Gefährdungen von Sicherheit und Gesundheit des Reisenden oder seiner Familie (Verkehrssicherungspflichten). So kann ein Hochbett ohne Absturzsicherung für Kleinkinder

---

[28] Zurückhaltender *Tonner* in MünchKommBGB, § 651c Rn. 9, wonach der Veranstalter zu erkennen geben müsse, dass er für die Eigenschaft einstehen möchte.

[29] AG Frankfurt MDR 1991, 837.

[30] Vgl. OLG Rostock NJW 2009, 302.

[31] AG Köln NJOZ 2008, 443.

[32] LG Frankfurt/M. NJW-RR 2008, 1638.

[33] LG Dortmund BeckRS 2008, 13517.

ebenso einen Reisemangel begründen[34] wie das Vorhandensein einer Ferienapparte-
menteingangstür aus nicht bruchsicherem Glas und ohne sichtbare Kennzeichnung,
wenn die Einrichtungen als „kindgerecht" beworben wurden.[35] Schließlich kann
das Fehlen von Informationen oder Hinweisen, etwa auf Visaerfordernisse des Ziel-
landes, die Reise mangelhaft machen. Problematisch ist oft, ob auf Gefahren im
Zielland, etwa Terrorgefahren, hingewiesen werden muss. Die Gerichte verneinen
dies, wenn solche Gefahren zum Allgemeinwissen gehören, also insbesondere aus
der täglichen Zeitungslektüre bekannt sind.[36] Zudem soll überhaupt kein Mangel
vorliegen, wenn die auf einer Reise eingetretenen oder drohenden Gefahren zum
allgemeinen Lebensrisiko gehören. Dazu rechnet man immerhin auch die Gefahr
von Attentaten.[37] Keinen Mangel stellen auch reine Unannehmlichkeiten dar, wobei
hier sehr stark auf den gebuchten Reisetypus und den Reisepreis abzustellen ist. Ist
der Cocktail an der Strandbar infolge eines nachmittäglichen Stromausfalls nicht
kalt, stellt dies eine Unannehmlichkeit, nicht jedoch einen Mangel dar, wenn eine
preiswerte All Inclusive-Reise gebucht wurde.

3. Rechte und Pflichten des Reisenden bei einem Reisemangel

a) Pflichten

Hinderlich für die spätere Geltendmachung von Rechten ist es, den misslungenen **239**
Urlaub klaglos abzusitzen und sich erst nach der Rückkehr beim Veranstalter zu
beschweren. Tendenziell folgt das Reisevertragsrecht dem seit 2001 auch im Kaufrecht (und schon früher im Werkvertragsrecht) vorgesehenen Schema. Danach gilt
der Vorrang der Nacherfüllung. Im Reisevertragsrecht spricht man allerdings nicht
von Nacherfüllung, sondern von Abhilfe. Um seine Mängelrechte geltend machen
zu können, muss der Reisende **den Reisemangel** nach § 651d Abs. 2 BGB noch am
Urlaubsort der in den Vertragsunterlagen als zuständig bezeichneten Stelle (vgl. 8 I
1 Nr. 3 BGB-InfoV), also idR der örtlichen Vertretung des Reiseveranstalters, **anzeigen**. Eine Anzeige bei der Hotelrezeption genügt nicht,[38] es sei denn, die Not-
fallnummer des Reiseveranstalters ist ausschließlich den Mitarbeitern der Hotelrezeption bekannt, welche die Nummer an den Reisenden nicht herausgeben und
der Anzeige des Reisenden auch nicht nachgehen. In einem solchen Fall kann der
Reisende seine Mängelrechte auch ohne vorherige Anzeige noch geltend machen.[39]
Auch Minderjährige, die einen Gastschulaufenthalt mit Unterbringung in einer

---

[34] OLG Karlsruhe NJW-RR 2007, 1356.

[35] BGH NJW 2006, 2918.

[36] OLG München NJW-RR 2004, 1698 (Kriminalitätsgefahren in Kenia: Überfall auf Urlaubs-
hotel).

[37] LG Düsseldorf Reiserecht Aktuell (RRa) 2008, 117: terroristische Anschläge in der Türkei.

[38] OLG Frankfurt/M. NJW-RR 1995, 1462.

[39] LG Duisburg, VuR 2006, 368.

Gastfamilie verbringen, haben die Pflicht, Mängel der Unterbringung (kleines Zimmer, kein Kontakt zu Gasteltern, langer Schulweg, schlechte Verpflegung) anzuzeigen.[40] Die Pflicht zur Anzeige kann entfallen, wenn die Beseitigung unmöglich ist (entgegen der Beschreibung im Prospekt fehlt ein Pool). Sie besteht auch, wenn der Reisende später Schadensersatz wegen Nichterfüllung (§ 651f Abs. 1 BGB, unten Rn. 247) geltend machen will.[41]

240   Der Reisende muss nach § 651c Abs. 2, 3 BGB nicht nur anzeigen, sondern zusätzlich **Abhilfe vom Veranstalter verlangen**, also Gelegenheit zur Nacherfüllung geben (vgl. im Kauf- und Werkvertragsrecht §§ 439, 635 BGB). Nach § 651e Abs. 2 BGB ist hierfür eine angemessene Frist zu setzen. Falls keine Abhilfe erfolgt, so darf der Reisende sich selbst helfen (z. B. in ein anderes Hotel ziehen, vgl. auch § 637 BGB) und für die hierzu erforderlichen Aufwendungen Ersatz verlangen. Das entspricht dem Selbstvornahmerecht des Werkvertragsrechts. Nach § 651e Abs. 2 S. 2 BGB ist eine Fristsetzung zudem entbehrlich, wenn die Abhilfe unmöglich ist, verweigert wird oder die sofortige Kündigung durch ein besonderes Interesse des Reisenden gerechtfertigt wird. Wer den Mangel schuldhaft nicht sofort anzeigt und damit dem Veranstalter die Möglichkeit vorenthält, nachzubessern, der verliert seine Rechte (vgl. §§ 651d Abs. 2, 651e Abs. 2 BGB).

b) Rechte des Reisenden: Minderung, Kündigung, Schadensersatz

241   Ist die Reise mangelhaft, so mindert sich der vom Reisenden zu zahlende Preis wie auch im Kauf- und Werkvertragsrecht. Bei schwerwiegenden Mängeln darf die Reise abgebrochen (Kündigung) und Schadensersatz verlangt werden. Zum Schaden gehören auch nichtvermögenswerte Einbußen, die daraus resultieren, dass der Reisende in seinen Erwartungen enttäuscht wurde und Erholungszeit nutzlos aufgewendet hat. Die Geltendmachung von Gewährleistungsansprüchen ist aber an Fristen gebunden. Ansprüche auf Minderung, Rückzahlung und Schadensersatz (§§ 651c bis 651f BGB) müssen nach § 651g BGB innerhalb eines Monats geltend gemacht werden. § 651g BGB begründet eine materielle **Ausschlussfrist**, keine Verjährungsregelung. Das bedeutet, dass sich der Reiseveranstalter im Prozess auf den Ausschluss nicht eigens berufen muss. Sieht der Richter, dass die Frist versäumt wurde, muss er die Klage des Reisenden abweisen.

aa) Minderung

242   Nach § 651d BGB darf der Reisende den Reisepreis stets **mindern**, auch wenn die Reise nur an geringen Mängeln leidet. Die Minderung tritt von Gesetzes wegen und für die Dauer der Beeinträchtigung ein. Die Erklärung der Minderung ist also Ausübung eines Gestaltungsrechts. Die Minderung ist das bei weitem häufigste Mit-

---

[40] LG Frankenthal NJW-RR 2009, 641.
[41] BGHZ 92, 177 = NJW 1985, 132.

tel zur Abwicklung von fehlerhaften Reisen. Für ihre Durchführung verweist das
Gesetz auf § 638 Abs. 3 und Abs. 4 BGB. § 638 Abs. 4 BGB sorgt dafür, dass ein
bereits gezahlter Reisepreis über § 346 Abs. 1 BGB zurückverlangt werden kann
(Anspruchsgrundlage!), sofern der Mangel angezeigt wurde (Anspruchsvorausset-
zung). § 638 Abs. 3 BGB verlangt eine „verhältnismäßige Herabsetzung" des gezahlten Reisepreises und entspricht insoweit der auch für das Kaufrecht in § 441
Abs. 3 BGB bestehenden Regelung. Die Praxis hält sich kaum einmal an diese Regeln. Minderungen werden typischerweise durch prozentuale Abschläge vom gezahlten Reisepreis bezogen auf den Zeitraum der Mangelhaftigkeit festgesetzt.

Die Kasuistik ist reich. Die meisten Entscheidungen stammen von den Landge-   **243**
richten an den großen Flughäfen, also aus Frankfurt/M. und Düsseldorf. Auch das
Landgericht Hannover tritt häufiger hervor, weil hier einer der größten Pauschal-
touristikunternehmer (die TUI Travel GmbH) ihren Sitz hat. Mittlerweile existie-
ren auch die ersten Sammlungen mit Minderungssätzen, sei es von den Gerichten
selbst[42] oder aber vom ADAC herausgegeben.[43] So wird Baulärm von größeren
Baustellen, auf die der Veranstalter nicht hingewiesen hat, je nach Intensität mit
Minderungssätzen ab 25 % bewertet,[44] auch wenn der Baulärm von Nachbargrund-
stücken des gebuchten Hotels ausgeht.[45] Ein fehlender oder nicht benutzbarer
Swimmingpool wird mit Quoten ab 10 % bewertet,[46] der Umzug in ein anderes als
das gebuchte Hotel kann eine Minderung von bis zu 35 % des Reisepreises rechtfertigen.[47] Eine nicht funktionierende Klimaanlage bei hohen Außentemperaturen
wurde mit 15–20 % des Reisepreises bewertet.[48]

bb) Kündigung und Rücktritt

Die **Kündigung** ist – anders als im Kauf- und Werkvertragsrecht – nicht mit dem   **244**
Recht zur Minderung auf eine Stufe gestellt (vgl. §§ 441 Abs. 1, 638 Abs. 1: „statt
zurückzutreten"). Damit der Reisende die Reise wegen eines Mangels kündigen
kann, muss die Reise nach § 651e Abs. 1 Satz 1 BGB erheblich beeinträchtigt oder
eine Fortsetzung der Reise erkennbar unzumutbar sein, § 651e Abs. 1 Satz 2 BGB.
Die Gerichte verlangen hierzu Mängel, die eine Minderung von mehr als 50 % des

---

[42] So die „Frankfurter Tabelle" des LG Frankfurt/M. NJW 1994, 1639.

[43] ADAC Tabelle in NJW 2005, 2506.

[44] LG Frankfurt/M. 1986, 540: 25%; LG Hannover NJW-RR 1989, 821: 30% (auf „Mini-Insel");
vgl. aber auch AG Charlottenburg VersR 1984, 373: 90% des auf die Unterbringungen entfallen
Reisepreises mit der Wertung „Baulärm gehört zu den schwerstwiegenden Reisemängeln".

[45] OLG Düsseldorf VersR 1981, 554: 50% Minderung, weil der Prospekt den Eindruck erweckt
hat, dass das noch im Bau befindliche Gebäude bereits fertiggestellt war, also ein Moment der Arg-
list hinzukam; LG Köln RRa 1996, 226: 50-60% (mehrere Großbaustellen).

[46] OLG Celle NJW-RR 2005, 425 (verschmutzter Pool: 10%); AG Bad Homburg NJW-RR 2003,
347: 20% für nicht funktionsfähigen und verschmutzten Pool.

[47] Vgl. AG Frankfurt/M. NJW-RR 2000, 787, wobei es auf Lage und Ausstattung des Ersatzhotels
ankommt.

[48] LG Düsseldorf NJW-RR 2004, 560.

Reisewertes rechtfertigen.[49] Kleinere Mängel muss der Reisende also hinnehmen und allein durch eine Minderung des Reisepreises kompensieren. Wie schwer der Mangel wiegt, ist allerdings anhand einer Gesamtbetrachtung und im Wege einer Abwägung von Schwere und Häufigkeit der Mängel im Verhältnis zum Erholungszweck der Reise festzustellen. Dabei spielen auch qualitative Kriterien eine Rolle. Entscheidend für das Kündigungsrecht ist, ob dem Reisenden ein Festhalten an der Reise insgesamt noch zuzumuten ist. Daran fehlt es etwa, wenn sich das einzige am Urlaubsort vorhandene und daher gebuchte Hotel als FKK-Hotel entpuppt, ohne dass hierauf hingewiesen wurde.[50]

245   Der **Veranstalter verliert im Falle einer Kündigung seinen Anspruch auf Zahlung des Reisepreises.** Ein bereits gezahlter Reisepreis für die nicht mehr in Anspruch genommene Leistung muss daher erstattet werden, vgl. §§ 638 Abs. 4, 346 Abs. 1, 651d Abs. 1 S. 2 BGB.[51] Diese Rechtsfolge entspricht dem allgemeinen Werkvertragsrecht, wie die Verweisung auf § 638 Abs. 4 BGB zeigt. Dort kann der Besteller bis zur Vollendung des Werks allerdings jederzeit kündigen (§ 649 BGB). Gleichwohl behält auch hier der Unternehmer einen Anspruch auf Vergütung der bereits erbrachten Leistungen. Eine Anrechnung bereits erhaltener Reiseleistungen (z. B. 3 Tage Reise, Unterkunft und Verpflegung=3/14 des Gesamtreisepreises) kann grundsätzlich nach § 651e Abs. 3 S. 2 BGB erfolgen, sie kann aber entfallen, wenn die Reise insgesamt unbrauchbar war (Satz 3). Diese Modifikation ist im allgemeinen Werkvertragsrecht nicht vorgesehen (vgl. § 649a. E. BGB, vgl. auch § 323 Abs. 5 BGB). Überdies muss der Veranstalter den Reisenden unverzüglich zurückbefördern (§ 651e Abs. 4 S. 1 BGB). Kommt er dieser Pflicht nicht nach, so darf der Reisende sich selbst behelfen und kann die Kosten erstattet verlangen (§ 651e Abs. 4 S. 2 BGB).[52]

246   Die Kündigung kommt als einziger Rechtsbehelf in Betracht, wenn die Reise bereits angetreten wurde, denn dann wurde der Reisevertrag als Dauerschuldverhältnis in Vollzug gesetzt und ein **Rücktritt** kommt wegen der nicht mehr zurückzugewährenden erhaltenen Leistungen nicht mehr in Betracht. Möglich ist ein Rücktritt allerdings, solange die Reise noch nicht angetreten wurde (§ 651i BGB). Das kommt in der Praxis vor, wenn der Reisende noch vor Reiseantritt Kenntnis von schweren Mängeln erhält, die eine Durchführung der Reise für ihn unzumutbar machen (z. B. Einführung eines vollständigen Rauchverbots auf einem Kreuzfahrtschiff[53]), aber auch, wenn der Reisende selbst aus persönlichen oder gesundheitlichen Gründen nicht (mehr) in der Lage ist, die Reise anzutreten. Im letztgenannten Fall kann der

---

[49] So OLG Stuttgart, Reiserecht aktuell (RRa) 1994, 28; OLG Nürnberg RRa 2000, 91; abweichend LG Frankfurt/M. NJW-RR 1986, 539: 20%; gegen eine feste Quote *Lettmaier/Fischinger* JuS 2010, 99, 102; zum parallelen Problem bei der Gewährung von Schadensersatz wegen entgangener Urlaubsfreude unten Rn. 248.

[50] LG Frankfurt/M. RRa 2006, 259.

[51] Mit der Schuldrechtsreform 2001 überholt insofern Begr. Regierungsentwurf, BT-Drucks. 8/2589, S. 4: § 812 BGB; wie hier Staudinger/*Eckert*, § 651e Rn. 56, allerdings analog § 638 Abs. 4 BGB.

[52] Nach a.A. folgt der Erstattungsanspruch aus §§ 683, 670 BGB.

[53] Vgl. OLG Rostock NJW 2009, 302.

Reiseveranstalter jedoch eine angemessene Entschädigung (regelmäßig ein Prozentsatz des Reisepreises) verlangen. Dieses Risiko kann der Reisende durch eine Reiserücktrittsversicherung absichern.

Eine Kündigung kommt stets in Betracht, wenn die Fortsetzung der Reise unzumutbar ist. Das kann auch auf ein Ereignis zurückzuführen sein, auf welches der Veranstalter keinen Einfluss hatte und haben konnte. Das betrifft Wetterkatastrophen (verwüstetes Hotel) oder den Ausbruch von politischen Unruhen, sofern diese Ereignisse für die gebuchte Urlaubsregion untypisch sind.[54] In beiden Konstellationen liegt oft „höhere Gewalt" nach § 651j BGB vor, die den Reisenden zur Kündigung berechtigt. Der Veranstalter verliert auch hier den Reisepreis, behält aber den Anspruch auf Aufwendungsersatz auch für solche Leistungen, die für den Reisenden nicht mehr interessant sind (§ 651j Abs. 2 S. 1 BGB, der insoweit nicht auf § 651e Abs. 3 Satz 3 BGB verweist). Den Rücktransport schuldet der Veranstalter auch hier, doch müssen sich die Parteien die Mehrkosten hier teilen (§ 651j Abs. 2 S. 2 BGB).

cc) Schadensersatz

Nach § 651f Abs. 1 Satz 1 BGB tritt der Anspruch auf **Schadensersatz neben** die **247** **Minderung oder die Kündigung** (tlw. anders im allgemeinen Werkvertragsrecht, § 634 BGB). Es gilt auch hier der Vorrang der Nacherfüllung.[55] Der Anspruch umfasst zunächst Vermögensschäden, die der Reisende erlitten hat, z. B. weil er ein kostenpflichtiges Taxi zum Flughafen nehmen musste, obwohl der Reiseveranstalter ihm einen kostenlosen Shuttle versprochen hatte, der jedoch nicht bereitgestellt wurde. Der Anspruch setzt voraus, dass der Veranstalter den Mangel zu vertreten hat. Auch Fremdverschulden kann genügen. So wird dem Reiseveranstalter das Verhalten der Dienstleister am Erfüllungsort nach § 278 BGB zugerechnet. Zu seiner Entlastung muss der Veranstalter darlegen und beweisen, dass weder ihn noch den von ihm eingesetzten Leistungsträger bzw. dessen Erfüllungsgehilfen ein Verschulden trifft. Das Verschulden des Reiseveranstalters für seinen Organisationsbereich wird mithin vermutet. Er muss sich exkulpieren. Diese Mechanik ist aus dem allgemeinen Leistungsstörungsrecht bekannt (§ 280 Abs. 1 Satz 2 BGB).

Doch kann der Reisende auch **Entschädigung für nutzlos aufgewendete 248 Urlaubszeit** verlangen, § 651f Abs. 2 BGB. Das ist einer der wenigen Fälle, in denen das Gesetz Ersatz auch für einen Schaden vorsieht, „der nicht Vermögensschaden ist", (vgl. § 253 Abs. 1 BGB). Die Kommerzialisierung von vertaner Urlaubszeit durch Geldersatz stellt eine Ausnahme im deutschen Recht dar, die ansonsten nur bei der Schädigung von höchstpersönlichen Rechtsgütern (§ 253 Abs. 2 BGB) vorgesehen ist. Allerdings setzt ein solcher Anspruch eine erhebliche Minderung vo-

---

[54] Vgl. AG Bruchsal Reiserecht aktuell (RRa) 2007, 125: Kein Kündigungsrecht nach einem Sprengstoffanschlag in Sharm El-Scheikh, da ein Tourist mit terroristischen Anschlägen in Ägypten angesichts der bekannt brisanten Verhältnisse dort rechnen musste.

[55] BGHZ 92, 177 = NJW 1985, 132: Anzeigepflicht und Rügeerfordernis (Abhilfeverlangen).

raus. Die Gerichte verlangen typischerweise Mängel, die den Reisepreis um mehr als 50 % mindern,[56] als untere Schwelle werden gelegentlich Mängel genannt, die zu einer 20–30 %igen Minderung berechtigen.[57] Eine fixe Schwelle ist allerdings problematisch.[58] In Einzelfällen kann ein Mangel nämlich auch so gewichtig sein, dass er die Reise trübt, obwohl er nur kurzzeitiger und punktueller Natur war. So kann man argumentieren in einem Fall, in dem das Highlight einer zweimonatigen Kreuzfahrt „Von der Arktis zur Antarktis", nämlich die Ansteuerung der Antarktis mit Schlauchbooten vom Kreuzfahrtschiff aus, entfallen ist.[59] Jedenfalls der Beinaheabsturz des Flugzeugs auf dem Rückflug einer Pauschalreise wurde als gewichtiger Mangel angesehen, obgleich die Reise im Übrigen ihren Erholungswert erfüllt hat und eine Rückwirkung von Mängeln auf die mangelfreie Zeit grundsätzlich nicht in Betracht kommt.[60] In beiden Fällen wurde aber nur Minderung, kein Schadensersatz wegen getrübter Urlaubszeit gewährt.

249   Die **Berechnung der Entschädigung** orientiert sich am Preis der Reise, nicht am Wert der vertanen Urlaubszeit für den Touristen. Daher erfolgt keine Kommerzialisierung der Urlaubszeit dadurch, dass das Erwerbseinkommen des Touristen auf jeden nutzlos verbrachten Urlaubstag umgerechnet wird. Daher muss es sich der Reisende auch nicht als Vorteil anrechnen lassen, wenn er einen abgebrochenen Urlaub noch durchaus harmonisch durch einen Segeltörn auf dem heimatlichen Baggersee nutzt.[61]

dd) Haftungsbeschränkung

250   Nach § 651h BGB ist grundsätzlich eine Beschränkung der Haftung des Reiseveranstalters möglich, allerdings gilt dies nur für Sachschäden und nur bis zur Höhe des dreifachen Reisepreises.

Fall 13

251   **A. Sachverhalt**
Die Studentin Verena (V) bucht beim Reiseveranstalter „Unheimlich Billig AG" (U) nach Katalog eine zweiwöchige Ibiza-Reise mit Flug ab Köln/Bonn, Flughafentransfers und Vollverpflegung für 850 € im 4-Sterne-Hotel mit Swimmingpool. Als sie auf Ibiza ankommt, stellt sich heraus, dass das versprochene Hotel ausgebucht ist. Sie wird in ein Hotel einer niedrigeren Kategorie umgebucht, in dem die Klimaanlage nicht funktioniert (Außentemperaturen 30 Grad), ferner aufgrund von

---

[56] Z.B. OLG Köln NJW-RR 2000, 1439.

[57] Vgl. *Tonner* in MünchKommBGB, § 651f Rn. 51.

[58] Gegen eine solche Schwelle *Tonner* in MünchKommBGB, § 651f Rn. 52.

[59] OLG Köln NJW-RR 2008, 1588: Reisepreis von knapp 21.000 €; nur Minderung, kein Schadensersatz.

[60] BGH NJW 2008, 2775.

[61] Vgl. BGHZ 161, 389 = NJW 2005, 1047, 1049.

Umbauarbeiten der Swimmingpool geschlossen ist. Unmittelbar neben dem Hotel befindet sich eine Großbaustelle, die von 8.00 Uhr bis 19.00 Uhr Lärm und Staub erzeugt. V beschwert sich über diese Vorfälle bei der Hotelleitung, weil die versprochene örtliche Reiseleitung weder telefonisch noch persönlich erreichbar ist. Nach dem dritten Tag beschließt sie entnervt, den Urlaub abzubrechen und nach Hause zu fliegen. Sie schickt dem Veranstalter eine SMS, besteigt ein Taxi und bucht einen Linienflug. Zu Hause angekommen, verlangt sie volle Erstattung des Reisepreises, zusätzlich 500 € für Taxi- und Rückflug(mehr)kosten sowie eine Entschädigung dafür, dass sie drei Tage ihrer wertvollen Erholungszeit geopfert hat.

B. Lösung

I. Anspruch auf Rückzahlung des Reisepreises

V könnte gegen U einen Anspruch auf Rückzahlung des Reisepreises in Höhe von 850 € gemäß §§ 651e Abs. 3 S. 1, 638 Abs. 4 S. 1, 346 Abs. 1 BGB haben.

1. Ein Pauschalreisevertrag nach § 651a Abs. 1 BGB ist geschlossen worden.

2. Der Anspruch auf Rückzahlung ist entstanden, wenn V den Reisevertrag wirksam gekündigt hat.

a) Eine Kündigungserklärung nach § 651e Abs. 1 S. 1 BGB ist darin zu sehen, dass V ihre Reise per SMS-Mitteilung an den Veranstalter abgebrochen hat. Formerfordernisse gelten für die Kündigung nicht. Die bloße Mitteilung des Abbruchs ist daher ohne Weiteres als Erklärung anzusehen, dass V die Reise nicht mehr fortführen möchte.

b) Die Kündigung setzt zunächst voraus, dass ein Reisemangel im Sinne des § 651c Abs. 1 BGB vorliegt. Das ist der Fall, wenn eine im Prospekt zugesicherte Eigenschaft fehlt oder ein Umstand vorliegt, der den objektiven Wert der Reise aus der Sicht des gewöhnlichen Reisenden beeinträchtigt.

(1) Ein Reisemangel liegt zunächst darin, dass die versprochene Hotelunterkunft durch eine alternative Unterbringung ersetzt wurde. Indem der Veranstalter ein bestimmtes Hotel im Prospekt bewirbt, sichert er die Unterbringung dort zu. Die Nichterfüllung der Zusicherung ist Reisemangel jedenfalls dann, wenn die Unterbringung nicht gleichwertig ist, weil es sich um ein Hotel einer niedrigeren Kategorie handelt.

(2) Ein weiterer Mangel liegt darin, dass das Hotel bei hohen Außentemperaturen über keine funktionierende Klimaanlage verfügte. Zwar gibt der Sachverhalt keine Auskunft darüber, ob eine Klimaanlage zugesichert war, doch kann der Reisende auch objektiv erwarten, dass bei hohen Außentemperaturen im Urlaubsland Kühlungsmöglichkeiten in einem Hotel vorhanden sind.

(3) Da der Zweck der Reise darin besteht, dass der Reisende sich erholen soll, ist Baulärm in Hotelnähe stets ein Mangel, auf den der Reiseveranstalter hinweisen muss.[62] Dies gilt auch für Baulärm, der nicht das Hotel selbst betrifft, sondern aus der Nachbarschaft der Unterkunft resultiert.

(4) Dem Sachverhalt kann schließlich entnommen werden, dass das gebuchte Hotel über einen Swimmingpool verfügte, der im Ausweichhotel nicht zur Ver-

---

[62] LG Düsseldorf NJW-RR 1987, 176.

fügung stand, ohne dass hierauf hingewiesen worden ist. Auch darin liegt ein
Mangel.

c) Eine Kündigung ist jedoch nur möglich, wenn der Mangel die Reise erheblich
beeinträchtigt (§ 651e Abs. 1 S. 1 BGB). Das setzt voraus, dass ein oder mehrere
Mängel je für sich genommen oder in ihrem Zusammenwirken einen Grad erreichen, der insgesamt eine Minderung des Wertes der Reise um mindestens 50 %
rechtfertigen. Ob dies der Fall ist, ist nicht ganz unproblematisch. Baulärm, auf den
trotz Vorhersehbarkeit (Großbaustelle) nicht hingewiesen wurde, wird typischerweise von den Gerichten mit einer Minderungsquote ab 25 % bewertet (oben Rn. 243),
ein fehlender Swimmingpool kann jedenfalls bei fehlender Strandnähe ebenso wie
ein Kategorienwechsel jeweils mindestens weitere 10 %, eine fehlende Klimaanlage mit 15 % bewertet werden. Hinzu kommt, dass der Veranstalter über den Hotel-
wechsel nicht rechtzeitig aufgeklärt hat, so dass im Ergebnis eine Minderungsquote
von 50 % überschritten wird. Damit liegt auch ein erheblicher Reisemangel vor, der
zur Kündigung berechtigt, wenn die weitere Durchführung der Reise aus Sicht des
Reisenden unzumutbar war. Davon kann auf Grund der zahlreichen Änderungen
des versprochenen Reiseprogramms, insbesondere aber auf Grund des Umstands,
dass der Erholungszweck durch Lärmbelästigung und fehlende Erholungsmöglich-
keiten im Hotel selbst praktisch vereitelt wurde, ausgegangen werden.[63]

Damit ist die Kündigung begründet.

d) Allerdings hätte V dem Reiseveranstalter die Mängel anzeigen und Abhilfe
verlangen müssen (§ 651e Abs. 2 BGB). Daran scheint es zu fehlen, weil die Be-
schwerden von V lediglich an die Hotelleitung gerichtet waren. Das genügt typischerweise nicht für eine wirksame Anzeige. Anders liegt der Fall aber, wenn eine
örtliche Reiseleitung trotz Zusage nicht vorhanden war. In einem solchen Fall ist
es für den Reisenden nicht zumutbar, die Kommunikation mit dem Veranstalter zu
suchen. Jedenfalls wäre es treuwidrig, wenn der Veranstalter auf formal vertrags-
gemäßer Adressierung besteht, nachdem er selbst sich vertragswidrig verhalten hat
(§ 242 BGB). Die Anzeige und das Abhilfeverlangen gegenüber der Hotelleitung
können somit als genügend angesehen werden.

e) Sofern V den Anspruch innerhalb eines Monats nach Reiseende geltend macht
(§ 651g BGB), kann sie Rückzahlung des Reisepreises verlangen. Zwar muss sie
sich die bereits erhaltenden Reiseleistungen anrechnen lassen (§ 651e Abs. 3 S. 2
BGB). Eine Anrechnung findet allerdings nicht statt, sofern diese Leistungen „infolge der Aufhebung des Vertrages" insgesamt für V uninteressant waren (§ 651e
Abs. 3 S. 3 BGB). Grundsätzlich kann dies nur angenommen werden im Hinblick
auf die Leistungen, die V noch zu erwarten hatte. Die ersten drei Tage jedoch sind
von ihr in Anspruch genommen worden. Allerdings muss in Fällen, in denen die in
Anspruch genommenen Urlaubstage wegen der erheblichen Änderungen der versprochenen Leistungen und der Qualitätseinbußen keinen Erholungseffekt hatten,
auch davon ausgegangen werden, dass empfangene, aber nicht genossene Leistungen für den Reisenden keinen Wert haben.

---

[63] Wer hier anders entscheidet und die Schwelle für eine Kündigung nicht als überschritten ansieht, der müsste einen Anspruch auf Minderung des Reisepreises nach §§ 651d Abs. 1, 638 Abs. 3,
Abs. 4, 346 Abs. 1 BGB prüfen.

II. Anspruch auf Erstattung der Mehrkosten für die Rückreise, § 651e Abs. 4 S. 2 BGB

a) Ein Pauschalreisevertrag liegt vor.

b) Die Kündigung ist berechtigt, weil die Reise über erhebliche Mängel verfügte.

c) Darauf, ob der Veranstalter diese Mängel zu vertreten hatte, kommt es nicht an, denn die Mangelfreiheit der Reise schuldet der Veranstalter stets als Garantie.

d) Anzeige und Abhilfeverlangen liegen vor.

e) Zu erstatten hat der Veranstalter im Falle einer Kündigung, die nicht durch höhere Gewalt ausgelöst wurde, die notwendigen Kosten des Rücktransports. Hier mag man argumentieren, dass der Reisende dem Veranstalter Gelegenheit zur Durchführung des Transports hätte geben müssen. Jedenfalls für die Taxifahrt zum Flughafen musste V eine solche Gelegenheit aber nicht gewähren, weil der versprochene Shuttle ohnehin nicht zur Verfügung stand. Die Kosten des Rückflugs schuldet der Veranstalter bereits, wenn die Kündigung berechtigt war und die Höhe der Kosten das erforderliche Maß nicht überschreitet. Anhaltspunkte dafür, dass die Kosten überhöht waren, bietet der Sachverhalt nicht.

Daher kann V Rückzahlung des Reisepreises und Erstattung der Mehrkosten für den Rücktransport verlangen.

III. Anspruch auf Schadensersatz für „entgangene Urlaubsfreude" nach § 651f Abs. 2 BGB

a) Ein Anspruch auf Schadensersatz für nutzlos aufgewendete Urlaubszeit steht auch Studierenden und sogar Schülern zu, denn es kommt hierfür nicht darauf an, dass formal Urlaub nur Erwerbstätigen gewährt wird, sondern darauf, dass Freizeit nutzlos aufgewendet wurde.[64]

b) Schadensersatz schuldet der Veranstalter, wenn er die Mängel der Reise zu vertreten hatte. Soweit es um die unterlassene Aufklärung über die Veränderung der Unterkunft geht, kann Fahrlässigkeit ohne Weiteres angenommen werden. Problematisch ist, ob U auch den Baulärm und den Defekt am Schwimmbad zu vertreten hat. Wenn man unterstellt, dass U darüber keine Kenntnis hatte, so muss er sich jedenfalls die Fahrlässigkeit, die darin liegt, dass die Leistungserbringer vor Ort hierüber nicht rechtzeitig aufgeklärt haben, zurechnen lassen (§ 278 BGB).

c) Ein erheblicher Reisemangel liegt vor.

d) Die Höhe des Schadensersatzes bestimmt sich nicht nach dem Einkommen der Studierenden,[65] sondern nach dem Wert der Reise. Geht man davon aus, dass dieser Wert vorliegend um 50 % gemindert war, so kann V 425 € als Schadensersatz verlangen.

---

[64] BGH NJW 1983, 218, 220.

[65] Das wurde zunächst noch mitberücksichtigt, vgl. BGH NJW 1983, 35, 37.

J Verbraucherschutz bei fehlerhaften Produkten

I. Problemstellung

Die **moderne Industrieproduktion** bringt für den Konsumenten Nutzen und **Ge-** **252**
fahren. Arzneimittel können Nebenwirkungen haben, die ihre Nutzungen relativie-
ren, Autos können zu tödlichen Waffen werden. Selbst alltägliche Gebrauchsgegen-
stände wie Limonadenflaschen können zum gefährlichen Gegenstand werden, wenn
sich der Inhalt bei hohen sommerlichen Temperaturen erwärmt und der entstehende
Überdruck die Flasche explodieren lässt.[1] Manche Gegenstände sind gar gezielt
gefährlich für den Nutzer, wie etwa Zigaretten, die Krebsrisiken erzeugen,[2] oder
stark zuckerhaltige Getränke, die Diabeteskrankheiten auslösen.[3] Die Gefahren kul-
minieren bei demjenigen, der die Produkte nicht nur lagert und handelt, sondern
sie benutzt, also beim Konsumenten. Er trägt die Gefahr von Schäden für Leib und
Leben sowie sein sonstiges Vermögen. Bereits die ersten Verbraucherschutzinitiati-
ven sprachen daher (untechnisch) von einem Recht des Endnutzers auf Sicherheit,
insbesondere ein Recht darauf, vor dem Vertrieb von Produkten geschützt zu werden, die riskant für Leben oder Gesundheit sind.[4] Flankiert wird es durch ein Recht
des Verbrauchers auf Information und Aufklärung von den Produkten ausgehenden
Gefahren.

Es ist naheliegend, den Verbraucher gegen Produktgefahren durch das Verbrau- **253**
chervertragsrecht zu schützen. Diese Aufgabe hat tendenziell das **Gewährleis-**
tungsrecht, also im Kaufrecht die §§ 433, 437, 474, 475 BGB. Bringt der Hersteller
ein Erzeugnis in den Verkehr, das wegen seiner fehlerhaften Beschaffenheit beim
Benutzer Schäden verursacht, so wird das Produkt in der Tat häufig mangelhaft im

---

[1] So geschehen ihm Sachverhalt, der BGH NJW 2007, 762 zu Grunde lag.

[2] Zur Produkthaftung für Tabakprodukte in Deutschland OLG Hamm NJW 2005, 295; zusammenfassend und systematisierend zum Problem *Adams/Bornhäuser/Pötschke-Lange/Grunewald*
NJW 2004, 3567.

[3] Hierzu LG Essen NJW 2007, 2713: Schadensersatzansprüche nach Coca Cola-Konsum verneint.

[4] So die Kennedy-Verbraucherbotschaft von 1962 (oben Rn. 8 mit Fußn. 13): „right to safety – to
be protected against the marketing of goods which are hazardous to health or life".

B. Grunewald, K.-N. Peifer, *Verbraucherschutz im Zivilrecht,*
DOI 10.1007/978-3-642-14421-9_10, © Springer-Verlag Berlin Heidelberg 2010

Sinne des §§ 433 Abs. 1 S. 2, 434 BGB sein. Dann hat beim Verbrauchsgüterkauf der Käufer zwingend (§ 475 BGB) Gewährleistungsansprüche gegen den Verkäufer nach §§ 437, 433 Abs. 1 S. 2, 434 BGB. Sofern Schäden an Rechtsgütern des Konsumenten (außerhalb des verkauften Produkts) entstanden sind, kann er diese allerdings nur ersetzt verlangen, wenn (auch) der Verkäufer den Mangel verschuldet hat (§§ 280 Abs. 1, 437 Nr. 3 BGB). Daran wird es zumeist fehlen, denn der Verkäufer hat das Produkt nicht hergestellt und kann seine Beschaffenheit daher auch nicht beeinflussen. Eine generelle Pflicht des Händlers aus §§ 311 Abs. 2, 241 Abs. 2 BGB, jedes Produkt vor dem Verkauf auf etwaige Gefahren für den Nutzer zu untersuchen, besteht nicht. Der Gewährleistungsanspruch hilft daher nur, wenn es um eine Kompensation für das schadhafte Produkt selbst geht. Ist die schadhafte Mineralwasserflasche im Keller des Konsumenten explodiert,[5] so kann der Konsument im Wege der Gewährleistung eine neue Flasche verlangen. Hat die Explosion Verletzungen an den Rechtsgütern des Konsumenten verursacht, so haftet der Händler für diese Schäden nicht. Verneint wurde eine deliktische Haftung des Händlers übrigens in einem Fall, in dem eine Limonadenflasche in einem Verbrauchermarkt bei hohen Außentemperaturen explodierte, weil keine Pflicht des Händlers bestand, die Flasche besonders kühl zu lagern.[6]

254   Die Haftungsfrage verlagert sich daher auf das **Verhältnis zwischen Hersteller und Geschädigtem**. Da zwischen ihnen regelmäßig keine vertraglichen Beziehungen bestehen und der korrekt vorgehende Händler – wie gezeigt (Rn. 253) – nur auf das sog. Äquivalenzinteresse, nicht aber auf das Integritätsinteresse haftet, müssen Ansprüche gegen den Hersteller auf deliktischer Grundlage konstruiert werden. In solchen Fällen spricht man von Produkthaftung oder Produzentenhaftung (zur Abgrenzung zwischen beiden Begriffen Rn. 258).

255   Typische Probleme des Konsumenten bei der deliktischen Haftung betreffen **Beweisrisiken**. Grundsätzlich hat der Kläger die ihm günstigen Tatsachen darzulegen und zu beweisen (oben Rn. 199). Daher müsste er das gesamte Programm vortragen, das den Tatbestand der Haftung begründet: Rechtsgutverletzung, Verletzerverhalten, haftungsbegründende Kausalität und Verschulden.[7] Da er keinen Einblick in die Betriebsabläufe des Herstellers hat, wird ihm jedenfalls der Nachweis des Verschuldens schwerfallen, aber auch der Umfang der bei der Produkt anfallenden Sicherheitsanforderungen mag für ihn schwer darzulegen sein. Die Gerichte haben auf diese Schwierigkeiten in zweierlei Form reagiert: Im Rahmen der Haftung nach § 823 Abs. 1 BGB arbeiten sie mit einer Beweislastumkehr zu Lasten des Herstellers beim Verschulden: Nicht der Geschädigte muss darlegen, dass der Hersteller einen Fehler begangen, sondern der Hersteller muss darlegen, dass er alles richtig gemacht hat. Gelingt ihm das nicht, haftet er. Noch weiter geht das sog. Produkthaftungsgesetz. Nach seinen Vorschriften

---

[5] Klassischer Fall, vgl. BGHZ 129, 353 = NJW 1995, 2162 = JuS 1995, 935.

[6] BGH NJW 2007, 762 Tz. 13.

[7] Bei der Rechtswidrigkeit geht die h.M. dagegen davon aus, dass sie indiziert ist, wenn eine objektiv tatbestandsmäßige Rechtsgutsverletzung vorliegt, vgl. nur *Teichmann* in Jauernig § 823 Rn. 63.

muss der Kläger vielfach nur darlegen, dass ihm ein Schaden infolge Produktgebrauchs entstanden ist (unten Rn. 276 f.). Der Hersteller des Produkts trägt dann seinerseits vielfach die Last, nachweisen zu müssen, dass ihm kein Fehler in der Planung, Produktion und Aufklärung des Nutzers unterlaufen ist (unten Rn. 260). Auf das Verschulden des Herstellers an einem solchen Fehler kommt es gar nicht an.

Die genannten Regeln sind nachteilig für den Hersteller. Sie folgen einer Lo- **256** gik, die seit den 1960er und 1970er Jahren durch Risikosteuerungsüberlegungen beeinflusst werden: So sollte der Vertrieb gefährlicher Produkte nur erlaubt sein, wenn es korrespondierend hierzu eine Haftung des Produzenten gibt. Diese Überlegung trägt die strikte (verschuldensunabhängige) Haftung des Halters im Straßenverkehr (§ 7 StVG).[8] Zum anderen wird argumentiert, dass die Kosten sichereren Produktdesigns und Verbraucheraufklärung volkswirtschaftlich effizienter verteilt („alloziert") werden,[9] wenn die Gemeinschaft der Produkthersteller (und nicht der individuelle Nutzer) sie tragen. Sie nämlich können diese Kosten ihrerseits auf ihre Produktverkaufspreise umlegen. So verteuert sich jedes verkaufte Produkt ein wenig, wenn hingegen der einzelne Verbraucher die Kosten für seinen individuellen Schutz aufbringen müsste, wäre er finanziell oft überfordert.[10] Man spricht hier nicht mehr von einem Ausgleich eines Machtgefälles (oben Rn. 7). Der Gedanke einer strukturellen Unterlegenheit der Abnehmerseite beim Schutz gegen Produktgefahren ist aber durchaus noch erkennbar (vgl. insoweit Fall 1 – Bürgschaft).

Schließlich sind die Hersteller am ehesten in der Lage, über den richtigen Pro- **257** duktgebrauch aufzuklären. Sie kennen und beobachten ihre Produkte auch im eigenen Interesse an einem verbesserten Marketing und Vertrieb. Das **Informationsgefälle** wird auch sonst im Verbraucherprivatrecht durch Informationspflichten ausgeglichen (oben Rn. 7). Im Bereich der Produkt- und Produzentenhaftung spricht man von Warn- und Instruktionspflichten (unten Rn. 268 ff.).

Flankierend zu den Pflichten, welche die Hersteller treffen, gibt es eine Fülle rechtlicher Regeln, die dafür sorgen, dass gefährliche Produkte **nur nach Prüfung und Zulassung** vertrieben werden dürfen. Solche Zulassungspflichten betreffen insbesondere Arzneimittel. Von praktischer Bedeutung sind allerdings auch behördliche Prüfungs- und Rücknahmepflichten nach dem Geräte- und Produktsicherheitsgesetz (§ 8 Abs. 4 S. 2 Nr. 7 ProdSG), dem sog. Lebensmittel-, Bedarfsgegen-

---

[8] *Peifer*, Gesetzliche Schuldverhältnisse, 2. Aufl. 2010, § 6 Rn. 7. Für die Produkthaftung wurde ein solcher Ansatz vorgeschlagen von Diederichsen, Die Haftung des Warenherstellers, 1967.

[9] Der hier formulierte Zusammenhang wurde insbesondere durch die Vertreter einer „ökonomischen Analyse" rechtlicher Regeln erkannt und formuliert, vgl. *Calabresi*, The Cost of Accidents, 1970, S. 46–67.

[10] Diese Kostenumwälzung kann allerdings bei breiter Anwendung dazu führen, dass sich Dienstleistungen und Produkte erheblich verteuern, wenn nämlich die von Gerichten zugesprochenen Haftungssummen steigen. Diese Gefahr wird insbesondere in den USA formuliert, vgl. *Peter W. Huber*, Liability, 1988, S. 3, der von einer demokratisch nicht abgesicherten, weil durch die Gerichte „erhobenen" „safety tax" spricht.

 stände- und Futtermittelgesetzbuch (Nahrungsmittel und Kosmetika), dem Medizinproduktegesetz und vielen Spezialnormen, von denen einige in § 2 Abs. 3 des ProdSG aufgelistet sind. Manche dieser Regeln sind Schutzgesetze im Sinne des § 823 Abs. 2 BGB. Examensrelevant sind diese Materien nicht, allerdings hochwichtig in der unternehmerischen Praxis und Beratung.

II. Die Systematik der Produzenten- und Produkthaftung

258 Die **Produzentenhaftung** ergibt sich aus § 823 Abs. 1 BGB als Unterfall der Verletzung einer Verkehrssicherungspflicht, die den Hersteller zur Gefahrabwendung verpflichtet. Von **Produkthaftung** spricht man seit Erlass des Produkthaftungsgesetzes.[11] Der Begriff ist gerechtfertigt, weil nach diesem Gesetz nicht nur der Hersteller, sondern auch der Importeur oder derjenige, der seine Marke oder Firmenbezeichnung auf dem Produkt anbringt (Quasi- Hersteller), haften können (§ 4 ProdHaftG). Im Gutachten sollte vorrangig der Anspruch nach dem ProdHaftG und erst danach (vgl. § 15 Abs. 2 ProdHaftG) ein Anspruch aus § 823 Abs. 1 BGB wegen Verletzung einer Verkehrssicherungspflicht geprüft werden.[12] Das Anspruchssystem des BGB geht nämlich regelmäßig weiter als der Anspruch aus Produkthaftung.

259 **Wesentliche Unterschiede** sind die folgenden: Das ProdHaftG erfasst von vornherein nur Fehler, welche zum Zeitpunkt des Inverkehrbringens nach dem Stand der Wissenschaft und Technik erkennbar waren, § 1 Abs. 2 Nr. 5 ProdHaftG, bei § 823 Abs. 1 mag ein solcher Umstand nur zu einem Ausschluss des Verschuldens führen. Bei Sachschäden fällt im ProdHaftG eine Selbstbeteiligung des Geschädigten in Höhe von 500 € an (§ 11 ProdHaftG), Schäden an gewerblichen Gütern werden nicht ersetzt (§ 1 Abs. 1 S. 2 ProdHaftG). Ersetzt werden auch sonst nur Schäden, welche an anderen als den gelieferten Gütern entstanden ist. Damit entfallen sog. „Weiterfresserschäden" (schadhafte Reifen führen dazu, dass ein Fahrzeug einen Unfall und dabei einen Totalschaden erleidet).[13] Beide Einschränkungen spielen für § 823 Abs. 1 BGB keine Rolle. Schließlich ist bei Personenschäden die Haftung auf den Betrag von 85 Mio. € beschränkt, während § 823 Abs. 1 BGB jede Schadenshöhe erfasst, was für Massenschäden durchaus Bedeutung erlangen kann.

---

[11] Produkthaftungsgesetz v. 15.12. 1989.

[12] Die Reihenfolge ist nicht zwingend, erleichtert aber die Falllösung schon deswegen, weil im Produkthaftungsgesetz sehr viele Regeln kodifiziert sind, die auch bei der Lösung nach dem insoweit textarmen § 823 Abs. 1 BGB eine Rolle spielen können.

[13] Dazu BGH NJW 2004, 1032.

III. Die Produzentenhaftung nach § 823 Abs. 1 BGB

1. Die Grundregel: Beweislastumkehr

Zur Produzentenhaftung zählt man die Regeln, die von Gerichten und Rechtswis- **260** senschaft entwickelt wurden, um die Stellung des geschädigten Konsumenten in einem Schadensersatzprozess gegen den Produzenten zu verbessern. Diese Regeln sind nicht auf Konsumenten beschränkt, finden in der Praxis aber vor allem bei Gebrauchsartikeln Anwendung. Daher gehören sie zum materiellen Verbraucherschutzrecht. Die **Grundregel**, die in Deutschland für diese Entwicklung des Deliktsrechts steht, wurde vom BGH im sog. Hühnerpest-Fall, der nicht den Schutz von Konsumenten zum Gegenstand hatte, wie folgt als Leitsatz formuliert: „Wird jemand bei bestimmungsgemäßer Verwendung eines Industrieerzeugnisses dadurch an einem der in § 823 Abs. 1 BGB geschützten Rechtsgüter geschädigt, dass dieses Produkt fehlerhaft hergestellt war, so ist es Sache des Herstellers, die Vorgänge aufzuklären, die den Fehler verursacht haben, und dabei darzutun, dass ihn hieran kein Verschulden trifft."[14] Es ging um die Haftung des Herstellers eines Hühnerimpfstoffs, der – von einem Tierarzt verabreicht – zu einem Massensterben von Hühnern auf einer Zuchtfarm führte. Der Kläger konnte beweisen, dass der Impfstoff verunreinigt war und diese Verunreinigung zum Ausbruch der zum Tod der Tiere führenden Hühnerpest führte. Nicht bewiesen hatte der Kläger, dass die Verunreinigung dem Hersteller des Impfstoffs vorzuwerfen war. Diesen Beweis musste der Kläger allerdings wegen der Umkehr der Beweislast auch nicht mehr erbringen.

Dem juristischen Gutachten bei universitären **Klausuren** liegt regelmäßig ein **261** unstreitiger Sachverhalt zugrunde, so dass es auf die **Frage der Beweislast** nicht ankommt. Der Sachverhalt gilt als vollständig und unstreitig. Auf die Beweislastregel abstellen muss man aber, wenn der Sachverhalt den Vermerk enthält, dass sich die Frage, ob ein Sorgfaltsverstoß vorliegt, nicht mehr aufklären lässt. Dann nämlich trägt das Risiko der Nichtaufklärbarkeit der Hersteller. Zu seinen Lasten wird schuldhaftes Handeln im Sinne des § 823 Abs. 1 BGB vermutet. Das Problem taucht also erst bei der Frage des Verschuldens auf. Im Übrigen bleibt es dabei, dass der Kläger (Geschädigte) nachzuweisen hat, dass eines seiner Rechtsgüter geschädigt wurde und diese Schädigung adäquat kausal auf ein Verhalten (Unterlassen, Rn. 262) des Herstellers zurückzuführen ist. Auch die Höhe des ihm entstandenen Schadens muss der Kläger darlegen und beweisen.

---

[14] BGHZ 51, 91 = NJW 1969, 269, 274 (sehr lesenswerte Entscheidung, in der auch viele alternative dogmatische Lösungen für das Problem der Herstellerhaftung vorgestellt und diskutiert werden).

2. Verkehrspflichten von Produktherstellern

262 Regelmäßig problematisch in Prüfungsfällen ist die Annahme einer Verletzungshandlung. Sie liegt nicht allein darin, dass ein Produkt überhaupt vertrieben wird,
denn solange der Vertrieb nicht gesetzlich verboten ist, ist diese Handlung sozialadäquat.[15] Der Schwerpunkt des Vorwurfs liegt dagegen in einem Unterlassen, nämlich darin, dass der Hersteller es unterlassen hat, das Produkt sicher zu konstruieren
oder zu fabrizieren. Ein Unterlassen ist nur tatbestandsmäßig, wenn eine **Verkehrssicherungspflicht** verletzt wurde. Die Regeln der Produzentenhaftung formulieren
solche Sicherungspflichten, d. h. Anforderungen an die für den Nutzergebrauch
sichere Herstellung von Produzenten. Insgesamt **vier Kategorien** von Verkehrssicherungspflichten sind anerkannt.

a) Konstruktionsfehler

263 Ein pflichtwidriges Unterlassen des Herstellers kann zunächst darin bestehen, dass
er das Produkt fehlerhaft konstruiert hat (**Konstruktionsfehler**). Dieser Fehler betrifft typischerweise die Planung und Entwicklung, nicht die spätere Produktion
anhand dieser Planung. Als Konsequenz haftet der Fehler nicht nur einem einzelnen Stück, sondern der ganzen Produktionsserie an. Konstruktionsfehler können
daher zu den aus der Presse bekannten Produktwarnungen bis hin zum Produkt-
rückruf führen.[16] Ein berühmtes Beispiel liefert der US-amerikanische Ford Pin-
to-Fall. Die Ford Motor Co. hatte in den 1970er Jahren ein preiswertes Mittel-
klasseauto gebaut, das damals für unter 2000 US-$ pro Stück veräußert wurde.
Eine Konstruktionsschwäche bestand darin, dass der Tank schlecht abgesichert
war. Im Falle einer Kollision an der Stelle, an der sich der Tank befand, konnte sich
das Fahrzeug leicht entzünden mit daraus resultierenden Explosionsgefahren. Der
Fehler wurde durchaus erkannt, ein Umbau hätte pro Fahrzeug nur einige Dollar
gekostet, die Produktionskosten insgesamt aber erheblich in die Höhe getrieben.[17]
Das Risiko eines Unfalls der fraglichen Art wurde als verhältnismäßig gering eingestuft. Der Fall führte gleichwohl zu einem Unfall, in dessen prozessualem Nach-
spiel die bewusste Vernachlässigung der Absicherung gegen solche Unfälle auf-

---

[15] Nicht genügend ist es darauf hinzuweisen, dass der Schaden ja erst durch den Produktgebrauch
verursacht wird, denn auch dieser Gebrauch ist erlaubt und sozialadäquat.

[16] Allerdings nur, wenn die drohenden Gefahren erheblich sind und diese Gefahren nicht anders
als durch einen Rückruf und die Nachbesserung des Produkts behebbar sind. Eine kurze Checkliste
für das Vorgehen in solchen Fällen gibt *Klindt* BB 2010, 583.

[17] In einem Memorandum, das später zugänglich wurde, war davon die Rede, dass der Umbau
bei 11 Mio. Fahrzeugen etwa 121 Mio. USD gekostet hätte, umgerechnet auf das einzelne Fahrzeug hätten sich etwa 11 USD Mehrkosten ergeben. Bis zum Skandal sind etwa 2 Mio. Fahrzeuge
verkauft worden, zu denen etwa 29 tödlich verlaufene Unfälle bekannt wurden. Das Unternehmen
hatte kalkuliert, dass an möglichen Schadensersatzkosten etwa 50 Mio. USD angefallen wären und
daraufhin die Entscheidung getroffen, den Umbau zu unterlassen.

gedeckt wurde. Er gilt noch heute als Beispiel für unethisches unternehmerisches
Verhalten.[18]

Ein klassischer Produktionsfehler, der auch in Deutschland bekannt wurde, ist **264**
die Programmierung von Software mit einem nur zweistelligen Systemdatum, so
dass beim Wechsel des Systemdatums im Jahr 2000 manche Systeme im Jahre „00"
landeten und bestimmte Funktionen daher nicht mehr zur Verfügung standen. Der
Fall wurde als „Y2K"-Problem bekannt.[19]

Der Hersteller schuldet den Standard an Sorgfalt, der dem technischen Stand der **265**
Zeit zum Zeitpunkt des Inverkehrbringens entspricht.[20] Von ihm wird verlangt, dass
er diesen Standard beherrscht und einhält. Das bedeutet nicht, dass dieser Stand
auch für alle Zukunft gesichert sein muss. Ein Produkt wird auch nicht dadurch
fehlerhaft, dass ein verbessertes Nachfolgemodell auf dem Markt erscheint. Daher
sind Mängel, die nach dem Stand der Technik zum Zeitpunkt des Inverkehrbringens
nicht erkennbar oder vermeidbar waren (**Entwicklungsrisiken**), auch keine Konstruktionsfehler. Unmögliches muss auch der Hersteller nicht leisten. Allerdings
verpflichten bereits vorliegende oder spätere Erkenntnisse über Sicherheitsmängel
dazu, vor dem gefährlichen Gebrauch von vertriebenen Produkten zu warnen.[21]
Auch die Verletzung einer solchen Warnpflicht ist die Verletzung einer Verkehrssicherungspflicht (unten Rn. 270).

b) Fabrikationsfehler

Verletzungshandlung oder Verkehrspflichtverletzung kann auch die **unzureichende** **266**
Organisation und Kontrolle bei der Fabrikation des Produkts sein. Fehler aus
diesem Bereich haften nicht (notwendig) der gesamten Serie, sondern meist nur
einzelnen Stücken oder einer Produktionscharge (Fehleinstellung eines Montage-
bandes) an. Um einen solchen Fehler ging es auch im Hühnerpest-Fall (Rn. 260),
denn dort war der Impfstoff nicht fehlerhaft konzipiert, sondern nur unsauber ver-
füllt worden. Erst hierbei kam es zu den Verunreinigungen. Ein Fabrikationsfehler
liegt überdies vor, wenn eine wiederbenutzbare Glasflasche (Pfandflasche) nicht
hinreichend auf Druckfestigkeit untersucht, hernach wieder befüllt wird und anschließend infolge eines nicht entdeckten Defektes explodiert.[22] Der Hersteller hat

---

[18] Die Entscheidung ist veröffentlicht unter *Grimshaw v. Ford Motor Co.* 119 Cal. Appeals Deci-
sions (C.A.) 3rd series S. 757 (1981). Ford wurde in diesem einen Fall zu Schadensersatzleistun-
gen in Höhe von 6 Mio. USD verurteilt, davon entfielen 3,5 Mio. USD auf den sog. Strafschadens-
ersatz, weil das Unternehmen trotz Kenntnis die sichere Produktion unterlassen hatte. Der Fall ist
einprägsam verfilmt worden in "Class Action" (1991) mit Gene Hackman und Mary Elisabeth
Mastrantoni.

[19] Vgl. *Bartsch*, Software und das Jahr 2000, 1998.

[20] BGH NJW 2009, 2952 (Leitsatz).

[21] BGHZ 80, 186 (NJW 1981, 1603 („Apfelschorffall"): Pflicht zur Warnung darüber, dass ein
Produkt seine Hauptwirkung (Schutz von Obstbäumen) verfehlt.

[22] BGHZ 129, 353 = NJW 1995, 2162.

nicht nur die Pflicht, die Serie fehlerfrei zu konstruieren, er hat auch die Last, jedes einzelne Stück, das am Markt abgesetzt wird, mangelfrei zu produzieren.

267   Ein klassisches Problem bei Fabrikationsfehlern stellt die **Ausreißerhaftung** dar. Es mag vorkommen, dass eine ganze Serie fehlerfrei hergestellt und kontrolliert die Produktion verlässt, ein einzelnes fehlerhaftes Stück aber trotz aller Kontrollen übersehen wird. Auch hierfür steht der Mineralwasserflaschenfall.[23] Dort war als Ursache für eine Explosion einer Glasflasche ein kleiner Bruch oder feinste Haarrisse im Glas festgestellt worden. Der Unternehmer, aus dessen Betrieb die Flasche stammte, legte breit dar, welche Maßnahmen er in der Produktion ergreife, um zu verhindern, dass solchermaßen schadhafte Flaschen wieder in den Handel geraten. Dazu gehörten mehrere Sichtkontrollen, Lichtschranken und eine probeweise Befüllung mit anschließender Druckeinwirkung, die höher ist als der spätere Befülldruck. Wenn alle diese Maßnahmen nicht verhindern, dass eine fehlerhafte Flasche in den Verkehr gelangt, bleibt es dabei, dass ein Fabrikationsfehler vorliegt. Allerdings haben die Gerichte bei Ausreißern auch einmal geurteilt, dass der Vertrieb solcher Stücke nicht schuldhaft ist.[24] Der Ausreißereinwand hilft aber nicht immer. Insbesondere wenn die drohenden Risiken hoch sind, steigen nämlich die Anforderungen an die Genauigkeit der Fehlerkontrolle.

c) Anleitungs- und Instruktionsfehler

268 Verkehrsicherungspflichtverletzung kann das Unterlassen von Anleitungen über den richtigen Produktgebrauch in **Gebrauchsanleitungen** oder auf dem Produkt selbst sein. Solche Instruktion tut insbesondere not, **wo das Produkt nicht selbst erklärend ist** und die naheliegende Gefahr besteht, dass der Nutzer durch Fehlgebrauch Schäden erleidet. Vor allem spielt sie aber eine Rolle, wenn das Produkt potentiell gefährlich ist.

269   Ein skurriler Beispielfall wird aus den USA berichtet. Angeblich sei dort ein Haftungsfall dadurch aufgetreten, dass eine Frau ihre durchnässte Katze in die Mikrowelle gestellt habe, um das Tier dort auf kleinster Stufe zu trocknen. Unabhängig davon, ob der Fall tatsächlich stattgefunden hat, wirft er die interessante Frage auf, mit welcher Art von Produktgebrauch der Hersteller rechnen muss, aber auch mit welchem Verbraucherleitbild das Recht operiert. Im Bereich der Produzentenhaftung muss man nur instruieren, wenn zu befürchten ist, dass der durchschnittliche Erwerber des Produkts mit diesem nicht risikolos umgehen kann.[25] Was zum allgemeinen Erfahrungswissen gehört, muss also nicht erläutert werden. Je eher allerdings ein Fehlgebrauch zu Schäden an Leib und Leben führen kann, desto eher besteht auch die Pflicht, vor einem solchen Fehlgebrauch zu warnen.[26] Vor völlig fernliegenden Nutzungen muss aber nicht gewarnt werden. So musste der Hersteller

---

[23] BGHZ 129, 353 = NJW 1995, 2162.

[24] Vgl. BGHZ 51, 91 = NJW 1969, 269, 275; *Hager* in Staudinger § 823 Rn. F 17.

[25] Vgl. BGH NJW 1975, 1827, 1829.

[26] BGH NJW 1987, 372.

eines technischen Lösungsmittels nicht davor warnen, dass das Mittel beim „Sniffen" Rauschgefahren erzeugen kann.[27] Vor der Verwendung einer Mikrowelle als Aufwärmmittel für Katzen muss daher ebenfalls nicht gewarnt werden. Zu bedenken ist auch, dass übermäßige Produktwarnhinweise zu einem „information overload" beim Adressaten führen und auf diese Weise ihre Warnfunktion verlieren können.[28]

d) Produktbeobachtungs- und Warnpflichten

Die nach dem Stand der Wissenschaft nicht vermeidbaren Gefahren eines Produktes **270** (Gefahr, dass sich ein Airbag auf einer „Ruckelpiste" unerwartet öffnet[29]), nach Inverkehrbringen bekannt werdende Entwicklungsrisiken (schädliche Nebenwirkung eines Reinigungsmittels) und ein ungewöhnlicher, aber noch zu erwartender Produktgebrauch führen zu Warnpflichten. Der Hersteller muss spätestens zum Zeitpunkt der Kenntnis von solchen Ereignissen potentielle Nutzer vor dem weiteren oder einem bestimmten Gebrauch des Produktes warnen. Um dieser Pflicht zu genügen, muss er auch den Gebrauch seines Produktes beobachten. Dazu gehört die Verfolgung von Haftungsfällen- und -prozessen, in die das Produkt involviert ist. Wer überhaupt nicht beobachtet, verletzt eine Verkehrssicherungspflicht, wer beobachtet und bekannt gewordene Gefahren beim Gebrauch des Produktes nicht mitteilt, verletzt seine Warnpflicht. Die Beobachtungs- und Warnpflichten können sich zu Rückrufpflichten verdichten, das ist allerdings nicht stets der Fall. Auch verpflichtet ein aufgetretener Schaden nicht ohne Weiteres zu einer kostenlosen Beseitigung des Mangels, wenn die Gewährleistungsfristen bereits abgelaufen sind.[30]

Nicht gewarnt werden muss vor üblichen Gefahren und typischen Produktrisiken (Diabetes-Risiken von zuckerhaltiger Limonade[31]). So muss der Hersteller eines Gebäckstücks mit Kirschfüllung nicht davor warnen, dass die verwendete Kirsche noch einen Kern enthalten könnte. Völlige Gefahrlosigkeit könne der Verbraucher nicht erwarten.[32]

3. Kausalität zwischen Pflichtverletzung
und Rechtsgutsbeeinträchtigung

Nach allgemeinen Regeln muss die Verletzungshandlung kausal für die Rechtsguts- **271** verletzung sein (haftungsbegründende Kausalität). Dies hat im Prozess wiederum der Geschädigte darzulegen und zu beweisen. Danach müsste er auch darlegen, dass

---

[27] BGH NJW 1981, 2514, 2515.

[28] *Burkhardt* VersR 2009, 1592.

[29] BGH NJW 2009, 2952.

[30] BGH NJW 2009, 1080; dazu *Molitoris* NJW 2009, 1049.

[31] Vgl. LG Essen NJW 2007, 2713 (Coca Cola-Fall); OLG Hamm NJW 2005, 295.

[32] BGH NJW 2009, 1669.

es ausgeschlossen ist, dass der Fehler erst durch ein Ereignis nach Inverkehrbringen des Produktes eingetreten ist. Der Beweis dürfte schwerfallen. Die Gerichte haben wiederum zum Schutz des Konsumenten eine Lockerung der Regel formuliert. Der Hersteller hat nämlich die Pflicht, zu kontrollieren und zu dokumentieren, dass das Produkt seinen Betrieb fehlerfrei verlassen hat.[33] Verletzt er diese Befundsicherungspflicht, so hat er zu beweisen, dass der Fehler erst nach Inverkehrbringen aufgetreten ist. Im Mineralwasserflaschenfall hilft dies einem Geschädigten, der die Trümmer der explodierten Mineralwasserflasche nicht aufbewahrt hat und daher auch nicht beweisen kann, warum die Flasche explodierte.

4. Rechtswidrigkeit und Verschulden

272 Besonderheiten bei der Rechtswidrigkeit gibt es in Produzentenhaftungsfällen gegenüber dem allgemeinen Deliktsrecht nicht. Obwohl es hier tatbestandlich um ein Unterlassen geht, ist die **Rechtswidrigkeit indiziert**, wenn Rechtsgutsverletzung, Verletzungshandlung und adäquate Kausalität zwischen beiden feststehen. Allerdings trägt nicht der Kläger, sondern der Hersteller die Beweislast dafür, dass er die Verkehrssicherungspflichtverletzung nicht zu vertreten hat, dass also bei Anwendung aller Sorgfalt der Fehler nicht zu vermeiden war (oben Rn. 260).[34]

273 Der **Umfang der Beweislastumkehr variiert nach der jeweils betroffenen Fehlerkategorie**. Keine Ausnahmen von der Umkehr gibt es für Konstruktions- und Fabrikationsfehler. Bei Fabrikationsfehlern kann der Beweis geführt werden, dass ein unvermeidlicher Produktionsausreißer vorliegt. Bei Instruktionsfehlern muss der Kläger nachweisen, dass ein Anlass zur Warnung bestand, z. B. weil Produktgefahren bekannt geworden sind oder weil für einen vernünftigen Verbraucher eine bestimmte Form der Produktanwendung nicht ungewöhnlich ist. Zu einer solchen Anwendung gehört zwar nicht das Aufwärmen von Katzen in der Mikrowelle, wohl aber, dass Eltern es zulassen, dass ihre Kleinkinder an Babyteeflaschen „dauernuckeln". Stellt ein Hersteller von zuckerhaltigen Tees solche Flaschen her, so muss er darauf hinweisen, dass Eltern, die ihren Kindern das Dauernuckeln an mit zuckerhaltigen Tees gefüllten Babyflaschen gestatten, Kariesgefahren schaffen, die durch den Produktgebrauch hervorgerufen werden.[35] Bei Produktbeobachtungsfehlern besteht eine Verschuldensvermutung, wenn kein Vorkehrungen zur Produktbeobachtung (Frühwarnsysteme, Informationssammlung, Befragung bei Händlern) getroffen wurden.

---

[33] BGH NJW 1988, 2611.

[34] BGHZ 51, 91 = NJW 1969, 269.

[35] BGHZ 116, 60 – 77 („Kindertee I") und NJW 1994, 932 – 934 („Kindertee II") = Karies infolge Dauernuckelns an Babyteeflaschen, sog. Baby Bottle-Syndrom; ein ähnlicher Klausurfall findet sich bei *Schlinker* JuS 2010, 224.

5. Rechtsfolgen

Der Produzent haftet für alle Personen- und Vermögensschäden, die adäquat kau- **274**
sale Folge seiner Pflichtverletzung sind. Der **Schadensersatz** ist der Höhe nach
nicht begrenzt. Nicht ersetzt werden Schäden am Produkt selbst, denn sie zählen
nicht zum Integritäts-, sondern zum Äquivalenzinteresse, müssen also durch die
Geltendmachung der vertraglichen Gewährleistungsansprüche eingefordert werden. Ersatzfähig sind dagegen „Weiterfresserschäden", die nicht „stoffgleich" mit
dem Minderwert der gekauften Sache sind.[36]

IV. Die Haftung nach dem ProdukthaftungsG

1. Produkthaftungsgesetz und Produkthaftungsrichtlinie   275

Das Produkthaftungsgesetz[37] stammt aus dem Jahr 1989. Es geht auf eine europäische Richtlinie zurück, die den Zweck verfolgt, Verbraucher gegen die Gefahren aus
defekten und gefährlichen Produkten zu schützen: „Der Schutz des Verbrauchers
erfordert es, dass alle am Produktionsprozess Beteiligten haften, wenn das Endprodukt oder der von ihnen gelieferte Bestandteil oder Grundstoff fehlerhaft war."[38]
Die Umsetzung in Deutschland war nötig, weil die richterrechtlichen Regelungen
zur Produzentenhaftung nicht so transparent aus § 823 Abs. 1 BGB herauszulesen
waren, wie dies die Umsetzung von Richtlinien erfordert. Der **verbraucherschützende Charakter** der Regelung kommt darin zum Ausdruck, dass Sachschäden nur
ersatzfähig sind, wenn sie an „für den privaten Ge- oder Verbrauch" bestimmten
Gegenständen entstanden sind (§ 1 Abs. 1 S. 2 ProdHaftG). Der Hersteller haftet
hingegen nicht für Gegenstände, die er nicht für den Verkauf oder im Rahmen be-
ruflicher Tätigkeit hergestellt oder vertrieben hat (§ 1 Abs. 2 Nr. 3 ProdHaftG).

    Das Produkthaftungsgesetz nähert sich einem System der Gefährdungs- **276**
haftung, also einer strikten verschuldensunabhängigen Haftung an. Das ist ungewöhnlich für das deutsche Schadensersatzrecht. Es entspricht aber den bereits
beschriebenen Tendenzen, die Risiken der industriellen Produktion bei den Herstel-
lern zu „allozieren" (sammeln), weil sie die Kosten von Haftungsfällen versichern
und auf die Produktpreise umlegen können. Am Ende zahlt zwar der Verbraucher
auch diese Kosten, doch verteilen sie sich auf viele Schultern statt auf ein einzelnes
Opfer zu entfallen. Auch hierdurch schützt man das schwächere Glied am Ende der

---

[36] BGHZ 67, 359 - „Schwimmerschalter".

[37] Gesetz über die Haftung für fehlerhafte Produkte (Produkthaftungsgesetz – ProdHaftG) v.
15.12.1989, BGBl. I 2198; Begründung in BT-Drucks. 11/2447.

[38] So Erwägungsgrund Nr. 4 der Richtlinie vom 25.7.1985 zur Angleichung der Rechts- und Ver-
waltungsvorschriften der Mitgliedstaaten über die Haftung für fehlerhafte Produkte, EG-ABl. L
210 S. 29.

Vertriebskette (oben Rn. 8 f.). Das Prinzip Gefährdungshaftung zeigt sich daran, dass das ProdHaftG weder das Wort „rechtswidrig" oder „widerrechtlich" noch der Ausdruck „schuldhaft" oder „Vertretenmüssen" in dem Gesetz auftaucht.

2. Der Grundsatz: Haftung für die Herstellung von schadensverursachenden fehlerhaften Produkten

a) Anspruchsgrundlage

277 Die **Anspruchsgrundlage** enthält **§ 1 Abs. 1 ProdHaftG**. Danach haftet der Hersteller, wenn durch den Fehler eines Produkts jemand körperlich verletzt oder eine Sache beschädigt wird. Die Normfassung zeigt, dass der Geschädigte von vornherein nur darlegen und beweisen muss, dass eines seiner Rechtsgüter durch einen Produktfehler verletzt wurde. § 1 Abs. 4 ProdHaftG stellt klar, dass dazu der Nachweis des ursächlichen Zusammenhangs zwischen Produktfehler und eingetretenem Schaden gehört. Eine die Rechtswidrigkeit indizierende Wirkung hat dieses Ereignis hingegen nicht, denn die Verletzung durch Produktfehler ist bereits für sich genommen anspruchsbegründend. Das Gesetz arbeitet nicht mit einer richterrechtlichen Beweislastumkehr, sondern mit einer auf wenige Elemente reduzierten Haftungsnorm.

b) Produkt

278 Gehaftet wird für fehlerhafte Produkte. Der **Produktbegriff** ist in § 2 ProdHaftG definiert. Danach haften Hersteller nur für von ihnen hergestellte bewegliche Sachen einschließlich Elektrizität. Für Bauwerke besteht danach ebenso wenig eine Produkthaftung wie für die Erbringung von Dienstleistungen (Zahnarzt, Rechtsanwalt). Unter den Produktbegriff fallen im Übrigen jedoch neue wie gebrauchte Sachen, Gas, Wasser und industrielle gezüchtete Tiere sowie Druckerzeugnisse (z. B. Handbücher mit technischen Formeln).[39] Nach deutscher Begrifflichkeit erfasst der Sachbegriff allerdings nur körperliche Sachen (§ 90 BGB). Eine Haftung für Software setzt daher scheinbar voraus, dass sie auf Trägermedien (CD, DVD) verkörpert ist. Allerdings spricht das Software als Werk schützende Urheberrechtsgesetz von einer Verkörperung bei jeder Fixierung, gleich auf welchem Träger (§ 16 UrhG). Auch über elektronische Netzwerke verbreitete Programmdateien sind danach bereits verkörpert, so dass man mit guten Argumenten auch von einer Produkthaftung für Software ausgehen kann.[40]

---

[39] Vgl. hierzu BGH JZ 1971, 63: Haftung für Druckfehler in einem medizinischen Werk bejaht, allerding treffe sie nicht den Verlag, sondern den Autor.
[40] Ebenso *Wagner* in MünchKommBGB, § 2 ProdHaftG Rn. 16; a.A. *Oechsler* in Staudinger, § 2 ProdHaftG Rn. 65.

c) Fehler

Von zentraler Bedeutung ist der **Fehlerbegriff**. Wann ein Fehler vorliegt, definiert **279** § 3 ProdHaftG. Fehlerhaft ist ein Produkt, wenn es nicht die Sicherheit bietet, die vom Verbraucher berechtigterweise erwartet werden kann. In diese berechtigte Erwartung fließen ein Darbietung, Gebrauchsmöglichkeiten und Zeitpunkt des Inverkehrbringens. Die Kategorien, die im Rahmen des § 823 Abs. 1 BGB herangezogen werden, um eine Verkehrspflicht zu definieren, spielen hierbei keine unmittelbare Kontrolle. Allerdings gibt es deutliche Überschneidungen zwischen beiden Regelungsmaterien:

Ein fehlerhaft konstruiertes oder fabriziertes Produkt entspricht nicht den be- **280** rechtigten Nutzererwartungen. Das gilt auch für Ausreißer in der Produktion (oben Rn. 267). Eine Mikrowelle muss allerdings nicht für das Trocknen von Haustieren geeignet sein, denn mit diesem Gebrauch muss der Hersteller billigerweise nicht rechnen (§ 3 Abs. 1 lit. b ProdHaftG). Gibt die Werbung oder die Produktaufmachung („Darbietung" im Sinne des § 3 Abs. 1 lit. a ProdHaftG) Hinweise auf bestimmte Gebrauchsmöglichkeiten, so muss der Hersteller damit rechnen, dass der Nutzer sie auch vornimmt. Wer von einem Reinigungsmittel behauptet, dass es sich zur Säuberung von allen glatten Flächen eignet, der muss damit rechnen, dass der Nutzer das Mittel für Bad, Küche und die Pkw-Pflege benutzt. Schädigt das Produkt den Lack des Neuwagens, ist es insoweit fehlerhaft.

3. Die Ausnahmen von der Haftung, § 1 Abs. 2 ProdHaftG

§ 1 Abs. 2 ProdHaftG nennt Ereignisse, welche die Haftung des Herstellers aus- **281** schließen. Für ihr Vorliegen ist der Hersteller darlegungs- und beweispflichtig. So besteht naheliegenderweise keine Haftung, wenn der Beklagte das Produkt **nicht in den Verkehr gebracht** hatte (§ 1 Abs. 2 Nr. 1 ProdHaftG). In den Verkehr gebracht hat man ein Produkt allerdings auch bereits, wenn man es nur importiert und im Inland vertrieben hat, ohne dass man Hersteller ist (§ 4 ProdHaftG). Das Gesetz sieht jedes Glied der Vertriebskette als grundsätzlich verantwortlich für Produktschäden an.

Im Mineralwasserflaschenfall (oben Rn. 266 f.) stellte sich das Problem, wer **282** nachzuweisen hat, dass ein Produktfehler erst aufgetreten ist, nachdem das Produkt den Betrieb des Herstellers verlassen hat. Die Beweisschwierigkeiten des Klägers werden durch § 1 Abs. 2 Nr. 2 ProdHaftG beseitigt, denn danach haftet zwar der Hersteller für solche nach Auslieferung auftretenden Fehler nicht. Dass der Fehler aber nicht schon beim Verlassen des Betriebs vorhanden war, muss der Hersteller beweisen.

Keine Haftung besteht hingegen für eine Produktbeschaffenheit, die zwingenden **283** gesetzlichen Vorschriften entspricht (§ 1 Abs. 2 Nr. 4 ProdHaftG). Hier hat der Hersteller keine Wahl, für die Befolgung von gesetzlichen Pflichten soll er daher auch nicht haftbar gemacht werden. Im Zusammenhang hiermit steht der Ausschluss der

Haftung für Fehler, die nach dem Stand der Wissenschaft und Technik zum Zeitpunkt des Inverkehrbringens nicht erkannt werden konnten (§ 1 Abs. 2 Nr. 5 ProdHaftG). Darunter fallen die sog. **Entwicklungsrisiken** (oben Rn. 265).

4. Rechtswidrigkeit und Verschulden

284 **Rechtswidrigkeit und Verschulden sind bei der Haftung nach dem ProdHaftG nicht zu prüfen.** Unerheblich ist daher auch, ob der Produktfehler aufgrund schlechter betrieblicher Organisation oder durch das individuelle Verschulden eines Mitarbeiters (Verrichtungsgehilfe) verursacht wurde. Das Gesetz knüpft die Haftung ja gerade nicht an weitere Voraussetzungen und nähert sich daher einem System der Gefährdungshaftung an. Eine vollständige Gefährdungshaftung für defekte und gefährliche Produkte besteht gleichwohl nicht, da § 1 Abs. 2 ProdHaftG dem Hersteller eine Reihe von Entlastungsmöglichkeiten zur Verfügung stellt. Insbesondere der Ausschluss der Haftung für Entwicklungsrisiken zeigt, dass der Hersteller nicht jedes Produktionsrisiko zu tragen hat.

5. Rechtsfolgen

285 Der Hersteller hat **Ersatz des gesamten materiellen Sachschadens** innerhalb der Haftungshöchstgrenzen (oben Rn. 259) zu leisten, ist allerdings nicht verantwortlich für den Ersatz des Schadens, der an der gelieferten Sache selbst entstanden ist (§ 1 Abs. 1 S. 2 i. V. m. § 11 ProdHaftG). Zum ersatzfähigen Schaden gehören Personenschäden (§§ 10, 9 ProdHaftG) einschließlich eines Schmerzensgeldes sowie von Erwerbsausfall- und Unterhaltsschäden (§§ 7, 8 ProdHaftG).

Fall 14

286 **A. Sachverhalt**
Viktor (V) schickt seine neunjährige Tochter T in den Vorratskeller der elterlichen Wohnung, um eine Flasche Limonade für den bevorstehenden Fernsehabend zu holen. T nimmt die Flasche aus dem Kasten und stellt sie kurz auf dem Boden ab, um die Kellertür zu schließen. In diesem Moment explodiert die Flasche, die herumfliegenden Splitter verletzen das linke Auge von T. T muss sich einer wochenlangen Krankenhausbehandlung unterziehen, ihr Auge muss durch ein Glasauge ersetzt werden. T klagt gegen den auf dem Flaschenetikett aufgedruckten Unternehmer U auf Schadensersatz und ein angemessenes Schmerzensgeld. Im Prozess stellt der Gutachter fest, dass Mineralwasserflaschen explodieren, weil sie entweder kleine Haarrisse oder sog. Ausmuschelungen aufweisen. In einem solchen Fall hält die Flasche dem nach Verfüllung entstehenden Druck nicht mehr vollständig stand und

bereits kleine Erschütterungen, wie etwa das Abstellen auf dem Boden, können die Flasche zum Bersten bringen. U wendet ein, vermutlich habe T die Flasche unsachgemäß benutzt, jedenfalls sei es unmöglich, alle Flaschen so perfekt vor der Auslieferung zu kontrollieren, dass keine fehlerhaften Stücke den Betrieb verlassen.

B. Lösung

I. Anspruch auf Schadensersatz und Schmerzensgeld aus § 1 Abs. 1 S. 1 ProdHaftG

T könnte gegen U einen Anspruch auf Schadensersatz und Schmerzensgeld aus § 1 Abs. 1 S. 1, 8, 9 ProdHaftG haben.

1. T erlitt durch die explodierende Mineralwasserflasche eine Körperverletzung.

2. U war als Verfüller der Flasche deren Hersteller, sei es, weil die befüllte Flasche als Endprodukt anzusehen ist (§ 4 Abs. 1 Satz 1 ProdHaftG), sei es, weil er seine Marke auf die Flasche aufgebracht hat (§ 4 Abs. 1 Satz 2 ProdHaftG).

3. Eine Haftung des U setzt voraus, dass die von ihm hergestellte oder in den Verkehr gebrachte Flasche, die ohne Weiteres ein Produkt im Sinne von § 2 ProdHaftG darstellte, fehlerhaft war (§ 1 Abs. 1 Satz 1 ProdHaftG). Das ist der Fall, wenn sie nicht die Sicherheit bot, die T als Verbraucherin erwarten durfte. Da T die Flasche bestimmungsgemäß nutzte, konnte sie erwarten, dass von diesem Gegenstand keine Gefahren, insbesondere keine Explosionsgefahren ausgingen. In dieser Erwartung wurde sie enttäuscht. Auf Grund des Sachverständigengutachtens kann davon ausgegangen werden, dass die Flasche einen Defekt aufwies, der sie für auch für den üblichen Gebrauch untauglich machte. Die Flasche war also ein fehlerhaftes Produkt.

4. Die Explosion der Flasche führte unmittelbar zu den Verletzungen. Der Produktfehler war mithin kausal für die Körperverletzung.

5. Zu klären bleibt, ob U sich auf einen der in § 1 Abs. 2 ProdHaftG genannten Umstände berufen kann. In Betracht kommt, dass der Fehler erst aufgetreten ist, nachdem die Flasche den Betrieb des U verlassen hat. Dafür gibt es im Sachverhalt jedoch keine Anhaltspunkte. Die Beweislast diesbezüglich trägt U. Mit einer bloßen Vermutung, dass T die Flasche unsachgemäß benutzt habe, hat U seine Darlegungslast nicht erfüllt.

Nicht ersichtlich ist ferner, dass der vorgebrachte Fehler nach dem Stand von Wissenschaft und Technik nicht erkannt werden konnte. Dazu müssen lediglich Flaschen mit Haarrissen und Brüchen aussortiert werden. Der bloße Einwand, Ausreißer in der Produktion seien nicht vermeidbar, entschuldigt ebensowenig, denn Ausreißer sind nach dem objektiven Stand der Technik durchaus zu vermeiden. Ob das Nichtaussortieren auch subjektiv sorgfaltswidrig, also schuldhaft war, kann dahingestellt bleiben, denn ein Verschuldenserfordernis kennt das ProdHaftG nicht.

6. Daher schuldet U Ersatz des Personenschadens, der nach §§ 8,9 ProdHaftG sowohl die ärztlichen Behandlungskosten als auch ein angemessenes Schmerzensgeld umfasst. Ebenso ersatzfähig ist ein etwaiger Schaden, der durch die Verminderung der Erwerbsfähigkeit der T durch den Verlust eines Auges entsteht. Dieser

Schaden ist grundsätzlich in Form einer Geldrente zu zahlen, die allerdings auch durch eine Kapitalzahlung abgefunden werden kann. Anhaltspunkte dafür, dass die Haftungsgrenzen des § 10 ProdHaftG überschritten werden, bestehen nicht.

II. Anspruch auf Schadensersatz und Schmerzensgeld nach §§ 823 Abs. 1 BGB

T könnten ihren Schadensersatz- und Schmerzensgeldanspruch überdies auf §§ 823 Abs. 1, 249 Abs. 1, Abs. 2, 843, 253 Abs. 2 BGB stützen.

1. T hat eine Rechtsgutsverletzung in Form einer Körperverletzung erlitten.

2. Als Verletzerverhalten kommt die Nichtbeachtung einer Verkehrssicherungs-pflicht bei der Abfüllung der aus dem Betrieb des U stammenden Flasche in Betracht. Vorliegend geht es ersichtlich um einen Fehler in der Organisation der Fabrikation einer Flasche. Der Produzent von Glasgetränkeflaschen hat durch die Organisa-tion seiner Arbeitsabläufe dafür zu sorgen, dass explosionsgefährdete, also defekte Flaschen nicht befüllt und ausgeliefert, sondern vorher aussortiert werden. Diese Pflicht scheint V nach dem Sachverständigengutachten nicht erfüllt zu haben.

Allerdings bleibt der Einwand, dass der Fehler auch außerhalb seines Betrie-bes entstanden sein könnte. Anders als im Produkthaftungsgesetz muss nicht der Hersteller beweisen, dass der Fehler erst entstanden ist, nachdem die Flasche den Betrieb verlassen hat, sondern der Kläger muss beweisen, dass der Fehler auf ein Verhalten des Herstellers zurückgeht. Allerdings muss dieser Beweis nur erbracht werden, wenn der Hersteller seinerseits dokumentiert hat, welche Flaschen seinen Betrieb in welchem Zustand verlassen (Befundsicherungspflicht).[41] Von einer sol-chen Dokumentation ist im Sachverhalt nicht die Rede. Ein pflichtwidriges Unter-lassen liegt daher vor.

3. Das Unterlassen war adäquat kausal dafür, dass die Flasche auch beim übli-chen Gebrauch explodierte, die Explosion führte ihrerseits zu der Körperverletzung von T.

4. Die Rechtswidrigkeit ist indiziert, Rechtfertigungsgründe scheiden aus.

5. Fraglich bleibt, ob U schuldhaft gehandelt hat, indem er die Produktionsab-läufe unzureichend oder fehlerhaft organisiert hat.[42] Durchaus beachtlich kann der Einwand sein, dass ein einzelner Ausreißer in der Produktion auch für den sorgfäl-tigen Produzenten nicht vermeidbar, also subjektiv nicht vorwerfbar ist. Doch muss diesen Umstand nicht der Geschädigte beweisen. Es wird vielmehr vermutet, dass in Fällen, in denen ein fehlerhaftes Produkt Rechtsgüter des Konsumenten schädigt, der Unternehmer den Fehler verschuldet hat. Den Gegenbeweis hierzu hat U nicht angetreten. Daher wird sein Verschulden vermutet.

6. T hat Vermögensschäden erlitten, die adäquat kausale Folge der Körperver-letzung sind. Nach §§ 249 Abs. 1, Abs. 2 BGB hat U die dazu erforderlichen Geld-mittel zur Verfügung zu stellen. Schmerzensgeld kann auf Grund der erheblichen Verletzungen aufgrund von § 253 Abs. 2 BGB verlangt werden. Schließlich kann

---

[41] BGH NJW 1988, 2611, oben Rn. 271.

[42] Ein solches Organisationsverschulden ist eigenes Verschulden des Unternehmers im Sinne von § 823 Abs. 1 BGB. Ob U für ein individuelles Verschulden eines seiner Mitarbeiter zusätzlich ein-zustehen hat (§ 831 BGB) kann dahingestellt bleiben.

T zur Kompensation der bleibenden Sehbehinderungen eine Geldrente nach § 843 BGB verlangen.

III. Die Ansprüche aus § 823 Abs. 1 BGB einerseits und § 1 Abs. 1 Satz 1 Prod-HaftG andererseits konkurrieren miteinander. Natürlich kann T den Schaden nur einmal ersetzt verlangen.

K Verbraucherschutz durch Wettbewerbsrecht (UWG)

I. Problemstellung

1. Durchsetzung kollektiver Interessen im Wettbewerb

Das Verbraucherprivatrecht versucht, dem individuellen Verbraucher Möglich- **287** keiten zum Selbstschutz zur Verfügung zu stellen. Widerrufsrechte, Informationsrechte, deliktische Ansprüche gegen Hersteller sollen sämtlich dafür sorgen, dass der Verbraucher seine Interessen selbst wahrnehmen und durchsetzen kann. Das ist zum Teil ineffizient, weil das allgemeine Verbraucherschutzniveau auf diese Weise von der Bereitschaft der Individuen zur Durchsetzung ihrer Rechte abhängig gemacht wird. Diese Bereitschaft ist gering, wenn es nur um die Beseitigung geringer Schäden (Klingeltonabonnement, Gewinnspielwerbung) geht (oben Rn. 14). Hinzu kommt, dass eine erfolgreiche individuelle Rechtsdurchsetzung stets nur unter den Parteien wirkt (Relativität von Schuldverhältnissen; Rechtskraft von Prozessen beschränkt auf die Prozessparteien). Das Recht muss daher **Mechanismen zur kollektiven Rechtsdurchsetzung** bereitstellen oder Dritte in die Rechtsverfolgung zu Gunsten der Verbraucher einbeziehen. Beide Wege geht das Gesetz gegen den unlauteren Wettbewerb (UWG). Nach seinem § 1 dient es dem Schutz der Mitbewerber, aber gleichberechtigt auch dem Schutz der Verbraucherinnen und Verbraucher sowie der sonstigen Marktbeteiligten. Der Schutz soll zugleich den Interessen der Allgemeinheit an einem unverfälschten Wettbewerb dienen.[1]

Umgesetzt ist diese Idee dadurch, dass das **Gesetz gegen unlauteren Wettbe- 288 werb bestimmte Handlungen definiert, die „unlauter" sind, wenn sie eine bestimmte Erheblichkeit erreichen** (§ 3 Abs. 1 S. 1 UWG), also die Funktion des Wettbewerbs als Prozess stören. Manche Handlungen, die in einem eigenen Katalog definiert sind, der dem Gesetz beigefügt ist (Anhang nach § 22 UWG) gelten gar stets als unlauter (sog. per se-Verbote), also unabhängig von ihrer Erheblichkeit für das wettbewerbliche Geschehen. So ist es etwa unlauter, eine Ware als „gratis"

---

[1] Übersichten der Rechtsprechung zum Verbraucherschutz durch UWG-Mechanismen finden sich bei *Stillner* VuR 2009, 123 und VuR 2008, 47.

B. Grunewald, K.-N. Peifer, *Verbraucherschutz im Zivilrecht*,
DOI 10.1007/978-3-642-14421-9_11, © Springer-Verlag Berlin Heidelberg 2010

anzubieten, wenn anschließend doch Kosten (etwa für Versand, Lieferung oder eine notwendige Zusatzleistung) verlangt werden. Wer ein Gratishandy anbietet und verschweigt, dass und welche Kosten für die Bereitstellung einer Nutzungsmöglichkeit anfallen, handelt daher unlauter.[2] Wer dem Verbot zuwiderhandelt, kann auf Unterlassung in Anspruch genommen werden (§ 8 Abs. 1 UWG). Der Anspruch kann von einem Verbraucherverband (sog. „qualifizierte Einrichtung", § 8 Abs. 3 Nr. 3 UWG[3]), aber auch einem Verband der Konkurrenten des Unternehmens (§ 8 Abs. 3 Nr. 2 UWG) oder einem Konkurrenten selbst (§ 8 Abs. 3 Nr. 1 UWG) durchgesetzt werden. Es fällt auf, dass der individuelle Verbraucher nicht klagebefugt ist. Er kann sich gegen unlautere Praktiken nur über schuldrechtliche Durchsetzungsmechanismen oder über Verbraucherschutzvereinigungen zur Wehr setzen. Das wird von Verbraucherschützern kritisiert. Der Gesetzgeber hat an dieser Grundentscheidung jedoch festgehalten, weil er verhindern wollte, dass die kommerzielle Bewegungsfreiheit von Unternehmern durch individuelle Verbraucherklagen übermäßig eingeengt wird (Vermeidung von Popularklagen).

2. Einige historische Eckdaten zur Entwicklung des kollektiven Rechtsschutzes

289 Das UWG geht noch auf das 19. Jahrhundert zurück. Es ist ein Produkt der in der zweiten Hälfte des 19. Jh. eingeführten Gewerbefreiheit, die es jedem Unternehmer gestattete, auch ohne die vorher notwendige ausdrückliche Erlaubnis des Territorialfürsten („Gewerbeprivileg") einer selbständigen wirtschaftlichen Betätigung nachzugehen. Als Folge dieser Freiheitsgewährleistung kam es zu einer scharfen, aber auch unlauteren Konkurrenz unter den Gewerbetreibenden. Boykottdrohungen und Geschäftsblockaden, Täuschungen und die aggressive Bedrängung von Kunden traten vermehrt auf. Der Gesetzgeber sah sich bereits im Jahre 1872 veranlasst, die Täuschung durch irreführende Markenführung gesetzlich zu verbieten, im Jahr 1896 wurde das Täuschungsverbot auf sonstige Wettbewerbshandlungen, insbesondere Werbeankündigungen erweitert. Das Jahr 1909 brachte eine Generalklausel, die es fortan verbot, im geschäftlichen Verkehr zu Zwecken des Wettbewerbs Handlungen vorzunehmen, die gegen die guten Sitten verstießen. Diese berühmte Generalklausel war zwar in ihrer Unbestimmtheit stets problematisch, die Gerichte vermochten es aber, eine ausgefeilte Kasuistik zu entwickeln, anhand derer die Generalklausel durch richterrechtliche Fallgruppen transparenter wurde.

---

[2] OLG Hamburg NJOZ 2007, 77.

[3] Die Liste der „qualifizierten Einrichtungen" wird auf den Seiten des Bundesamtes für Justiz (www.bundesjustizamt.de) veröffentlicht (unter „Handels- und Wirtschaftsrecht", dort unter „Verbraucherschutz"). Verbände, die dort verzeichnet sind, sind klagebefugt. Wer die Befugnis erlangen möchte, muss um Aufnahme in diese Liste nachsuchen.

3. Verbraucherschutz und UWG – Europäische Einflüsse

Das UWG in seiner heutigen Form geht auf die **europäische Richtlinie über un- 290 lautere Geschäftspraktiken** zurück.[4] Die Richtlinie regelt die Unterbindung un- lauterer geschäftlicher Praktiken, die Unternehmer gegenüber Verbrauchern ein- setzen (man spricht vom sog. „B2C"=Business to Consumer-Verhältnis). Da das UWG ursprünglich nur Konkurrenten voreinander („B2B"=Business to Business) schützen wollte, finden sich nun zwei Gruppen von Regelungen. Die originär ver- braucherschützenden Regeln sind etwas strenger als diejenigen Regeln, die nur im B2B-Bereich gelten. Man erkennt diese verbraucherschützenden Regeln daran, dass die jeweilige Verbotsnorm ausdrücklich auf Praktiken beschränkt wird, die Unternehmer gegenüber dem Verbraucher einsetzen (vgl. z. B. § 3 Abs. 3 UWG in Verbindung mit den per se-Verboten des Anhangs nach § 22 UWG). Besonders deutlich wird das Schutzgefälle bei der Regelung über aggressive Techniken des Direktmarketings (§ 7 UWG). Ein Werbetelefonanruf bei einem Verbraucher ist stets unzulässig, wenn dieser dem Anruf nicht vorher ausdrücklich zugestimmt hat (§ 7 Abs. 2 Nr. 2 1. Alt. UWG),[5] während für den Anruf gegenüber einem Unter- nehmer dessen mutmaßliche Einwilligung genügt (§ 7 Abs. 2 Nr. 2 2. Alt. UWG). Eine solche Einwilligung kann auch darin liegen, dass Telefondaten in öffentli- chen Verzeichnissen enthalten sind. Allerdings gilt die Einwilligung auch dann nur gegenüber potentiellen Kunden oder Lieferanten von Waren, die der Unternehmer selbst führt.[6]

Wichtig ist, dass die Richtlinie nicht nur eine Mindest-, sondern eine **Voll- harmonisierung** beabsichtigt. Die dortigen Verbotsbestimmungen sind daher einerseits umzusetzen, dürfen andererseits aber nicht mehr durch strengere na- tionale Vorschriften verschärft werden. Zwar beschränkt sich die Richtlinie auf verbraucherbezogene Geschäfte (B2C), so dass für unternehmensbezogene Ge- schäfte nach wie vor die Freiheit der Mitgliedstaaten besteht, selbst das nötige Maß an Abnehmerschutz zu regulieren. Doch werden in der Praxis viele Techniken nur gegenüber dem Endverbraucher eingesetzt und sie werden auch nur hier als gefährlich angesehen. Ein Beispiel stellt die Koppelung eines Gewinnspiels mit einem Warenerwerb dar („Kaufen Sie Frühstücksflocken von C, in jeder Packung befindet sich eine Gewinnspielteilnahmekarte."). Hierdurch wird der Verbraucher in die Situation gebracht, das Produkt erwerben zu müssen, um an dem Spiel teil- nehmen zu können. Das verbietet im deutschen Recht § 4 Nr. 6 UWG, ohne dass es auf die Frage ankommt, ob Verbraucherschutzinteressen auch im Einzelfall ge- fährdet werden (z. B. Irreführung, übermäßiger Gewinnanreiz, der die rationale

---

[4] Richtlinie 2005/29/EG vom 11.5.2005, ABl. 149 S. 22.

[5] Vgl. BGH NJW 2000, 2677 – Telefonwerbung VI (auch wenn der Kunde in den AGB eines Bankvertrages der Entgegennahme solcher Anrufe zugestimmt hatte, weil er die betreffende Klau- sel nicht gestrichen hat).

[6] BGH GRUR 2008, 189 Tz. 15 – Suchmaschineneintrag (Werbeanruf auf Grund einer Telefon- nummer, die im Internet veröffentlicht war).

Entscheidung des Verbrauchers ausschaltet, Belästigung).[7] Die Richtlinie enthält ein solches Verbot nicht. Daher stellt sich die Frage, ob § 4 Nr. 6 UWG, der praktisch nur in der Verbraucherwerbung Bedeutung hat, noch europarechtskonform ist. Der BGH hat diese Frage dem EuGH vorgelegt, der sie vermutlich verneinen wird.[8]

II. Charakterisierung und Aufbau des UWG

1. Charakterisierung des UWG

291 In den Jahren 2004 und 2008 wurde das anhand der alten Sittenwidrigkeitsklausel nach und nach ausformulierte **Richterrecht kodifiziert**. Die im UWG insbesondere in den §§ 4 bis 7 UWG zu findenden Einzelfallregelungen gehen beinahe sämtlich auf Richterrecht zurück. Eine Ausnahme bilden die §§ 5 und 6 UWG, deren Formulierung ebenso wie der Anhang nach § 22 UWG unmittelbar aus europäischen Richtlinien entnommen wurde.[9] Mit dem neuen Gesetz verschob sich der Schutzzweck der Materie endgültig. Während die Regelungen des 19. Jh. noch überwiegend einen rein individuellen Konkurrentenschutz beabsichtigten, kamen in der zweiten Hälfte der 1950er Jahre Aspekte des Verbraucherschutzes und des Schutzes von Allgemeininteressen an der Erhaltung der Funktionsfähigkeit des Wettbewerbs hinzu. Diese Interessenausweitung ist heute in der sog. „Schutztrias" des § 1 UWG hervorgehoben. Es geht nicht mehr (nur) um ehrbare Verhaltensweisen unter Kaufleuten, sondern darum, dass der wirtschaftliche Wettbewerb „unverfälscht", d. h. ohne Täuschung oder Irreführung der Kunden (Irreführungsverbot) und ohne Vorenthaltung wesentlicher Informationen (Transparenzgebot) geführt werden soll. Kunden sollen zudem nicht in unzumutbarer Weise zum Geschäftsabschluss gedrängt werden (Belästigungs- und Bedrängungsverbot). Konkurrenten sollen sich untereinander nicht behindern (Behinderungsverbot), überdies sollen sie sich die vom Mitbewerber verantworteten Leistungen und seine Reputation weder unlauter aneignen (Ausbeutungsverbot) noch sollen sie diese

---

[7] Dagegen *Sosnitza* GRUR 2003, 739, 743: „Wenn man sich schon zu dem gewandelten Verbraucherleitbild eines durchschnittlich aufmerksamen und verständigen Verbrauchers bekennt, sollte man ihm auch eine eigenverantwortliche Entscheidung darüber zutrauen, ob er eine Packung Salzstangen kaufen möchte, um an der Verlosung eines Mountainbikes teilnehmen zu können."

[8] BGH GRUR 2008, 807 – Millionenchance (Gratisteilnahme an einer Lotterie setzt den Kauf von Waren mit Bonuspunkten voraus). Bereits entschieden hat der EuGH über eine Vorlagefrage aus Belgien zu dem gleichen Thema. Auch das belgische Recht verbietet Koppelungsgeschäfte. Der EuGH war der Meinung, dass das belgische Koppelungsverbot gegen die RL UGP verstößt, EuGH NJW 2009, 3224 Tz. 61).

[9] Überblick über die Reform des Jahres 2004 bei *Ohly* GRUR 2004, 889; Überblick über die Reform des Jahres 2008 bei *Sosnitza* WRP 2008, 1104.

Leistungsergebnisse unlauter beeinträchtigen oder verwässern (Behinderungsverbot).

2. Aufbau des UWG

Das UWG folgt in seinem Aufbau nicht mehr der klassischen deutschen Gesetzes- **292** technik, sondern übernimmt **Regelungstechniken des europäischen Richtlinienrechts**. Es enthält fünf große Regelungskomplexe. Zunächst folgen Definitionen (§§ 1, 2 UWG), sodann die materiellen Verbotsnormen (§ 3 mit §§ 4 bis 7), danach Anspruchsgrundlagen (§§ 8 bis 11) und prozessuale Vorschriften (§§ 12–15). Hieran schließen sich Strafvorschriften (§§ 16 bis 19) und ein Bußgeldtatbestand (§ 20 UWG) an.

Anwendungsbereich und Definitionen, §§ 1–2 UWG		
Zivilrechtliche Verbotsnormen: 1. § 3 mit §§ 4, 5 UWG (Spürbarkeit der Beeinträchtigung erforderlich) 2. § 6 UWG (Vergleichende Werbung) 3. § 7 UWG (Belästigung durch Direktmarketing)	**Strafrechtliche Verbote,** §§ 16–19 (im Zivilrecht über § 823 Abs. 2 BGB anwendbar)	**Prozessuale Normen, §§ 12–15 UWG** - Gerichtliche Zuständigkeit - Vorgerichtliche Abmahnung - Einstweiliger Rechtsschutz

Die europäische Regelungstechnik zeigt sich vor allem an den ersten beiden Nor- **293** men (§§ 1, 2 UWG), die nicht mehr regeln, sondern nur Definitionen von Zentralbegriffen enthalten, die in den nachfolgenden Regelungen verwendet werden. Die materiellen Verbotsregeln finden sich in den §§ 3 bis 7 UWG. Dabei nehmen die §§ 4 bis 5 UWG jeweils auf § 3 UWG Bezug, bei §§ 6, 7 UWG fehlt ein solcher Hinweis. § 3 UWG enthält die allgemeinen Anwendungsvoraussetzungen des UWG sowie den hier noch unbestimmten Zentralbegriff der Unlauterkeit. Dieses Merkmal wird in den §§ 4 bis 5 UWG inhaltlich definiert, so dass diese Normen immer zusammen mit § 3 UWG geprüft werden müssen. Der Unterschied zur Regelung über Werbevergleiche und belästigendes Direktmarketing (§§ 6, 7 UWG) besteht darin, dass bei den letztgenannten Praktiken die Erheblichkeit der Beeinträchtigung des Wettbewerbs nicht mehr geprüft werden muss. Schon ein einzelner Werbeanruf bei einem Verbraucher ohne dessen ausdrückliche Zustimmung ist unlauter.

III. Die Verbotsnormen

1. Die für alle geschäftlichen Handlungen geltenden Verbote

294 Das UWG ist ein kompliziertes und schwer lesbares Gesetz. Dies resultiert zum Teil daraus, dass verbraucherschützende (B2C) und unternehmerschützende (B2B) Normen intransparent miteinander kombiniert werden. Doch lässt sich diese Kombination nicht vollständig vermeiden, denn das Gesetz möchte ja bewusst sowohl Verbände als auch Konkurrenten von unlauter handelnden Anbietern in die Rechtsverfolgung einbeziehen. Wenn man sich zunächst auf diejenigen Normen konzentriert, die sowohl im B2C- als auch im B2B-Verkehr gelten, so kann man grob folgende Einteilung vornehmen: Das UWG schützt gegen drei große Gruppen von unlauteren Praktiken: Irreführung, Aggression und Rechtsbruch.

295 **Irreführung** erfasst ausdrückliche und konkludente Praktiken (§ 5 UWG), die zur Irreleitung des Abnehmers (Verbraucher oder Unternehmer) führen können (z. B. Werbung mit niedrigem Preis, während im Ladenlokal ein höherer Preis verlangt wird[10]). Nicht jede Angabe führt irre. Mitdenken wird dem Verbraucher zugetraut, aber auch von ihm erwartet. Wer mit „bis zu 150 % Zinsbonus" wirbt, erweckt beim durchschnittlichen Verbraucher noch nicht den Eindruck, dass 150 % Zinsen gezahlt werden, sondern nur die Erwartung, dass ein Zinsbonus durch bestimmte Ereignisse (z. B. Erfolg der deutschen Fußballmannschaft bei der Fußballeuropameisterschaft) um insgesamt 150 % wachsen kann.[11]

Irreführend können auch Praktiken sein, die den Abnehmern **Informationen vorenthalten** (§ 5a UWG, z. B. nicht darüber aufklären, dass ein mobiles Telefon nur mit einem 24 monatigen Netzvertrag zu dem beworbenen Preis erworben werden kann[12]). Besondere Vorschriften gelten für Sonderangebote (§ 4 Nr. 4 UWG), Gewinnspiele und Preisausschreiben (§ 4 Nr. 5 UWG). Zudem dürfen kommerzielle Mitteilungen nicht verschleiert werden (§ 4 Nr. 3 UWG, z. B. Verbot getarnter Werbung). Weitere Besonderheiten gelten für Werbevergleiche. In ihnen dürfen nur Produkte für den gleichen Bedarf miteinander verglichen werden (also nicht Frühstücksbrötchen mit Blumen, § 6 Abs. 2 Nr. 1 UWG) und es darf nur mit nachprüfbaren Eigenschaften geworben werden (§ 6 Abs. 2 Nr. 2 UWG, z. B. Umsatzangaben, die der Kunde überprüfen kann[13]).

296 Mit den **aggressiven Praktiken** befassen sich mehrere verstreute Normen. Darunter fallen Praktiken, die unangemessen auf die Entscheidungsfreiheit des Ab-

---

[10] Anders ist es aber, wenn ein höherer Preis an der Ware ausgezeichnet wird, jedoch an der Kasse der beworbene niedrigere Preis verlangt wird, BGH NJW 2008, 1388 – Fehlerhafte Preisauszeichnung.

[11] BGH NJW 2008, 231 – 150% Zinsbonus (Werbung einer Bank während der Fußballeuropameisterschaft 2004).

[12] Vgl. zu den heutigen Anforderungen an die Preistransparenz BGH GRUR 2009, 690 – Xtra-Pac.

[13] Vgl. dazu BGH GRUR 2007, 605 – Umsatzzuwachs.

nehmers, z. B. durch Drohung oder Nötigung, einwirken (§ 4 Nr. 1 UWG), aber auch Praktiken, die besonders unerfahrene Verbraucher zu überrumpeln suchen (Werbung für Handy-Klingeltöne in Jugendzeitschriften, § 4 Nr. 2 UWG[14]; Ausübung von Entscheidungsdruck auf die Eltern von Schulkindern[15]). Einen dritten Aspekt hat man früher mit dem etwas altertümlichen Ausdruck „Verlockung" bezeichnet. Darunter fallen Praktiken, durch welche Unternehmen den Spieltrieb von Abnehmern (Gewinnspiele, Preisausschreiben) ausnutzen, etwa indem sie die Teilnahme an einem Gewinnspiel nur zulassen, wenn gleichzeitig Waren gekauft (oben Rn. 290) oder persönliche Daten für Werbezwecke preisgegeben werden[16]. Schließlich gehört auch die übermäßige Belästigung durch Maßnahmen des Direktmarketing zu den aggressiven Praktiken (§ 7 UWG).

Eine dritte Fallgruppe geht nicht direkt auf die Richtlinie zurück.[17] Sie umfasst **297** die in § 4 Nr. 11 UWG genannten Konstellationen. Wer gegen eine gesetzliche Vorschrift verstößt, die auch dazu bestimmt ist, das Marktverhalten im Interesse der Marktteilnehmer zu regeln, handelt unlauter (**„Vorsprung durch Rechtsbruch"**). Traditionell fällt hierunter der Verstoß gegen Verbraucherschutznormen, etwa die Informationspflichten im Fernabsatz[18] oder die Pflicht zur Belehrung über das Widerrufsrecht, aber auch Verkauf von Waren an Verbraucher unter Ausschluss der Mängelgewährleistung (Verstoß gegen § 475 BGB).[19] Weil solche Rechtsverletzungen auch unter das UWG fallen, wird Verbraucherverbänden ein zusätzliches Abwehrinstrument in die Hand gegeben. Aber auch Unternehmensverbänden, Industrie- und Handelskammern sowie Konkurrenten wird mit den UWG-Abwehransprüchen die Möglichkeit gegeben, die unzureichende Erfüllung zivilrechtlicher Pflichten zu unterbinden. Außerdem fallen unter § 4 Nr. 11 UWG die Verletzung unternehmerschützender Normen, wie etwa die Verletzung von Werbeverboten unter Rechtsanwälten oder Ärzten. Weitere unternehmerschützende Vorschriften finden sich in §§ 4 Nr. 7–10 UWG, §§ 6 Abs. 2 Nr. 4–6 UWG sowie in §§ 16–19 UWG. Sie können vorliegend außerhalb der Betrachtung bleiben.

Das nachfolgende **Schema** fasst die Systematik des UWG zusammen: **298**

---

[14] BGH GRUR 2006, 776 – Werbung für Handy-Klingeltöne in Jugendzeitschriften.

[15] BGH GRUR 2008, 183 – Tony Taler (Werbeaktion in einer Schule, bei der Schulkinder gebeten werden, Sammeltaler, die in Frühstücksprodukten beiliegen, über die Lehrer einzusenden. Bei entsprechendem Sammelerfolg konnte die Schule Sportgeräte und ähnliches gratis erhalten. Mittelbar wurden die Eltern damit in die Situation gebracht, mit ihrem Kaufverhalten dafür zu sorgen, dass die Schule diese Gratisgaben erhält).

[16] OLG Köln MMR 2008, 781 – Teilnahme an einer Verlosung von WM-Tickets wird von dem Einverständnis zur Weitergabe persönlicher Daten an Dritte abhängig gemacht. Bei Internetdiensten ist eine solche Koppelung unzulässig, vgl. § 12 Abs. 3 Telemediengesetz (TMG).

[17] Die Richtlinie behandelt diese Fälle in erster Linie als irreführendes Unterlassen, so dass viele Konstellationen heute gleichzeitig unter § 5a Abs. 4 UWG fallen, wenn sie in der geschäftlichen Ansprache an den Verbraucher vorkommen.

[18] BGH NJW 2008, 1384 (fehlende Angaben über Umsatzsteuer als Bestandteil des Endpreises).

[19] BGH, Urt. v. 31.03.2010 – I ZR 34/08 (Angebot eines gebrauchten Telefons über eBay).

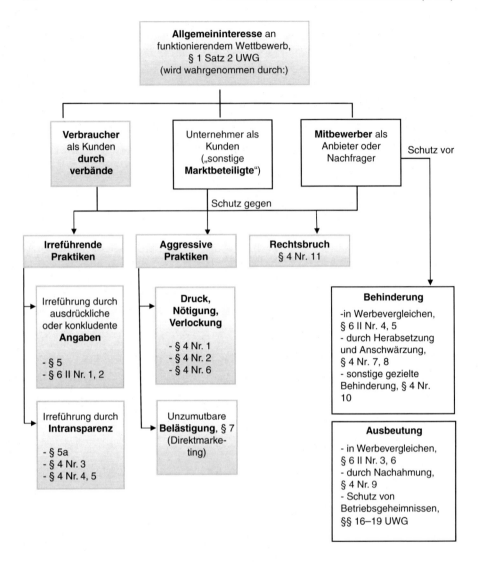

2. Die für verbraucherbezogene Geschäfte geltenden Normen

299 Für verbraucherbezogene Geschäfte (B2C-Verkehr) enthält das UWG **Spezialvor-schriften, die strenger als die Verbote für unternehmensbezogene Geschäfte** (B2B) sind. Diese Vorschriften gehen auf die Richtlinie über unlautere Geschäfts-praktiken zurück. Zu ihnen zählen insbesondere die per se-Verbote des Anhangs zu § 3 Abs. 3 UWG, die stets vorrangig in der Fallprüfung sind. Besonders weite Infor-mationspflichten gelten überdies bei Angeboten, die bereits so genau sind, dass der

Verbraucher die Chance hat, eine Erklärung abzugeben, die der Unternehmer nur noch annehmen muss, um einen Vertrag in Gang zu bringen (z. B. Bestellscheine). Hier muss der Unternehmer die in § 5a Abs. 3 UWG genannten Basisinformationen schon vor der Vertragserklärung des Kunden zur Verfügung stellen. Auch ansonsten muss der Unternehmer wesentliche Informationen über ein Produkt bereits in der Werbung nennen (§ 5a Abs. 2 UWG). Die europarechtlichen Informationen über Fernabsatz, Haustürgeschäfte, Verbraucherkredite, Teilzeitwohnrechte gelten stets als wesentlich (§ 5a Abs. 4 UWG). Wer sie nicht angibt, handelt daher unlauter. Die Vorschriften für verbraucherbezogene Geschäfte stellen sich im Überblick wie folgt dar:

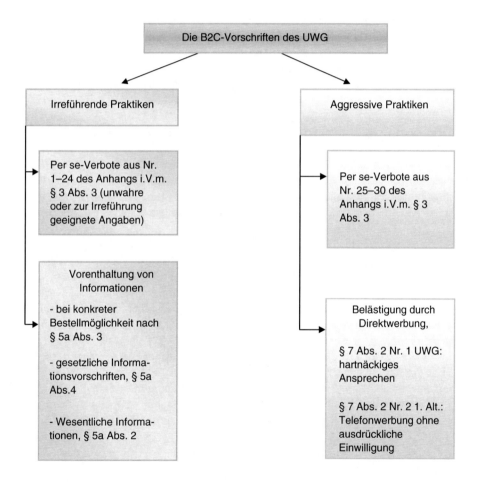

Sie treten zu den auch für unternehmensbezogene Geschäfte geltenden Pflichten, so dass die beiden Schemata (Rn. 298 und 299) einander ergänzen.

IV. Die Anspruchsgrundlagen des Lauterkeitsrechts

300 Unter den Anspruchsgrundlagen ist in der Praxis am wichtigsten der **Unterlassungs- und Beseitigungsanspruch** in § 8 UWG. Unlautere Wettbewerbshandlungen sollen möglichst schnell und möglichst wirksam beendet werden können. Zumeist erschöpft sich hierin bereits das Rechtsschutzbedürfnis des Anspruchstellers, so dass weitere Ansprüche gar nicht mehr durchgesetzt werden. Wenn Verbände klagen, kommt ein Schadensersatzanspruch aus dem UWG aber gar nicht erst in Betracht (vgl. § 9 UWG). Er steht nur geschädigten Mitbewerbern zu. Auch für sie ist der aus einer unlauteren Wettbewerbshandlung entstandene Schaden allerdings meist schwer oder gar nicht nachweisbar. Eine Besonderheit stellt es dar, dass auch Dritte, die einen Wettbewerbsverstoß ermöglichen oder erleichtern, einem Unterlassungsanspruch unterliegen können, z. B. eBay, wenn über deren Plattform jugendgefährdende Videos oder Computerspiele angeboten, aber die Altersbeschränkungen beim Verkauf nicht kontrolliert werden.[20]

301 Denkbar ist eine **Schadensersatzklage für Verbraucher** gestützt auf § 823 Abs. 2 BGB. Hier könnte man argumentieren, das UWG sei Schutzgesetz im Sinne des Deliktsrechts, zumal der Verbraucherschutz in § 1 UWG explizit genannt wird. Doch hat der BGH bereits früh geurteilt, dass das UWG kein Schutzgesetz darstellt.[21] Der Gesetzgeber hat in der Begründung zum UWG hieran festgehalten, die im UWG geregelten Rechtsfolgen sind mithin abschließend.[22] Man kann diese Entscheidung aber auch dem Wortlaut der §§ 8, 9 UWG entnehmen, denn dort ist die Anspruchsbefugnis ausdrücklich auf bestimmte Berechtigte beschränkt. Wenn über § 823 Abs. 2 BGB weitere Anspruchsberechtigte hinzukämen, so widerspräche dies einer systematischen Auslegung der beiden Gesetze.

302 Ein Ausgleich für diese – von Verbraucherschützern als Schwäche empfundene – Lücke ist der **Gewinnabschöpfungsanspruch** in § 10 UWG. Eine ausdrückliche Regelung war hierfür bereits deswegen erforderlich, weil der durch unlautere Wettbewerbshandlungen erzielte Mehrerlös nicht notwendig unter die Bereicherungs- und Schadensersatzhaftung fällt. Für Bereicherungsansprüche ist problematisch, dass unlautere Wettbewerbshandlungen keinen vermögensrechtlichen Zuweisungsgehalt betreffen. Wer unlauter wirbt, tut nichts, was sein Konkurrent dürfte, dringt also nicht in den Zuweisungsgehalt eines dem Konkurrenten zustehenden Rechtes ein. Aus dem gleichen Grunde wird kein Gewinn erzielt, der einem Konkurrenten entgangen ist. Zudem wären Schadens- und Bereicherungsansprüche nur von denjenigen geltend zu machen, die selbst und individuell eine Interessenverletzung erlitten haben. § 10 UWG erlaubt es jedoch Dritten, nämlich Verbänden, zu klagen. § 10 UWG sollte das Problem der Schädigung „diffuser Interessen" lösbar machen (oben Rn. 14). Wenn viele Kunden nur mäßig geschädigt werden (z. B. durch missbräuchliche Hotlines), so kann gleichwohl in der Summe ein hoher Schaden ent-

---

[20] BGHZ 173, 188 – jugendgefährdende Medien bei Ebay.

[21] BGH NJW 1975, 150, 151 – Prüfzeichen, NJW 1983, 2493, 2494.

[22] Begründung zum Regierungsentwurf des UWG 2004, BT-Drucks. 15/1487, S. 22.

standen sein. Dieser Schaden repräsentiert den Gewinn des unlauter Handelnden.
§ 10 UWG ist allerdings ein wenig scharfes Schwert. Bisher gibt es nur wenige
Gerichtsentscheidungen zu dieser Norm.[23]

Eine Besonderheit ist die **kurze Verjährungsfrist** (§ 11 UWG). Die im UWG **303**
genannten Ansprüche verjähren bereits in sechs Monaten. Damit soll dem Umstand
Rechnung getragen werden, dass Störungen des Wettbewerbs schnell zu bekämpfen
oder aber zu dulden sind. Die kurze Frist schützt somit auch Entfaltungsfreiheiten
der betroffenen Unternehmen.

V. Prozessuales, §§ 12 bis 15 UWG

Das Lauterkeitsrecht hat eine Fülle von prozessualen Besonderheiten. Eine davon **304**
ist die in der Praxis gebräuchliche **Abmahnung**. Sie ist gewohnheitsrechtlich entwickelt worden, jetzt aber in § 12 Abs. 1 S. 1 UWG kodifiziert. Da Wettbewerbsverstöße oftmals selbst für denjenigen schwer zu erkennen sind, der sie (aus Unkennt-
nis) begeht, soll der Verstoß vor einem klageweisen Vorgehen zunächst angezeigt
werden. Die Abmahnung erfüllt diese Funktion. Sie muss durch denjenigen erfolgen, der auch nach §§ 8, 9 UWG klagebefugt wäre. Die Abmahnbefugnis entspricht
also der Klagebefugnis. Inhaltlich enthält sie eine Darstellung des Sachverhalts und
eine kurze rechtliche Subsumtion. Wer klagt, ohne abzumahnen, riskiert, dass ihm
die Kosten der Klage auferlegt werden, sofern der Abgemahnte im Verfahren sofort
anerkennt (§ 93 ZPO).

Üblicherweise wird die Abmahnung mit einem Angebot auf Unterzeichnung einer **305**
Unterlassungserklärung verbunden. Wer diese nicht unterzeichnet, bringt konklu-
dent zum Ausdruck, dass er auch künftig Wettbewerbsverstöße der gerügten Art be-
gehen wird. Dann besteht Wiederholungsgefahr und die Unterlassungsklage kann mit
Erfolg geführt werden (sofern die angegriffene Handlung auch von dem erkennenden
Gericht als unlauter angesehen wird). Die Wiederholungsgefahr entfällt nur, wenn die
Unterlassungserklärung mit einer Vertragsstrafe bekräftigt wird (sog. strafbewehrte
Unterlassungserklärung). Das ist der Fall, wenn der Unterzeichnende sich gegenüber
dem Abmahnenden vertraglich verpflichtet, eine Strafe für jeden Fall der Zuwider-
handlung zu zahlen. Von der Rechtsprechung werden oft ab 5.000 € für jeden Verstoß
als ausreichend ernsthaft angesehen. Je nach Gewicht des Verstoßes kann allerdings
ein höheres Zahlungsversprechen erforderlich sein. Eine Unterlassungsklage wäre
nach erfolgter Abgabe einer ernsthaften strafbewehrten Unterwerfungserklärung un-
begründet (nicht nur unzulässig, denn die Wiederholungsgefahr ist eine materielle
Voraussetzung des in die Zukunft gerichteten Unterlassungsanspruchs).

Lange Zeit war streitig, ob eine Abmahnung, die von einem Anwalt gefertigt **306**
wurde, einen **Gebührenanspruch** auslöst, den der Abgemahnte dem Abmahnenden

---

[23] LG Bonn GRUR-RR 2006, 111 (Klage erfolglos); OLG Stuttgart GRUR 2007, 435 (dto.);
OLG Hamm GRUR-RR 2008, 435 (Klage erfolgreich); LG Hanau MMR 2009, 143 (Klage erfolgreich bei Internetfalle).

materiellrechtlich als Aufwendung zu erstatten hat. Die Gerichte haben dies bejaht, weil die Abmahnung im Interesse des Abgemahnten liege und ihm ein zeit- und kostenaufwändiges Gerichtsverfahren erspare. Insofern seien die hierbei entstehenden Aufwendungen „erforderlich" im Sinne der §§ 670, 677, 683 BGB.[24] Diese angebliche Wohltat war auf etwas schwacher Grundlage errichtet, der Gesetzgeber hat daher nun in § 12 Abs. 1 Satz 2 UWG eine eigene materielle Anspruchsgrundlage geschaffen. Der Anspruch auf Erstattung der Abmahnkosten verjährt in der kurzen Frist des § 11 UWG. Ob daneben auch noch ein Anspruch aus GoA besteht (der später verjähren würde, § 195 BGB) ist bisher nicht entschieden, dürfte aber wegen der vorrangigen und abschließend zu verstehenden Spezialnorm in § 12 Abs. 1 Satz 2 UWG zu verneinen sein.[25]

307   Eine weitere Besonderheit des Wettbewerbsverfahrensrechts ist in § 12 Abs. 2 UWG geregelt. Da Unterlassungsansprüche häufig im Wege des **einstweiligen Rechtsschutzes** durchgefochten werden und die Allgemeinheit im Übrigen auch ein Interesse an schneller Klärung hat (vgl. bereits § 11 UWG), kann der Antrag auf Erlass einer einstweiligen Verfügung (§§ 935, 938, 940 ZPO) ohne Darlegung einer besonderen Dringlichkeit (= Eilbedürftigkeit) geltend gemacht werden. Das heißt nicht, dass auf den Verfügungsgrund (Eilbedürftigkeit) verzichtet wird, sondern nur, dass die Dringlichkeit (widerleglich) vermutet wird. Wird gleichwohl die Geltendmachung des Anspruchs schuldhaft verzögert, so gilt die Vermutung des § 12 Abs. 2 UWG als widerlegt, der Verfügungsgrund fehlt, der Gläubiger muss im Hauptsacheverfahren vorgehen.

308   §§ 13, 14 UWG enthalten Vorschriften über die **sachliche und die örtliche Zuständigkeit** der Gerichte. § 14 UWG sorgt dafür, dass im UWG häufig ein sog. „fliegender Gerichtsstand" besteht, denn nach § 14 Abs. 2 Satz 1 UWG ist jedes Gericht zuständig, in dessen Bezirk eine unlautere Wettbewerbshandlung begangen wird. Da Wettbewerbshandlungen häufig über Medien verbreitet werden, kann etwa die Verbreitung einer Zeitschrift oder der Empfang einer Werbesendung mithin die Handlung lokalisieren und einen Gerichtsstand begründen. § 14 Abs. 2 Satz 2 schränkt die großzügigen Klagemöglichkeiten für Verbände allerdings wieder ein, um missbräuchliche Klagen zu Lasten der betroffenen Unternehmen zu verhindern.

VI. Strafvorschriften, §§ 16 bis 19 UWG

309   Unter den Strafvorschriften sind insbesondere das wettbewerbsrechtliche Verbot von sog. „Schneeballsystemen" (§ 16 Abs. 2 UWG) und das Verbot absichtlich unwahrer Werbung (§ 16 Abs. 1 UWG, z. B. bei Kaffeefahrten) zu erwähnen. Im Übrigen haben die Strafrechtsnormen bisher wenig praktische Bedeutung erlangt.

---

[24] BGHZ 115, 210, 212 – Abmahnkostenverjährung.

[25] Ebenso Fezer/*Büscher*, UWG, 2. Aufl. 2010, § 12 Rn. 60.

Fall 15:

A. Sachverhalt **310**

Bertold (B) verschickt an Kuno (K) und andere Verbraucher, deren Adressen er käuflich erworben hat, eine Gewinnmitteilung mit folgendem Text:

> Schon fast 1 ganze Million in bar ausbezahlt! Dazu Sachpreise am laufenden Band! Allein heute: wieder über 50.000 € Gesamt-Gewinn-Kapital! 100 %iger unwiderruflicher Gewinner unter notarieller Aufsicht ist auch:
> (Name des K) in (Wohnort und genaue Straßenanschrift)

Darunter befinden sich vier Abbildungen, die für die Gewinne stehen (Auto, Kücheneinrichtung, Paris-Reise und Großwand-TV). Der K wird aufgefordert, „noch heute mit beiliegender Gewinnanforderung" zu antworten und dabei seinen Wunschpreis anzukreuzen. Überdies soll K einen „anteiligen Organisationsbeitrag" in Höhe von 50 € dem Antwortkuvert in Scheckform beifügen. Neben der Aufforderung findet sich die Telefonnummer einer „Gewinnhotline", die K für „nur 3,63 €" pro Minute anrufen kann.

K wunderte sich ein wenig über den Gewinn, da er nie an einem Gewinnspiel teilgenommen hatte. Allerdings stand in dem Gewinnschreiben zu lesen, dass K für seine langjährige Kundentreue belohnt werde. Da er tatsächlich einige Male bei B etwas bestellt hatte, erschien ihm das plausibel. Unter der 0900-er Gewinnhotline, die K vorsichtshalber anwählte, erreichte er allerdings nur eine automatische Telefonansage, welche die Gewinne beschrieb. Auch die Verwendung des Organisationsbeitrages wurde dort nicht näher erläutert. K fühlt sich hintergangen. Er möchte „den Spuk beendet" wissen und überlegt, ob er selbst gegen den B vorgeht oder ob er dies einem Verbraucherschutzverband überlassen soll. Was ist zu raten?

B. Lösung

Vorüberlegung: K möchte nicht selbst klagen, verfolgt aber das Interesse, die weitere Durchführung oder Wiederholung der Werbeaktion zu unterbinden. Mit der breitest möglichen Wirkung kann dies erreicht werden, wenn K nicht für sich klagt, sondern ein Verbraucherverband die Aktion mit Wirkung für alle potentiell betroffenen Verbraucher unterbindet. Sofern die Werbeaktion noch anhält, erfordert dies die Geltendmachung eines Unterlassungsanspruchs. Nach § 12 Abs. 1 S. 1 UWG soll vorher abgemahnt werden. Zu prüfen ist also, ob der Verbraucherverband befugt ist, den B abzumahnen.

I. Anspruch auf Unterlassung einer Wiederholung der Werbeaktion nach § 8 Abs. 1 UWG im Wege der Abmahnung

V müsste berechtigt sein, den B wegen der Gewinnspielaktion abzumahnen.

1. *Abmahnbefugnis*

Das setzt voraus, dass V abmahnbefugt ist. Das ist der Fall, wenn V auch für die Hauptsacheklage klagebefugt wäre.[26] Die Klagebefugnis des Verbandes kann aus

---

[26] K als Verbraucher wäre weder klage- noch abmahnbefugt nach § 8 Abs. 3 UWG. Er könnte aber nach § 661a BGB auf Auszahlung bzw. Aushändigung des Gewinns klagen, vgl. dazu Fall 12 (Rn. 218) und § 8.

§ 8 Abs. 3 Nr. 3 UWG folgen, wenn der von K ausgesuchte Verband V „qualifizierte Einrichtung" im Sinne dieser Vorschrift ist. Das kann unterstellt werden. Daher ist V entsprechend § 8 Abs. 3 Nr. 3 UWG abmahnbefugt.

2. Abmahnadressat (Passivlegitimation)

Abmahnadressat (und damit passivlegitimiert) ist der behauptete Verletzer, mithin B.

3. Mitteilung des Verletzungssachverhalts und Aufforderung zur Unterlassung

In der Abmahnung müsste V den Sachverhalt schildern, die behauptete Verletzung näher bezeichnen und zur Vermeidung der Wiederholungsgefahr einen Antrag formulieren, der auch im späteren Prozess hinreichend bestimmt umreißt, worin der Kern der Verletzungshandlung gesehen wird (vgl. § 253 Abs. 2 Nr. 2 ZPO[27]).

4. Unterlassungsanspruch gem. §§ 8 Abs. 1 S. 1 Abs. 3 Nr. 3 mit §§ 3, 4 Nr. 4; § 5 UWG

Damit die Abmahnung begründet ist, müsste eine unzulässige geschäftliche Handlung und die Gefahr ihrer künftigen Wiederholung vorliegen, § 8 Abs. 1 UWG.

a) Unzulässige geschäftliche Handlung

Als unzulässige geschäftliche Handlung kommt hier das Zustellen der Gewinnmitteilung zusammen mit der Forderung eines Organisationsbeitrages und dem Angebot einer entgeltpflichtigen Telefonhotline, die Auskünfte gibt, welche der Verbraucher nach der Ankündigung nicht erwartet, in Betracht.

aa) Geschäftliche Handlung

Geschäftliche Handlung i. S. des 8 Abs. 1 UWG ist nach der Legaldefinition in § 2 Abs. 1 Nr. 1 UWG jedes Verhalten einer Person zugunsten des eigenen oder eines fremden Unternehmens, das objektiv mit der Förderung des Absatzes oder Bezugs von Waren oder Dienstleistung oder diesbezüglicher Verträge zusammenhängt. Sowohl mittels der Gewinnmitteilung selbst als auch mit dem Angebot der Telefonhotline beabsichtigt B, seinen Absatz zu fördern. Geschäftliche Handlungen liegen somit vor.

bb) Unlauterkeit

Die geschäftlichen Handlungen müssten unzulässig sein, § 8 Abs. 1 UWG. Dafür kommen verschiedene Unlauterkeitsgründe in Betracht:

(1) Unlauterkeit gem. §§ 3, 4 Nr. 6 UWG wegen des Forderns eines Organisationsbeitrages und des Stellens einer entgeltpflichtigen Telefonhotline

---

[27] Die genaue Antragsfassung kann anspruchsvoll sein, weil der Antrag einerseits nicht umfassender formuliert werden darf als es die konkret behauptete Verletzungshandlung zulässt, andererseits aber auch nicht zu eng sein sollte, denn dann wären im Kern gleiche oder ähnliche Verletzungshandlungen nicht mehr erfasst. In den Klausuren, die Bestandteil der Ersten Prüfung sind, wird man hierzu Spezialwissen nicht voraussetzen können. Vgl. zur Antragsfassung im hier vorliegenden Originalfall: BGH NJW 2005, 3716 – Telefonische Gewinnauskunft.

Nach § 4 Nr. 6 UWG handelt unlauter, wer die Teilnahme an einem Gewinnspiel an den Bezug einer Ware oder Dienstleistung knüpft. Ein Gewinnspiel, das sich an Verbraucher richtet, hat B hier jedenfalls beworben, denn er selbst bezeichnete dieses Spiel als Gewinnspiel und richtete Mitteilungen gezielt und ausschließlich an Verbraucher.

Eine unzulässige Koppelung könnte darin liegen, dass B einen Organisationsbeitrag, also eine Art Teilnahmegebühr, verlangte und überdies eine entgeltpflichtige Telefonhotline stellte. § 4 Nr. 6 UWG setzt voraus, dass die Teilnahme an einem Gewinnspiel an den Erwerb einer Ware oder Leistung gekoppelt wird. Doch war die Teilnahme an dem Spiel selbst nicht entgeltpflichtig, die Inanspruchnahme der kostenpflichtigen Hotline war nicht erforderlich, um an dem Spiel teilzunehmen oder die Gewinne entgegenzunehmen. Das konnte der Verbraucher auch erkennen. Die Koppelung zwischen Gewinnspiel und entgeltlichen Leistung betraf also einerseits nur die Inanspruchnahme der Gewinne, andererseits eine Zusatzleistung, die hiervon unabhängig war. Ein Verstoß gegen § 4 Nr. 6 UWG liegt somit nicht vor. Die Frage, ob diese Vorschrift bei verbraucherbezogenen Geschäften mit den Vorgaben der Richtlinie 2005/29/EG vereinbar ist, kann daher dahingestellt bleiben.

(2) Unlauterkeit gem. §§ 3, 4 Nr. 5 UWG wegen unklarer Ausgestaltung der Teilnahmebedingungen

Gemäß § 4 Nr. 5 UWG handelt unlauter i. S. von § 3 UWG, wer bei Preisausschreiben und Gewinnspielen mit Werbecharakter die Teilnahmebedingungen nicht klar und eindeutig angibt.[28] Um ein solches Gewinnspiel mit Werbecharakter handelte es sich, denn B selbst bezeichnete die Mitteilung so. Unerheblich ist, dass es offenbar nichts zu spielen gab, denn K erhielt die Mitteilung auch ohne zuvor an irgendeiner Ausschreibung teilgenommen zu haben. Auch die Auslobung eines Preises für Kundentreue würde aber bereits genügen. Als Teilnahmebedingung ausgestaltet war vorliegend aus Sicht des Verbrauchers die Pflicht zur Zahlung eines „Organisationsbeitrages" in Höhe von 50 €. Allerdings fehlte jede Angabe darüber, was mit diesem Organisationsbeitrag geschieht. Auch blieb unklar, wovon es abhängt, welchen der vier angebotenen Preise der Verbraucher erhält. Die Teilnahmebedingungen waren damit unklar. Ein Verstoß gegen § 4 Nr. 5 UWG liegt vor.

(3) Unlauterkeit gem. § 3, 5 Abs. 1 UWG wegen des Angebots einer Telefonhotline mit nach der Ankündigung nicht zu erwartenden Auskünften

Nach § 5 Abs. 1 UWG handelt unlauter, wer eine irreführende geschäftliche Handlung vornimmt.

Eine geschäftliche Handlung liegt wie bereits geprüft vor.

Diese ist irreführend, wenn sie unwahre oder sonstige zur Täuschung geeignete Angaben enthält, die sich auf eine der in § 5 Abs. 1 S. 2 UWG aufgeführten Umstände beziehen. Hier kommt eine irreführende Angabe über die wesentlichen

---

[28] Allerdings müssen die Teilnahmebedingungen erst ab dem Zeitpunkt vorliegen, zu dem der Verbraucher auch (etwa durch Ausfüllen einer Teilnahmekarte) an dem Spiel teilnehmen kann, BGH NJW 2008, 2509 – Urlaubsgewinnspiel.

Merkmale, nämlich den Inhalt einer Telefondienstleistung, nach § 5 Abs. 1 S. 2 Nr. 1 UWG dadurch in Betracht, dass B eine „Gewinnhotline" anbietet.

Irreführung ist das Auseinanderfallen von Vorstellung und Wirklichkeit. Der durchschnittliche Verbraucher, auf den es nach § 3 Abs. 2 S. 2 UWG ankommt,[29] versteht das Angebot einer Gewinnhotline dahingehend, dass er eine Auskunft über den tatsächlich von ihm erzielten Gewinn oder jedenfalls über die Möglichkeit, den Gewinn in Anspruch zu nehmen, erhält. In Wirklichkeit erhält er aber nur eine allgemeine Beschreibung derjenigen Gewinne, die er bereits in der Mitteilung präsentiert erhielt. Vorstellung und Wirklichkeit fallen mithin auseinander. Eine Irreführung ist gegeben.

Als ungeschriebenes Tatbestandsmerkmal (Anhaltspunkt in § 5a Abs. 1 a. E. sowie in § 3 Abs. 2 S. 1 UWG) verlangt man zudem, dass die Irreführung auch für eine geschäftliche Entscheidung relevant sein muss.[30] Das ist der Fall, wenn die Angabe beim Verbraucher zu einer geschäftlichen Entscheidung führte, die er ohne die Angabe nicht vorgenommen hätte. Wie das Beispiel von K zeigt, war das Angebot der Gewinnspielhotline geeignet, eine geschäftliche Entscheidung, nämlich einen kostenpflichtigen Anruf, zu provozieren. Eine Irreführung nach § 5 Abs. 1 S. 2 Nr. 1 UWG liegt daher vor.

cc) Eignung zur spürbaren Interessenbeeinträchtigung

Sowohl die Intransparenz als auch die Irreführung müssten geeignet sein, die Interessen der Verbraucher spürbar zu beeinträchtigen (§ 3 Abs. 1 S. 1 UWG). Dies wird angenommen, wenn die unlauteren Praktiken in einer breiten Publikumswerbung eingesetzt werden und daher eine hohe Streuwirkung erhalten. Davon ist hier auszugehen. Indiz für die Interessenschädigung ist vorliegend außerdem, dass ein Verbraucher, nämlich K, der Anlockwirkung der geschäftlichen Handlung erlegen ist. Daher kann von einer spürbaren Beeinträchtigung ausgegangen werden.

b) Wiederholungsgefahr

Der in die Zukunft reichende Unterlassungsanspruch ist nur begründet, wenn die Gefahr der Wiederholung besteht. Im UWG wird diese Gefahr vermutet, sofern und solange der Beklagte (hier B) die Wiederholungsgefahr nicht dadurch ausräumt, dass er eine strafbewehrte Unterlassungserklärung unterzeichnet. Dazu wird B erst durch die Abmahnung aufgefordert.

5. *Ergebnis*

V ist angesichts seiner Aktivlegitimation und des gegen B bestehenden Unterlassungsanspruchs berechtigt, den B wegen seiner Gewinnspielaktion abzumahnen.

---

[29] Es kommt hierbei auf den durchschnittlich gebildeten und situationsangemessen aufmerksamen Verbraucher an: BGH GRUR 2000, 619, 621 – Orient-Teppichmuster.

[30] BGH GRUR 2000, 436, 438 – Ehemalige Herstellerpreisempfehlung (Gegenüberstellung von ehemaligen und aktuellen Preisen sei regelmäßig relevant für die Entscheidung des Verbrauchers, eine Kaufentscheidung zu treffen).

II. Rechtsschutz durch Antrag auf einstweilige Verfügung

Sofern B die Unterlassungserklärung nicht unterzeichnet, kann der Verband im Wege der einstweiligen Verfügung vorgehen. Die Voraussetzungen hierfür ergeben sich aus den §§ 935, 940, 942 ZPO. Danach sind ein materieller Anspruch (Verfügungsanspruch) sowie ein Verfügungsgrund (Dringlichkeit einer Entscheidung) erforderlich.

1. Ein Verfügungsanspruch liegt vor, denn wie gezeigt, hat der Verband gegen B einen Unterlassungsanspruch gem. §§ 8 Abs. 1, Abs. 3 Nr. 3 i. V. m. §§ 3, 4 Nr. 5 und § 5 Abs. 1 S. 2 UWG.
2. Der Verfügungsgrund der Dringlichkeit wird bei Verstößen gegen lauterkeitsrechtliche Vorschriften nach § 12 Abs. 2 UWG vermutet.

Die Verfügung müsste beim zuständigen Gericht (§§ 13, 14 ZPO) eingelegt werden. Sie würde erlassen werden, wenn B die Unterlassungserklärung nicht unterzeichnet.

III. Rechtsschutz durch Erhebung einer Hauptsacheklage

Da die einstweilige Verfügung einen Zustand nur vorübergehend regelt, müsste der Unterliegende diese Verfügung entweder als endgültige Regelung ausdrücklich anerkennen oder der Verband müsste auf die einstweilige Verfügung Klage in der Hauptsache erheben. Der Anspruch auf Unterlassung wäre auch hierbei begründet, wenn B keine Unterwerfungserklärung abgibt. Ein Schadensersatzanspruch des Verbandes kommt hingegen nicht in Betracht, denn dem Verband sind selbst keine Schäden entstanden, zudem beschränkt § 9 UWG die Klagebefugnis auf Mitbewerber. Denkbar bleibt eine Gewinnabschöpfungsklage nach § 10 UWG.[31]

---

[31] Denkbar wäre es, die Gewinne abzuschöpfen, die aus der Telefonaktion rührten. Im BGH-Verfahren (NJW 2005, 3716 – Telefonische Gewinnauskunft) war festgestellt worden, dass der Beklagte aus jedem Telefonat 2,- Euro erhält; hiervon wären etwaige Kosten abzuziehen. Der dann verbleibende Gewinn könnte eingeklagt werden. Von dem Klagebetrag könnte der Verband seine Verfahrenskosten ersetzt verlangen, der Rest würde allerdings im Bundeshaushalt verbleiben (vgl. § 10 Abs. 1 UWG).

Sachverzeichnis

B. Grunewald, K.-N. Peifer, *Verbraucherschutz im Zivilrecht*,
DOI 10.1007/978-3-642-14421-9, © Springer-Verlag Berlin Heidelberg 2010